基督教文化研究丛书

主编 何光沪 高师宁

二编 第11册

天地之间一出戏
——20世纪英国天主教小说

张 欣 著

花木兰文化出版社

国家图书馆出版品预行编目资料

天地之间一出戏——20世纪英国天主教小说／张欣 著 -- 初

版 -- 新北市：花木兰文化出版社，2016〔民105〕

目 2+274 面；19×26 公分

（基督教文化研究丛书 二编 第11册）

ISBN 978-986-404-520-4（精装）

1. 宗教文学 2. 小说 3. 文学评论

240.8   105001931

ISBN-978-986-404-520-4

9 789864 045204

基督教文化研究丛书

二编 第十一册   ISBN：978-986-404-520-4

天地之间一出戏——20世纪英国天主教小说

作 者 张 欣

主 编 何光沪 高师宁

执行主编 张 欣

企 划 北京师范大学基督教文艺研究中心

总 编 辑 杜洁祥

副总编辑 杨嘉乐

编 辑 许郁翎

出 版 花木兰文化出版社

社 长 高小娟

联络地址 台湾235 新北市中和区中安街七二号十三楼
电话：02-2923-1455 ／传真：02-2923-1452

网 址 http://www.huamulan.tw 信箱 hml810518@gmail.com

印 刷 普罗文化出版广告事业

初 版 2016年3月

全书字数 261565 字

定 价 二编11册（精装）台币 20,000 元

天地之间一出戏——20 世纪英国天主教小说

张欣 著

作者简介

张欣，浙江人，北京师范大学文学院比较文学与世界文学所副教授（北京大学比较文学与世界文学所博士）主要研究基督教文学、英美文学和小说理论。出版专著《耶稣作为明镜：20世纪欧美耶稣小说研究》，在《读书》、《基督教文化学刊》、《基督教思想评论》、《神学美学》等学术刊物上发表《正统的新声——评切斯特顿〈回到正统〉》、《人子形象的自我建构与灵性探索》、《唯美主义者的天主教想象》、《巴赫金与俄罗斯宗教哲学》、《"女圣徒"与日常伦理》等十余篇论文。

提　　要

天主教小说在英国绵延整个20世纪，以其独特的宗教主题和内涵成为英国文学乃至世界文学中的一批佳作。本专著为中国教育部立项课题，是汉语界第一次系统介绍、研究这个重要的文学谱系。本书全面介绍了20世纪英国天主教小说的概貌，包括发展历程、代表作、主要作家和影响范围等；其次，探索了20世纪英国天主教的文化身份；第三、通过分析重要作家的代表作，辨析不同作品中天主教元素的具体影响，展示宗教信仰和小说文本之间的真实互动过程。

本书写作以时间为经，将小说大致分为三个时期：帝国时代，一战至二战，后现代；以作家为纬，以统一的问题意识——考察宗教信仰与文学、文化的互动——为核心，通过分析代表作品阐明作家的创作意图、艺术特点以及问题意识，并同时根据作家、作品的特点兼及对文学流派（如唯美主义运动与天主教的微妙关系）、文化史（如大卫·洛奇笔下的"天主教亚文化"现象透露出的当代英国天主教的集体危机）和文论（如通过研究托尔金的"童话观"分析天主教世界观对他缔造的现代奇幻文学的影响）的考察，尝试在保证广设性的基础上以点的方式对此文学谱系进行一定深度剖析。

本书的结论：20世纪英国天主教小说从非主流立场出发，持续、系统地批判现代社会和文化，代之以传统、诗意的价值观和世界观，以一种独特的方式加入了英国的现代化进程，是现代思想文化史不可忽视的组成部分。

绪　论

　　20 世纪英国文学中持续出现具有广泛影响力和很高文学价值的天主教小说，形成了一个绵延的谱系。这一批天主教小说为英国文学乃至世界文坛贡献了一批出色的艺术作品，它们以独有的宗教主题和内涵，对灵性生活和精神危机的深度探索，以天主教为立足点对传统和现代的严肃思考，极大地丰富了当代文坛的面貌，是当代英国文学中不可或缺的组成部分。

　　天主教小说的作者包括罗伯特·本森（Robert Benson，1871～1914）、约翰·格雷（John Gray，1866～1934）、G·K·切斯特顿（Gilbert Keith Chesterton，1874～1936）、格雷厄姆·格林（Graham Greene，1904～1991）、伊夫林·沃（Evelyn Waugh，1903～1966）、J·R·R·托尔金（John Ronald Reuel Tolkien，1892～1973）、穆里尔·斯帕克（Muriel Spark，～）、大卫·洛奇（David Lodge，1935～）等十余位在英国当代文学史中占有一席之地的重要作家。他们的天主教小说，如《问题的核心》（*The Heart of the Matter*，1948）、《故地重游》（*Brideshead Revisited*，1945）、《指环王》（*The Lord of the Rings*，1954～1955）、《布罗迪小姐的青春》（*The Prime of Miss Jean Brodie*，1961）等都是当代英国文学脍炙人口的名篇。近半个世纪以来，学术界对各种群体文学的研究日趋兴盛，这些小说相似的思想背景和价值取向也使之显得益发重要。

　　英国天主教小说不仅具有独特的思想背景和问题意识，而且在 20 世纪英国文化生活中扮演了重要的角色。现代主义文学整体趋于学院化和精英化，天主教小说却常常是口碑和销量双赢的畅销书。这些小说在叙事技巧上与现代实验小说保持距离，语言明白晓畅，故事通俗但不落窠臼，叙事不追求惊世骇俗却精彩迭出，因此不仅受到学者和批评家的认可，也广受英国乃至欧洲普通读者的欢迎。这种现象进一步说明了天主教小说作为一种群体文学承载了独特的社会功能。它们从天主教立场出发，持续、系统地批判现代社会和文化，代之以传统的伦理观和具有信仰关照的世界观，以一种独特的方式加入了英国的现代化进程，是现代思想文化史不可忽视的组成部分。它们在英国社会中广泛的影响值得学者认真思考。

天主教小说的共同特征是作者与天主教的密切关系，但同时天主教小说家之间的个体差异也很大：罗伯特·本森是英国国教坎特伯雷大主教之子，本为国教神父，后来改宗成为天主教神父和英国最知名的天主教代言人；约翰·格雷早年为唯美主义诗人，皈依天主教后成为爱丁堡的教区长；G·K·切斯特顿是知名的基督教辩护士，[1]曾经就信仰与萧伯纳等人展开多次论战；格雷厄姆·格林和伊夫林·沃是成年之后皈依的天主教徒，他们的创作使二战之后天主教小说达到鼎盛，却双双否认所谓"天主教作家"的称呼；J·R·R·托尔金是牛津学者，恪守教规的虔诚信徒，他笔下的奇幻文学大作却没有出现天主教的标志性元素——上帝、基督、教会等；穆里尔·斯帕克36岁皈依天主教之后才开始小说创作，声称在信仰中找到了支持她的22部充满个人风格小说的思想基础；大卫·洛奇是当代文学批评家和学院讽刺小说家，出身天主教家庭，自称"天主教不可知论者"，持续写作以天主教徒及其特殊境遇为核心的小说……相同的天主教教义在不同作家的笔下，与每位作家的其他身份、个性和关注的问题相结合，导致天主教小说的表现形态多姿多彩、不一而足。因此，除了从整体上探讨天主教小说的总体面貌和共性特征之外，具体地考察天主教元素如何影响了单个作品的叙事、人物形象或主题，也十分必要。这种考察使我们有可能具体而微地发现宗教信仰对小说创作的真实影响，有助于我们认识宗教与文学的切实互动关系。

综上所述，对20世纪英国天主教小说进行系统的介绍和研究能够使我们对20世纪英国文学乃至当代西方文学的认识更加完整、全面。认识天主教小说独特的文化身份，天主教小说家的信仰立场及其他们的创作之间的关系，有助于我们理解西方现当代文学的生成过程。

那么，究竟什么是"天主教小说"呢？无疑这是一个边界不明的词组。毕竟一部小说不会像作者一样站出来声称自己是天主教徒，并以在教会接受了洗礼作为证据。《标的在天，收获大地：今日英国天主教小说》（*Aiming at*

---

1 在本书中，基督教一词指广义基督教，包涵天主教、东正教、新教三大宗派。

Heaven, Getting the Earth: The English Catholic Novel Today）一书的作者玛丽安·克罗（Marian E. Crowe）在一篇文章中论及她的"天主教小说"定义时写到："……我所定义的天主教小说一词并不是简单的由天主教徒写作的，或者其中含有一些天主教素材的小说，而是一部具有真正的文学价值，而且在其中天主教的神学和思想在叙事中具有重要意义，并对内在的灵性生活有真实的关注的作品；它们常常描绘天主教丰富的礼仪的象征，受到类比的天主教想象的浸润。……有些小说中有很多天主教素材，但是负面的或者是敌视的。这样的小说有时也会被称作天主教小说。有些天主教徒可能觉得参与一个表现教会阴暗面的虚拟空间是一种包容和扩展。但是我最感兴趣的天主教小说是那些含以下假设的，即不论教会建制有多少缺陷，也不论个别的天主教徒多么软弱有罪，天主教都是真理之所在。"[2]这一"天主教小说"的定义包涵以下几个方面：1、由天主教徒写作，含有天主教素材；2、关注内在灵性生活；3、是具有文学价值的小说；4、对教会和教徒即使有批评，仍然认同天主教的价值观。这一定义既值得参考，也需要推敲。克罗在该书中研究了四位处于世纪之交的当代英国作家：萨拉·梅特兰（Sara Maitland）[3]、爱丽丝·托马斯·埃利斯（Alice Thomas Ellis）[4]、大卫·洛奇和皮尔斯·保罗·里德（Piers Paul Read）。笔者以为，考虑到这几位作家的信仰状况和文本表达，克罗选择的作家实际上比她界定的范围更广，比如梅特兰的许多作品发表在皈依天主教之前；而在洛奇的小说中，天主教会不一定代表着"真理"。本文选取"天主教小说"的原则不仅包括克罗的定义的前半部分，即：1、由天主教徒写作，含有天主教素材；2、关注内在灵性生活；此外，还考虑到作者在创作时的信仰状况。比如萨拉·梅特兰 1993 年才皈依天主教（此前她为国教徒），此时她的代表作早已出版，她的重要作品在多大意义上可以归属天主教，是需要具体探讨的。比如大卫·洛奇公开声称自己是"不可知论天主教徒"，他承认随着年岁渐长，已经不认可天主教的基本教义的字面意思。至少对于中年以

2　M. Crowe.（06 November 2007）. The Catholic Novel is Alive and Well in England. [Online].Available: http://www.firstthings.com/onthesquare/2007/11/the-catholic-novel -is-alive-an 其中的"天主教想象"的说法来自安德鲁·格里利（Andrew Greeley），详见下文。

3　萨拉·梅特兰（Sara Maitland），1950～，英国女性主义作家，著有小说《耶路撒冷的女儿》（*Daughter of Jerusalem*，1978）等，1993 年皈依天主教。

4　爱丽丝·托马斯·埃利斯（Alice Thomas Ellis），1932～2005，1951 年皈依天主教，著有小说《食罪者》（*The Sin Eater*，1977）等。

后的洛奇的创作而言，需要辨析"天主教真理"与文本故事的距离。本文对"天主教素材"的界定包括"天主教的"（Catholic）这一形容词的内涵外延，既包涵在内容、题材上各种冠以天主教之名的小说，比如"天主教的神学和思想在叙事中具有重要意义"，或"对内在的灵性生活有真实的关注"，同时也局限于对天主教怀有理解而非敌视态度的作品。之所以如此限定，是因为笔者视天主教为一种重要的思想资源，尝试分析它对具体创作可能造成的影响。

本书的写作基本以史为经，为代表作家为纬。以世纪之交英国唯美主义与天主教的关系为序幕，将涉及的作家大致分为三个历史阶段：帝国晚期，从一战到二战，50 年代至今。之所以以年代为作家和作品的分期，是笔者认为天主教小说并非在真空中诞生，而是与它们创作的时代背景紧密相连。在每个阶段，笔者围绕几位具有代表性的作家展开探讨，在介绍他们的生平，尤其是和信仰相关的经历、创作，以及代表作品的同时，尝试涉及他们的文学创作中一些重要问题，并以这些问题为核心，探讨他们的文本和信仰、时代的关系，以及这些作家的作品在各阶段呈现出的整体面貌。由于涉及的作家、作品数量众多（共有几十位作家、仅长篇小说就有数百部），所以必须有所取舍。本书重点分析的天主教小说主要依据以下几项原则：

首先，选择作家时不仅关注天主教信徒的身份，而且考虑这位作家是否关注天主教的问题，或者创作是否受到天主教的影响。比如福特·马多克斯·福特（Ford Madox Ford）无疑在英国现代文坛上有一席之地。他的小说《好兵》（*A Good Soldier*，1915）被认为是当代最重要的英国小说之一，其中的不可靠叙述历来为人们称道。福特的祖父是天主教贵族，自己也在 19 岁时正式受洗归入天主教，可是在绝大多数学者看来，无论他的个人生活、文学创作或文学评论都没有明显的天主教影响，所以本书没有将他列入研究范围。

其次，选取的作家（或者涉及的相关思潮）具有公认的重要性，作品也主要选取公认的具有相关性的代表作。比如格瑞厄姆·格林，只选择他的"天主教四部曲"，不涉及他其余数十部小说。

再次，尽量涉及不同背景和创作倾向的作家，如果是同类型的作家，则研究其中较重要、更具代表性的。比如罗纳德·诺克斯（Ronald Knox，1888～1957）是一位从英国国教改宗的天主教神父。他写作了大量宗教主题的作品，如他的改宗自传《灵程埃涅阿斯记：通向天主教信仰的旅程记述》（*A Spiritual Aeneid: Being an Account of a Journey to the Catholic Faith*，1918）；他独立完成了天主教圣经正典武加大本的英文翻译。此外他还曾经写作了六部侦探小说，并提出了"侦探小说十诫"，在侦探小说界有一定影响力。但是由于诺克斯的改宗深受切斯特顿的影响（他先于切斯特顿改宗，后来又反过来影响了切斯特顿的改宗），其改宗原因乃至侦探小说创作也与切斯特顿一脉相承，而且他的侦探小说中的天主教意味非常薄弱，远不及切斯特顿的同类作品中的天主教主题那么明显有力。所以本文选择重点研究更具影响力和代表性的切斯特顿的作品，而只是在需要的时候捎带提及诺克斯。[5]

四、此外，研究以虚构性长篇小说为主，不包括自传和传记类小说，如莫里斯·巴林（Maurice Baring）写作的《我的终点即开端》（*In My End is My Beginning*，1931），是一部关于玛丽·斯图尔特（Mary Stuart）的传记小说，不在本书的考察范围之内。而英国的范畴，则仅包括英国本土（包括爱尔兰和苏格兰）地区的作家的英语创作，而未涉及广阔的殖民地英语作家。所以，苏格兰作家布鲁斯·马歇尔（Bruce Marshall）[6]的小说也属于本书研究之列。

这里有必要澄清笔者对于宗教信仰的看法，以方便读者了解本书的构成和目的。笔者认为，一种特定的宗教信仰对于信仰者来说，是一套完整的具有动力、张力的世界观，它要求主体的实践和思考。对于认真的，不只是名义上的信徒，这种宗教信仰必然影响他生活、工作的方方面面。而文学创作，作为作者人生经验和世界观的反应，也会自然地和他或她的信仰发生关联、碰撞，这种关联在本文选择的作家和作品中，绝大多数都是自觉的。同时，即使皈依的宗教信仰体系是相同的，如在本书中都是英国当代天主教，由于每位作家的背景、个性、关注焦点等的差异，会导致他们和信仰发生关联的方式及其在作品中呈现的方式千差万别。本书既希望能够尊重这些差异，也尝试在这些千差万别中找出一些家族相似的特征，在了解其丰富性的同时更

5　诺克斯的侦探小说包括《陆桥谋杀案》（*The Viaduct Murder*，1925）、《闸边足迹》（*The Footsteps at the Lock*，1928）、《筒仓陈尸》（*The Body in the Silo*，1933）等六部，和切斯特顿相比，诺克斯的侦探小说很少涉及天主教和形而上问题，没有明显的天主教影响。

6　布鲁斯·马歇尔（Bruce Marshall），1899～1987，1917 年受洗归入天主教，终其一生为活跃的信徒，他的小说中常以天主教神职人员为主角，探讨天主教信仰的问题。

好理解天主教文学及其创作群体在 20 世纪英国文学和文化中的整体地位和作用。基于这样一种人文主义的基本立场，本书的批评研究采用的方法是综合性的，既关注历史，因为作者、文本和读者都是社会历史文化的产物，同时也不仅仅将作者看作各种影响的集合物，而认可作者作为创作者的主体性，生平的解读和各种对文本进行主题和形式分析的手段将是本文最常用的批评方法。

此外，对本书的标题稍加解释，本课题为教育部青年项目"20 世纪英国天主教小说"的研究成果，这是副标题的来源。正标题"天地之间一出戏"典故出自《圣经·新约》《哥林多前书》4 章 9 节："我想上帝把我们使徒明明列在末后，好像定死罪的囚犯；因为我们成了一台戏，给世人和天使观看。"[7]天主教思高本的译文是"我以为天主把我们作宗徒的列在最后的一等，好象被判死刑的人，因为我们成了供世界、天使和世人观赏的一场戏剧。"在什么场域中定义，往往最终决定了给予什么样的定义。如果考虑政治、文化立场，可以将这群作家中大多数归入政治上的右派和文化的保守主义者。如果是文学史，由于历史叙述注重文学作品的发展，这群作家不属于其中"最杰出者"，因为他们的作品往往比较通俗，不论在形式上还是主题上，都比较传统。之所以使用"天地之间一出戏"作为标题，首先是因为笔者希望表达从基督教的角度来看，他们可能是什么样子。《哥林多前书》由使徒保罗所著，他的比喻来自当时罗马帝国境内常见的戏剧演出场景。虽然古犹太人没有明显的戏剧传统，但是这位"外邦人使徒"（即主要宣教对象为罗马帝国境内的非犹太人）对身处罗马第三大城市哥林多的信徒打这个比方并非不恰当，反而是使用了收信者熟悉的日常生活。类似的比喻在《圣经·新约》《希伯来书》中也出现了，这一次应用在信徒的身上："一面被毁谤，遭患难，成了戏景，叫众人观看；一面陪伴那些受这样苦难的人"。[8]虽然两处演剧的比喻似乎指的是负面的内容，但是将使徒和信徒的苦难和忍耐说成是"戏"，赋予了这逆境一定的表演性，传递出受苦者的主动性，甚至这种受苦的人世经历本身某种程度的虚幻性。20 世纪天主教神学家汉斯·冯·巴尔塔萨（Hans Urs von Balthasar）

7　和合本。汉语天主教圣经译本为思高本，和合本为汉语新教译本，由于后者发行量大、问世时间长，是目前汉语界最常见和常用的译本，本书涉及《圣经》相关人名、地名和经文，除特别标注，都采用和合本（上帝版）译法。

8　《圣经·新约》《希伯来书》10:33。

在《神学戏剧学》（*Theo-Drama: Theological Dramatic Theory*）中将神人关系看作大戏，提及救赎的戏剧、道成肉身的戏剧，以及上帝与人之间自由互动的戏剧。本书涉及的一位作家，G·K·切斯特顿看待世界上发生的事件的角度也相似："神写下的，不太像一首诗，较像一个剧本；一个设计完美的剧本，但必须留给演员和舞台经理负责上演，而人类这个班底把好好的一台戏搞得一塌糊涂。"[9]这也是切斯特顿最后一部戏剧《惊喜》（*Surprise*）的主题。受到《圣经》和古希腊罗马传统的影响，人世是一出喜剧的观念在基督教文学中长期存在，比如但丁就将他的巨作命名为《喜剧》（中译名常作《神曲》，并非直译），其中喜剧之义仅依据结局（主人公的）是否好而定，并非指不严肃或者幽默滑稽。因为基督徒看待世界上灾难的角度，正像保罗在前面引述的书信中所说，是一种"得胜有余"的心态，即不论信徒为了持守真道遭遇何等患难，即使遭受逼迫殉道而死，他们也不会成为失败者，因为他们的盼望原本不在于在这个世界上是否有好结局，而在于耶稣基督已经死里复活的事实，因此保罗在《新约》《罗马书》中说："谁能定他们的罪呢？有基督耶稣已经死了，而且从死里复活，现今在神的右边，也替我们祈求。谁能使我们与基督的爱隔绝呢？难道是患难吗？是困苦吗？是逼迫吗？是饥饿吗？是赤身露体吗？是危险吗？是刀剑吗？如经上所记：'我们为你的缘故终日被杀，人看我们如将宰的羊。'然而，靠着爱我们的主，在这一切的事上已经得胜有余了。因为我深信无论是死、是生，是天使、是掌权的，是有能的，是现在的事、是将来的事，是高处的、是低处的，是别的受造之物，都不能叫我们与上帝的爱隔绝；这爱是在我们的主基督耶稣里的。"[10]对于信徒而言，复活是伟大的喜剧，它已经决定了所有信徒的结局。所以基督徒的生活原是一出戏，有上帝的脚本，也有信徒主动自由的参与，而结局却无论如何不会是令人失望的。这决定了这出旷世大戏不会是悲剧，而只能是喜剧。

　　这样一种喜剧心态在一定程度上会决定信徒作家面对生活的态度。首先，他们一般而言较少将主人公描绘成为悲剧性的（在本书中例外的是格瑞厄姆·格林）；其次，由于信仰和伦理密不可分，他们比较容易倾向道德关注，由于心目中有理想的模板（耶稣、众圣徒以及教会的教导），讽刺人畸形的存在状态就成为常态（托尔金的童话是例外，因为它的目的不是表现现实）。结

9　切斯特顿，《回到正统》，庄柔玉译，北京：三联书店，2011，第82页。

10　《圣经·新约》，《罗马书》8:34～9。

果讽刺喜剧，或者阴暗喜剧，就成为20世纪英国天主教文学谱系中最常出现的基调。英国文学原本就有丰富的"喜剧"历史。《英国史》的作者写道：英国式的机智和幽默从乔叟、莎士比亚、狄更斯以来就有，这种机智承认社会的荒谬，真理的破碎，美的相对性和幻想的无处不在，但其令人眼花缭乱的创造能力，优雅灵巧的诡辩能力和对喜剧方法的妙用却能令观众忘却现实的痛苦。在各种文学艺术中，英国在文学上的成就是最高的，英国人的语言文学具有深刻的悲剧色彩，高超的表达能力，喜剧格调的模仿讽刺，是各式各样智慧集大成之产物。[11]如果将信徒的生活比喻成这场天地之间大戏中的组成部分，信徒是舞台上自觉的扮演者，那么信徒作家的写作就是这场戏的无数脚本片段，仿佛许多细小的镜像，具体而微，折射出这出天地大戏中的许多内容与深意。如果说悲剧追问存在，喜剧拷问德性；悲剧探寻人的尽头和局限性，借极端情境下的英雄叩问永生，嗟叹生之荒诞；喜剧则描摹现实百态，诉诸普通人的常识唤醒人们对生命的歆享。英国天主教小说作为一个同时拥有宗教维度和喜剧精神的作品群，将对人的德性探索植根于悲剧性的关于人的教义之上，表达了一种深度的理想主义。

西方学者一直以来都相当重视英国天主教作家、作品的研究。可以说，从这些小说问世起，学界对它们的关注，对其中宗教因素的探索就没有停止过，相关论文和著作都为数不少。但这些研究大多数关注个别的作家及其作品，将"英国天主教小说"作为一个整体进行研究即使在英美文学研究界也是在近些年才开始出现，其中有代表性的为以下几部专著：*Faithful Fictions: the Catholic Novel in British Literature*（1991）[12]，*Catholic revival in English literature, 1845 ~ 1961: Newman, Hopkins, Belloc, Chesterton, Greene*（2003）[13]，*Aiming at Heaven, Getting the Earth: The English Catholic Novel Today*（2007）[14]以及 *Literary Converts: Spiritual Inspiration in an Age of Unbelief*（2009）[15]等。

---

11 克莱顿·罗伯茨，戴维·史伯茨，道格拉斯·R.比松著，《英国史（下册）：1688年——现在》，潘兴明等译，北京：商务印书馆，2013，第582~583页。

12 Thomas M. Woodman, *Faithful Fictions: The Catholic Novel in British Literature*, Open University Press, 1991.

13 Ian Ker, *Catholic Revival in English literature, 1845 ~ 1961: Newman, Hopkins, Belloc, Chesterton, Greene*, University of Notre Dame Press, 2003.

14 Marian E. Crowe, *Aiming at Heaven, Getting the Earth: The English Catholic Novel Today*, Lexington Books, 2007.

15 Joseph Pearce, *Literary Converts: Spiritual Inspiration in an Age of Unbelief*, Ignatius Press, 2006.

与此同时，英国天主教知识分子作为一个群体，也引起了历史学家的兴趣，如 *Catholic Intellectuals and the Challenge of Democracy*（2002）[16]、*The Making and unmaking of the English Catholic intellectual community, 1910～1950*（2009）[17]、*Catholic Progressives in England after Vatican II*（2013）[18]等。

　　而国内以往对当代英国文学的研究往往偏重现代主义一脉，在小说研究中则侧重实验小说和人本主义背景的作品，天主教作家群及其创作由于鲜明的宗教色彩和"通俗性"，比较受忽视，译介和研究都不多，系统的研究尤其欠缺。迄今为止，笔者尚未见到国内研究者提出"20 世纪英国天主教小说"的概念，从整体上系统地探讨这一文学现象。在最近几年，《荣耀与权力》《荣誉之剑》《指环王》等几部重要的 20 世纪英国天主教小说在国内陆续翻译出版，说明国内的相关研究将会逐渐增多。天主教文学实质上属于更大的"基督教文学"的范围，当下国内在这方面的研究与国外还存在相当差距，不少研究流于表面，有待更加系统、深入的考察。而且，以具体的国别断代文学群体为研究对象，也能够有助于基督教文学研究的理论探索与实践应用。本书以这个国内相对陌生但十分重要的文学群体为研究对象，并针对目前已有研究状况的特点，在概述、介绍这一群体文学的同时，将尝试确定其文化身份及特征；并试图借着具体文本的具体研究，引入宗教与文学的关系的问题。

16　Jay P. Corrin, *Catholic Intellectuals and the Challenge of Democracy*, University of Notre Dame Press, 2002.

17　James R. Lothian, *The Making and Unmaking of the English Catholic Intellectual Community, 1910～1950*, University of Notre Dame Press, 2009.

18　Jay P. Corrin, *Catholic Progressives in England after Vatican II*, University of Notre Dame Press, 2013.

序幕：唯美主义的天主教想象

　　16 世纪 30 年代，英国国王亨利八世（Henry Ⅷ，1491～1547，1509～47 年在位）为了离婚发动了一场至上而下的改教，在英格兰确立了国教，又称安立甘宗（Anglicanism）。尽管随后玛丽女王（Mary I，1516～1558，1553～8 年在位）尝试在英格兰恢复天主教，但是由于英格兰的宗教改革具有较好的民众基础和思想准备，她的尝试未能成功。英格兰天主教徒在最初几次斗争失败之后逐渐退出了政坛，仅仅作为边缘的信仰群体而存在。英格兰成为了一个新教徒为主体的国家，天主教徒一度萎缩到仅占人口的 1%，在 1603 年，全英格兰的天主教徒仅有 35000 人，而此时英国人口大约为 4 百万。在随后的两个世纪中，英格兰天主教在狭小的生存缝隙中为维持信仰而挣扎，政府对他们课以重税，而且在教育、参政方面均有许多限制。即使到 18 世纪，英格兰天主教社群仍处在巨大的财政压力之下，只有极少数上流社会的平信徒在为争取合法权益而努力。绝大多数天主教徒都住在乡村，不可避免处于极度封闭的状态，受教育程度普遍非常有限，更遑论在文学上发声。所以尽管 18 世纪是英国小说迅速发展的时期，但是天主教主题在英格兰文学中几乎绝迹。托马斯·伍德曼（Thomas Woodman）认为，第一部英国天主教小说是 1791 年伊丽莎白·英奇博尔德（Elizabeth Enchbald）出版的《简单故事》（*A Simple Story*）。[1] 1829 年，英国的《罗马天主教徒解放法》（The Roman Catholic Relief Act）在争议中出台，为后来天主教及其文化在英国的崛起提供了政策性保障。19 世纪中叶，在很大程度上受到瓦尔特·司各特爵士的流行小说的影响，对

1　Thomas Woodman, *Faithful Fictions: The Catholic Novel in British Literature*, 3.

天主教的审美和文化兴趣在一些英国文化人士的圈子中兴起，突出表现为一种艺术上的中世纪崇拜（Medievalism）。维多利亚时代的文艺批评也有助于培养对天主教会的艺术成就更广泛的认可。英国国教高派沿袭了许多天主教的礼仪，但是因为清教徒和福音派在民众中的广泛影响，[2] 自改教之后英国的视觉艺术较为衰落，维多利亚时代的文艺批评在一个较之前宽松的宗教环境中引介欧洲大陆的宗教艺术成就，包括建筑、绘画和雕塑等，对英国本土的知识分子造成了冲击。这些也在一定程度上导致了有一定教育程度的人们对天主教的同情，尽管这种同情在某种意义上是非常肤浅的。结果是，在英格兰出现较大规模改宗天主教之前，这种中世纪主义催生了一小批改宗者，比如一些建筑师，而这些皈依者在文化上的重要性远远超过其人数。但伍德曼评论道，"这种带领人们进入天主教的浪漫哥特式情感不只是一种好古癖时尚而已。"他认为，尽管在认识上存在偏颇和局限性，崇尚古代的天主教现象已经是对宗教改革以来的负面社会效果的挑战，这是站在天主教的立场自觉批判现代英国社会的最初版本。也是从这时开始，对英国天主教徒而言，对世俗的谴责和由意识形态激发的对现代社会发展的拒绝就纠缠在一起，这一文化现象一直延续至20世纪中叶。[3]

19世纪中下叶出现了三个重要因素，导致英国天主教的整体图景发生剧变：首先是大批的爱尔兰移民涌入，来自天主教国家爱尔兰的移民基本上都是天主教徒。他们在维多利亚时期大约占英格兰天主教徒总人数的五分之四；如此急剧增加的人口势必提升天主教的社会关注度。其次是1850年教阶体制在英格兰恢复，伦敦开始设立天主教的主教，第一任主教尼古拉斯·怀斯曼（Nicholas Wiseman，1802～1865）和继任亨利·曼宁（Henry Edward Manning，1808～1892）都是坚定的教宗绝对权力主义者，赞赏意大利式的敬虔。他们在英格兰推行了一系列新修会，这些努力虽然起初引起本土非移民天主教徒的反感，但最终为英格兰天主教的统一化做出了贡献。再次，30年代约翰·亨利·纽曼（John Henry Newman，1801～1890）等人领导了一场初始目标为改

2　清教徒和福音派是新教运动中要求更彻底改教的派别，他们发起了新一轮的类似圣像破坏运动。为了清除天主教的礼敬圣人传统，新教教堂中的圣像画被当做偶像去除。中世纪英国盛极一时的圣体剧演出也因为禁演上帝、耶稣、圣母以及各种圣徒而废止。

3　Thomas Woodman, *Faithful Fictions: The Catholic Novel in British Literature*, 5.

良国教的牛津运动。这场原本是国教内部的思潮直接导致一批精英知识分子（包括纽曼本人）皈依天主教，他们的加盟使天主教在文化上站在了当时英国的前沿之列，产生了深远的影响。

《英国史》的作者评论纽曼领导的运动："纽曼所面对的是被理性主义瓦解的福音主义。"所谓福音主义是由约翰·卫斯理（John Wesley，1703～1791）兄弟发起的基督教运动，他们二人"面对着一个奉行不知羞耻的世俗化和自然神论的国教教会，致力于将基督教真理建立在《圣经》和圣灵对个人的拯救基础之上"。福音主义承续了清教的精神传统，对英国民众的宗教敬虔和道德风尚乃至社会共识的达成作出了不可磨灭的贡献。而纽曼等人发现，"福音主义过于强调个人的经历和判断，主观色彩过浓，容易出现差错。这就会掀起自由主义和理性主义的浪潮，对英国宗教形成威胁。"[4]在《圣经》的权威性同时受到自由主义和理性主义的挑战的时代环境下，有必要"将基督教真理建立在国教会的传统和基于恩惠[5]的拯救之上"。牛津运动造成了双重效果，首先是国教中的高教派得到复兴，对重振 20 世纪国教精神生活发挥了很大作用；其次，虽然相对所有参加运动的学者和教职人员，皈依天主教者只是其中少数，但是领袖纽曼的改宗行为显然具有表率作用和标志性意义，这迫使所有关心国教、民众精神生活和牛津运动的人更严肃认真地面对、思考天主教的问题。纽曼不论在智力、神学还是文学才能方面，在这场运动中均为翘楚。到了 21 世纪，纽曼已经被认为是唯一一位不仅从信仰的立场对维多利亚时期的核心问题提出了恰当的批评，而且也第一次为英国知识分子皈依天主教提供了较充分理由的英格兰天主教思想家，这些理由既不是一种怀旧的理性主义，也无需附会流行的自由主义口号。纽曼虽然反对国教的世俗化和自由化潮流，但是在皈依天主教会后，他却属于当时天主教内部比较自由的阵营。19 世纪的天主教会相当保守，神学上反对现代主义、理性主义、唯物论等。在保守倾向的潮流下，1854 年天主教接纳"玛利亚无罪成孕"（Immaculate Conception）教义；1864 年教宗庇护九世颁布《错谬要略》（*Syllabus of Error*），指责八十种错谬观点，将之分成十类，禁止信徒阅读相关文献；1870 年教会还接纳"教宗无误论"教义。"玛利亚无罪成孕"和"教宗无误论"是 19 世

4　本段引文均出自《英国史（下册）：1688 年～现在》，第 115 页。

5　此处的翻译，用"恩典"取代"恩惠"应该更符合基督教语言的翻译习惯。——
　　笔者注

纪天主教会对抗启蒙运动高举理性带来的自由化倾向的两个重要教义。前者强化对玛利亚的信仰，后者则巩固教会领导权威。天主教会到了20世纪才逐渐开始接受圣经批判研究法，19世纪的天主教会依然坚持反宗教改革的传统。纽曼倾向忽略《错谬要略》，对"教宗无误论"有所保留，他的代表作如《论基督教教义的发展》等事实上加速了天主教的现代化，因而被一些人推举为梵二（即梵蒂冈第二次大会，以从保守转为开放为特征）之父。只是由于他的思想对当时的天主教会是超前的，因此它们真正对教会产生影响还要等到20世纪中叶。

具有良好文化修养的主教在政治文化中心伦敦设立，再加上一批知识分子的皈依，直接导致了天主教文学的发展。在这个阶段，英格兰天主教小说以历史小说和改宗故事为主，历史小说如怀斯曼主教写作的《法比奥拉》（*Fabiola*，1854），纽曼的《嘉丽斯塔》（*Callista*，1856）等都受到信徒的热烈欢迎。牛津运动改变了英国天主教的文学和文化环境，与此次改宗运动相伴的改宗者艰辛的心灵寻求过程，在一系列以改宗、争议和辩护为主题的小说中反映出来。纽曼的自传体小说《失与得》（*Loss and Gain*，1848）以他自己的改宗经历为蓝本，其中真挚感人的情感使之超越了当时流传的许多简单的自传和护教之作。

受到牛津运动影响的第一批改宗者主要都是神职人员，但是第二代改宗者却主要来自更大范围的职业男性和上层社会的女士，处于增长之中的中产阶级群体构成了天主教小说阅读的公众群体核心。到了19世纪下半叶，历史小说和改宗小说越来越多与维多利亚时期的罗曼史、感伤小说的元素相结合。伍德曼评价道，"英国天主教的特殊悖论是，它具有某种异质性，但是同时享受精英甚至当局者的偏好，在爱德华统治时期，在颇具影响力的天主教贵族甚至国王本人的同情下，这种现象尤为明显。"同时，"在煽情的流行小说中，和往常一样，天主教的诱惑仍保持着最大的吸引力。"[6]这些作品中经常出现的主题是为了改宗而放弃尘世、肉体之爱，我们后来在格瑞厄姆·格林的《恋情的终结》以及伊夫林·沃的《旧地重游》中一再见到这个主题。在这个时期，美国移民、改宗者帕尔·克雷吉（Pearl Craigie）的小说被认为最早在非天主教文学界赢得较多关注，她的代表作有《圣徒学校》（*The School for Saints*，1897）和《罗伯特·欧瑞吉》（*Robert Orange*，1900）。此外，约瑟夫·亨利·肖

---

6 Thomas Woodman, *Faithful Fictions: The Catholic Novel in British Literature*, 18.

特豪斯（Joseph Henry Shorthouse，1834～1903）的成名作《约翰·英格利森特》（*John Inglesant*，1881）描写了一位生活在 17 世纪英国、具有强烈天主教倾向的国教徒，其中描绘了小吉丁的国教社区（即 T·S·艾略特在《四个四重奏》中提及的地方），这部小说对 20 世纪的天主教作家本森、诺克斯等人产生了影响。

在进入 20 世纪之前，最令人感到意味深长的是 19 世纪末于英国甚嚣尘上的唯美主义运动对天主教的亲和态度。[7]唯美主义者，19 世纪末英国一群放浪形骸的艺术家，崇尚"为艺术而艺术"，领导了一场短寿但影响深远的"唯美主义"运动，其中却有不少人或早或晚皈依了天主教。尽管皈依的方式不一而足：王尔德在弥留之际归信，他的皈依究竟是真诚的还是半心半意已经无从考证；约翰·格雷（John Gray）[8]归信之后立刻叛逆，几年之后浪子回头，进入神学院，成为神父，去世时已经是爱丁堡一位受人尊敬的教区长；阿瑟·西蒙斯（Arthur Symons）[9]皈依虽早，却喜欢体验触犯禁忌的罪恶感，在堕落中寻求狂喜和灵感，和他类似的还有欧内斯特·道森……但不论如何，他们皈依了。这个群体现象促使我们思考，这群"美的门徒"与"主的门徒"的宗教究竟有什么联系？考虑到天主教在英国并非主流教派，笔者认为可以同时借此寻求，当时的天主教究竟具有什么独特的遗产和资源，使他们在寻找信仰之时一致选择了它；以及唯美主义者在天主教中是否找到了他们所需？同时，从唯美主义者与天主教的角度来思考这个至今仍不断引起人们兴趣的文艺流派，是否能够帮助我们更多方面地理解这个文学流派？

第一节　浪荡子的艺术宗教

唯美主义者与天主教的亲缘关系一直受到西方学者的注意。比如哈佛大学出版社出版的《颓废与天主教》（1997）[10]一书中罗列了大量具有天主教倾

7　本章以下主体部分曾以《唯美主义者的天主教想象》为标题，发表在 2013 年《神学美学》第四期中。

8　约翰·格雷（John Gray），1866～1934，约翰·格雷早年是一位诗人和诗歌翻译家，他第一次将大量法国象征主义诗歌引介到英国。他于 1890 年加入天主教，后来成为一名神父。

9　阿瑟·西蒙斯（Arthur Symons），1867～1900，英国诗人、小说家，"诗人俱乐部"的成员，约 1890 年皈依天主教。

10　Ellis Hanson, *Decadence and Catholicism*, Harvard University Press, 1997.

向的颓废作家，论及王尔德周围的颓废主义的文艺圈子中的核心人物：欧内斯特·道森（Ernest Dowson）[11]、奥布里·比亚兹莱（Aubrey Beardsley）[12]、阿瑟·西蒙斯，莱昂内尔·琼生（Lionel Johnson）[13]、罗伯特·谢拉德（Robert Sherard）[14]以及约翰·格雷（王尔德小说《道连·格雷的画像》的主人公原型）等等，比较详细地描述了这个群体皈依现象。

在中文论文中，直接处理了唯美主义和天主教的关系的作品是陈瑞红的论文《奥斯卡·王尔德与宗教审美化问题》（2009），该文集中探讨王尔德一生与天主教的各种联系，包括王尔德在作品中对天主教的表达，作者将王尔德与天主教的关系总结为一种宗教审美化态度。笔者以为，她的结论颇有见地而中肯。下面尝试将讨论范围扩展到更大范围的唯美主义运动。

在今天，王尔德和唯美主义运动不断引起人们的注意，很多时候不是因为他们作品的成就，而是他们的口号、理念和生活方式在接下来的一个世纪中以各种方式在文艺界不断回响。浪荡子的形象折射出一种奇异的"艺术人生"哲学，这种理论和生活的"统一性"使以王尔德为代表的唯美主义者拥有已然世俗化的社会向往的某种光环，具有独特的魅力。他们的颓废、离经叛道，与"披头士"、"垮掉的一代"遥相呼应，揭示了一种极具现代特征的生存方式，可以视之为现代个人主义的寓言，既概括了其特征，也表现出伴随它而产生的深切危机。

叶芝在19世纪90年代与这群唯美主义者过从甚密。作为"诗人俱乐部"（Rhymer's club）[15]的两位发起人之一，叶芝曾和其中几位核心成员在伦敦合

---

11 欧内斯特·道森（Ernest Dowson），1865～1945，英国诗人、批评家、杂志编辑，他为英国唯美主义运动的标志性杂志《黄面志》撰写的《文学中的象征主义运动》一文对叶芝、T. S. 艾略特产生了很大影响。

12 奥布里·比亚兹莱（Aubrey Beardsley），1872～1898，英国插图画家、作家，唯美主义运动的领袖之一。去世一年前皈依天主教。

13 莱昂内尔·琼生（Lionel Johnson），1867～1902，英国诗人、散文家和批评家。"诗人俱乐部"的成员。1891年皈依天主教。

14 罗伯特·谢拉德（Robert Sherard），1861～1943，英国作家、记者。

15 The Rhymers' Club：诗人俱乐部，由叶芝和欧内斯特·莱斯（Ernest Rhys）于1890年建立，曾出版两部诗集：《诗人俱乐部之书》（1892、1894），成员包括道森、琼生、阿瑟·西蒙斯、阿弗雷德·道格拉斯、约翰·格雷等许多唯美主义者，王尔德多次出席他们的聚会。这个聚会大致于1904年结束。

租房子，朝夕相处。他的《自传》(*Autobiography*)（1938）[16]生动地记录了唯美主义及颓废派的代表人物的生活面貌，其中也包括他们的宗教态度，为我们的研究提供了第一手资料。

叶芝将这群艺术家命名为"悲剧一代（The tragic generation）"。他追溯了他们的历史脉络，他写道，在埃德蒙·斯宾塞描绘的海外仙屿中已经出现了"美的某些特性，感官之美的某些形式与所有通常生活目标脱离，此前从未在欧洲文学中出现，也没再出现……直至济慈写下'恩底弥翁'。我想，我们思想的运动拥有了越来越独立的某些形象和精神领域，但这些形象虽然美艳却结不出果实。"虽然马修·阿诺德等人倡导审美的道德价值，"但是柯尔律治的'古舟子咏'，'忽必烈汗'，与罗塞蒂的所有作品，导致了阿诺德所说的'病态努力'，即寻求'完美的思想与情感，并使之与完美的形式结合'，人们寻找这种新的、纯洁的美，并深受其苦。"[17]这些话突出了唯美主义者重视脱离伦理与日常生活的独立的感性之美，他们寻求一种感受性的"美的乌托邦"，这是现代人特有的尝试与世界建立的关系模式：他们尝试通过"美"的镜片来观看世界，拒绝其他视角和对世界的直接接触，在人和世界之中必须要透过"美"的中介，这样做的目的不仅是为了使世界更美，同时也是为了在这种审美性的接触中保有个体的统一性与价值，所以他们寻求将生活艺术化，艺术生活化。诚如陈瑞红所说，王尔德对天主教的态度事实上是将宗教审美化。从另一个角度来看，唯美主义同时也将审美宗教化了，艺术被视为某种神性的载体，也就是著名的唯美主义评论家莱昂·谢埃所说的"艺术宗教"（the religion of art）。[18]

莱昂·谢埃分析对王尔德等人产生巨大影响的拉金斯的艺术批评道："这种（指拉斯金对威尼斯圣马可教堂的评论——笔者注）象征主义通过赋予我们的存在某种神圣光环，使自然对象与构成这种存在的交流同时具有圣事的感觉，从而美化我们的存在。在这样做时，它通过照亮我们生活每个时刻的神圣性的神显式意识，揭示了我们生命中隐含的唯美主义，并察觉了生命中一种美的元素的可能性。"[19]在思想史脉络上，唯美主义延续了浪漫主义对美

---

16 William Butler Yeats, *The Collected Works of W. B. Yeats*, Vol. 3, *Autobiography*, New York: Scribner, 1999, 234～242.

17 William Butler Yeats, *Autobiography*, 242.

18 Leon Chai, *Aestheticism: The Religion of Art in Post-Romantic Literature*, New York & Oxford: Columbia University Press, 1990.

19 *Aestheticism: The Religion of Art in Post-Romantic Literature*, 1.

的发现和体验。浪漫主义虽然反对理性主义，但同时继承和发展了启蒙运动的一些思想成果，或者说，这些思想成果不可逆转地发生了影响，即近代个体主体性的确立。卢梭的作品，如《新爱洛绮斯》、《忏悔录》，率先表达了善感、自我的非传统道德形象。英国浪漫主义发展了这个形象的不同侧面，"湖畔派"，即第一代浪漫主义诗人发展了其中的"自然之子"，以一种具有超验指向的自然主义为基本立场，宣扬中世纪主义；"恶魔派"，即第二代诗人将其中的"叛逆之子"形象发展成欧洲的文化英雄，批评和反抗英国的政治社会现实；而唯美主义大概可以视作第三种继承方式，即"感官之子"，他们的思想深度不及第一代，批判力度不及第二代，但是他们努力发展人的感性能力，希冀以美来救赎世界，就如谢埃所说："唯美主义运动的中心是这样一种愿望——重新定义艺术与生活的关系，赋予生活以艺术的形式并把生活提升为一种更高层次的存在。"[20]这是唯美主义看似离经叛道的理论与创作背后隐而不宣的现实诉求。

唯美主义尝试通过提高审美能力提升受教者的道德水准，但是这个道德理想在实现过程中并不像它本身看上去这么简单。谢埃细致地分析了将艺术宗教化的审美过程的最终指向："这类狂喜（指审美愉悦——笔者注）不同于我们对外在现象的直接回应带来的幸福感。所谓植物或动物的'幸福感'其实是对生命本身的一种意识，确认人类自身生命力、自己的生活的一种感觉。"[21]我们需要"生命的功用令人愉悦地完成的表现"[22]，在其中"观察到人类存在的类比；从而被带到对自我生命的意识之中，这才是对所有植物或动物进行描形状物的最终目的。在意识到自我生命时，我们意识到这也是自我确认。因为我们的生命体现了纯粹生理感觉之外的东西。我们的思想和情绪可以达到更高的精神性，不屈从于影响物质的变迁和衰败。"[23]也就是说，对象虽然是艺术品，但审美者以之类比自己的生命，对外界的观照其实指向审美者自我的高尚、统一。

在这里我们触及了一个与当代生活联系十分紧密的话题：美的魑魅之力。美具有强大而普遍的吸引力，以致人们沉醉、乃至逃匿于美之中，脱离了现实。查尔斯·泰勒在《自我的根源：现代认同的形成》中提出：现代的"自

---

20 Ibid., ix.

21 Ibid., 7.

22 Ruskin, *Works*,（4:64）, cited in *Aestheticism：The Religion of Art in Post-Romantic Literature*, 7.

23 Ibid..

我认同"中有两种道德根源，"在一种情形下，我们在分解性的、自我负责的、有超人洞察力的、有理性的、有控制力的主体的尊严中找到它们。在另一种情形下，我们也在内部发现的情感中找到它们。"[24] 近代的个人主义文化"鼓励独立自主；它给予自我探索尤其是感情方面的自我探索以重要地位"。[25]"现在道德根源在于我们自身内部，尤其是在于我们所拥有的某种力量中，因此就存在一种独立的、即非神学的道德基础。"[26] 换句话说，"我思故我在"和卢梭《忏悔录》中表达的"自我"具有共同的特征，就是注重对自我的真实。美引导了我们的情感力量，帮助我们表达和认识个体自我，这在近代思潮中，集中表现在浪漫主义将情感视作道德的根源。唯美主义继承浪漫主义，但它反对浪漫主义的情感根源说和大自然崇拜，剔除了浪漫主义在超验层面的道德联想，尝试在直接的个体感受层面建立新的道德根基，这是一个非常狭窄的地带，因为反对形而上思考、伦理考量和介入性的情感，就转化为一种尝试脱离社会和文化资源的对纯粹个体经验的崇拜。因此，唯美主义的探索有自身的逻辑性和理想主义色彩，寻求纯净的统一性，但却无疑是空中楼阁；拒绝任何外在的平衡机制和评判标准，依赖于需要不断加强刺激的内在感受，使之因封闭而飞快地枯竭。

从这个意义上说，唯美主义预示了从卢梭笔下开始现身的现代主体的一条不容当代人忽视的发展方式，即通过感性经验指涉从而肯定自我的存在。这一方面暴露了现代认同在人际关系中的疏离特征，因为依赖间接的指涉才能确认自身的存在，必须借助媒介，从而不可避免地与现实脱节；另一方面也暴露其脆弱的本质。浪漫主义乃至唯美主义相对应理性主义的真理性在于，理性主义尝试以理性统领全人，忽略了感性体验是构成理性思考的基础，而且理性的应用仍然是回到感性体验的实践层面。感性体验总是生动、挑战理性，无法被理性涵盖、整合。而且个体的幸福感并非完全来自智性思考，还有赖于这种思考与伦理关系、感性愉悦的平衡统一。作为反对庸俗功利主义的唯美主义的理想充满善意，但它诉诸的审美训练，一旦缺乏其他（外在的或传统的）力量的平衡，仅仅依赖这种"存在的类比"经验肯定自我，就会走向"自我指涉"不断循环的死结。这是怀疑论时代的经验主义，一切经验

---

24 查尔斯·泰勒，《自我的根源：现代认同的形成》，韩震等译，译林出版社，2001，
　第404页。

25 同上，第467页。

26 同上，第482页。

以外的信息的合法性都被悬置，只有个体经验是可靠的，同时，因为只有个体经验是"真实的"，所以，道德被等同于忠实于个体的经验感受。这种悬置无疑是肤浅的，在今天的后佛洛依德时代，人们已经认识到个体经验感受往往是带着面具的伪装，对于主体具有极大的欺骗性，后现代主义更进一步揭示"自我"在某种意义上是一种建构，但除非突破怀疑论，否则无法走出这个闭合的循环结构。

唯美主义运动的短寿也昭示了这种审美追求的严重危机。其实，不论在《逆天》（*À Rebours*，1884）还是在《道连·格雷的画像》中，一方面大事渲染了感官的沉溺，另一方面已经表达了对这种人生道路可行性的深切怀疑。感官经验具有当下性和易逝性，因此两部小说的主人公都不断寻求新刺激来"丰富自己的生命"，《逆天》的主人公让·德泽森特的身体被种种感官沉溺消耗，以致威胁生命到必须悬崖勒马的地步；道连·格雷则因为尝试杀死自己的伦理化身而死。殊途同归，这两部小说都将唯美主义描述为一条自缢之路。

叶芝评论"悲剧一代"道："女性在我们眼中，……仍是圣坛上的女祭司，……只能如此，琼生喜欢说，生活是仪式，这在某种程度上表达了我们的想法，如果女人不再具有象征地位，生活还如何成为仪式呢？"[27]唯美主义者将艺术作为宗教，将美作为信仰，将美丽的异性（或者同性）视作祭司，将唯美的文学、艺术作品作为祭坛上的供品，将人的全部生活转化为献祭给美的仪式，这就是他们的艺术宗教。艺术宗教是一种渎神的信仰，因为缺乏真正的彼岸，所以希求将此世完全转化为心中的理想。这是一个彻头彻尾建立在个体感官之上的世俗乌托邦。[28]

---

27 William Butler Yeats, *Autobiography*, 234.

28 唯美主义运动之所以会迅速逝去，也许就在于这种现世乌托邦的特质。今天世俗乌托邦已经破产，但唯美主义的颓废倾向却一直在各种文化层面继续存在，20世纪文艺的现代主义潮流中领军的是强烈主观倾向，在人们的日常生活和通俗文化中也是如此存在，不论是越来越追求虚拟视觉效果的梦工厂，还是重金属音乐，现代人常常选择、甚至不得不在黑暗中（影院与演出现场能够带来最强烈的明暗对照和音像效果）寻求刺激和美感。这种"审美自我"的危机在于，它往往标注自己才是"真实的"自我，而在办公楼里上班的那个白天的服务于全球商业社会的"我"则成了"真实自我"的面具。现代人常常挣扎于这两种自我的冲突之中。这两种自我看似冲突，其实却有某种共性，那就是都是个人式的自我，一个为了个人的物质生存，另一个为了个人的精神快乐，它们的冲突无法在内部得到解决，因为它们的根本问题是与他人的伦理断裂，从而带来的价值危机。

第二节　为何是天主教？

2007 年，耶鲁大学出版社出版了《中世纪主义：现代英国的中世纪》[29]，作者迈克尔·亚历山大在书中评论道：唯美主义者不过是一群被所谓"气味与钟声"吸引的"文化天主教徒"。"一个明显或许部分的解释是，天主教教会是罪人的教会，正是这类习惯性罪人所需要的。他们受到社会习俗以及基督教伦理的禁忌之罪的吸引，用酒精和不正当的性关系寻求社会的拒绝和自毁。因此他们需要这个世界不能给的平安，天主教施予罪人的宽恕。"[30]

迈克尔·亚历山大的解释为我们留下了一些问题。首先，为什么是天主教？迈克尔·亚历山大认为，浪荡子天主教徒是国际性的，大都会特色，由法国领导。[31]但是英国与法国的宗教环境不同。自 17 世纪初宗教改革，建立国教之后，英国就是一个新教为主导的国家，天主教尽管依旧存在，但是长期是被镇压、遭排挤的边缘群体，就人数和影响力而言，完全无法和国教抗衡。而且在基本教义上，新教和天主教一样是收纳罪人的宗教团体，为何这些英国浪荡子舍近求远，选择天主教？是否天主教存在某些新教没有的特质，或者在唯美主义者眼中具有某些特质，使他们集体性地选择了这个在英国非主流的基督教派。笔者以为，可以从两个方面来回答这个问题，第一个方面是普世天主教拥有什么特质，吸引了唯美主义者。第二个方面是，唯美主义者是否有某些独特的诉求，只能寄希望于在天主教中得到实现。

就普世天主教而言，笔者以为，这主要是因为天主教在长期的历史中与艺术形成了一种较新教更为友善的关系。

首先，天主教历史与艺术、文学具有亲密的合作关系。自中世纪早期教宗大格里高利在圣像破坏运动中将图像定义为"穷人的圣经"为其辩护以来，天主教就正式接纳了图像的教化作用，历史上天主教在雕塑、建筑、绘画等方面都有极辉煌的艺术成就。相比较而言，新教注重宣讲的圣言传统，宗教改革运动过程中伴随着新一轮的圣像破坏运动。新教改革提出"唯独圣经"以反对教宗的权威，根据《圣经·旧约》中的十诫，宗教艺术有成为偶像崇

29　Michael Alexander, *Medievalism: The Middle Ages in Modern England*, New Haven and London: Yale University Press, 2007.

30　Ibid., 104.

31　Ibid.，此处大概指《逆天》的作者于斯曼（Charles-Marie-Georges Huysmans，1848～1907）于 1892 年皈依了天主教。他的代表作《逆天》是颓废文学和唯美主义的经典之作。

拜的嫌疑。因此，在英国的国教环境下，中世纪十分繁荣的圣体剧被逐步取缔（因为不允许扮演上帝、耶稣乃至各种圣徒），绘画、雕塑等有"偶像雕刻"之嫌的艺术形式，也成为一个受到相当限制的行业。以致到1850年的时候，英国文化基本是文字的，艺术家常常是外国人。绘画一般是人物肖像、风景画或历史画，宗教题材极为罕见。国王查理一世想拥有一些宗教艺术品的时候，只能从天主教国家进口。维多利亚时期，拉斐尔前派运用宗教和中世纪题材进行油画创作，属于标新立异之举。甚至沃尔特·佩特在文艺复兴系列批评中对波提切利的评论是英国第一篇关于波提切利的评介，这也从一个侧面解释了为何拉斯金和佩特对文艺复兴与中世纪的评论能在当时的英国激起强烈反响。换句话说，唯美主义者对文艺的极度崇尚在新教文化传统中难以找到对应，"艺术宗教"与英国主流的国教的相容程度与天主教相比要低得多。

天主教与文艺的亲善关系源于天主教的神学倾向，比较而言，天主教神学对世界物质现实的看法比较正面，从而给予了艺术创作以理论支持。

天主教非常强调圣事神学和教会神学，一位当代天主教学者这样说道："天主教的首要特点是对*圣事原则*的重视。""可见的能够传递不可见的，这一神学概念被称作*圣事*原则，意思是，记号（圣事）传递意思。"[32]天主教称造物为圣事，因为它是创造者上帝的记号；称耶稣基督为大圣事，因为他的生活向世人显现了上帝，基督是一个记号；教会同样是圣事，它通过各种具体的圣事施行，使用可见的记号，如洗礼中水，圣餐中的面包和酒等。"对可见者传递不可见者的能力的强烈感受解释了天主教对礼仪、艺术、雕塑、礼服等的亲近。"[33]

新教派别林立，较难统一论述。就唯独圣经（对抗天主教以教会传统为最高权威）、信徒皆祭司（区别于天主教的教阶体系）、唯独信心，强调耶稣基督的救赎等几个核心特征而言，新教显然淡化了圣事神学和教会神学，更重视信徒个体对上帝的认信，在这种神学的影响下，新教对上帝在物质世界的显现持比较怀疑的态度，这在某种程度上造成了新教在视觉艺术方面的成就较低。[34]

---

32 Ibid., 10.

33 Ibid..

34 近年来，一些新教神学家尝试从创造论纠偏较负面的物质观，具体可以参看表达改革宗立场的著作 *An Introduction to Christian Theology*, Richard J. Plantinga, Thomas R. Thompson, and Matthew D. Lundberg, Cambridge University Press, 2010, 147～79.

当代美国著名社会学家、作家安德鲁·格瑞雷神父在《天主教想象》[35]一书中提出，受到天主教礼仪和神学的影响，天主教徒普遍具有某种特殊的"天主教想象"："天主教徒生活在未曾驱魅的世界中，一个雕塑与圣水、彩色玻璃和供奉烛、圣徒与宗教纪念章、玫瑰念珠和圣画的世界中。""天主教的感受力往往在形象和故事的稠密森林中被浓密的隐喻所淹没，天主和恩典潜伏于各处"[36]"天主教对艺术的兴趣揭示了一种下意识的动力——将天主的恩典故事和出席教会者相连的仪式性想象力——处于天主教遗产的核心。"[37]）。"天主教想象陶醉于作为节日的故事和作为故事的节日之中。教堂，不论大小，并非是天主之爱的故事在时间、空间中得以具体讲述之处。但却是故事的宝藏贮存和流溢之处。"[38]

天主教的圣事观念揭示出，对于天主教艺术，形而下与形而上之间的类比是基础性的。天主教徒为圣徒的形象和故事、彩色玻璃窗、焚烧的圣烛、肃穆而华丽的高耸教堂，七圣礼，诸多圣日，圣地所环绕。神圣时刻、神圣空间、神圣者的在场，在天主教徒看来是理所当然的。

这群为天主教的"钟声和气味"所吸引的"文化天主教徒"无疑感受到了这种"天主教想象"。20世纪天主教神学家巴尔塔萨如此评论深深影响了唯美主义的浪漫派和唯心主义的艺术观："浪漫派将艺术当作永恒的内心情感和心灵的上帝经验的表达；唯心主义则认为艺术是有限自我对无限自我的绝对依附：'由于任何一种真实的意识都是神圣而完美的，艺术实际上只是使隐藏在人类灵魂中的圣灵发出这种意识，并通过他们来展现这种意识，因此，其作品也就属于神圣创造之行列。'"[39]唯美主义延续的"感官之路"，本质上是将真理建立在个体感受之上，因为个体感受是唯一可以直觉把握的"真实"，其中隐含着对个体的崇拜。唯美主义者不仅将宗教审美化，同时也尝试将审美宗教化，建立艺术宗教，在其中寻求神圣性（不朽的、具有永恒价值的、超越的）。这恐怕是使他们和天主教保持一种亲善关系的一种基本动力。唯美主义者倾向于认为艺术证明了人的创造力和想象力，因而也证明了人之卓越地位。

35 Andrew Greeley, *The Catholic Imagination*, London: University of California Press, 2000.
36 Ibid., 10.
37 Ibid., 45.
38 Ibid., 52.
39 巴尔塔萨，《神学美学导论》，曹卫东、刁承俊译，三联书店，2002，第117页。

也因为如此，唯美主义者的天主教信仰往往不是正统的。叶芝的《自传》中记载了一件轶事。莱昂内尔·琼生的房间里挂了一张纽曼主教的肖像画，琼生曾杜撰自己与纽曼主教的邂逅，叶芝和其他朋友都曾对此深信不疑。琼生说纽曼主教对他说："我向来认为文人这一职业是祭司的第三修会。"[40]直到后来叶芝才知道这彻头彻尾是琼生的想象。[41]在回顾这段轶事的时候，叶芝评论道，琼生本人也对此深信不疑，因为"他的生命哲学通过这些幻景得以表达"。[42]

纽曼主教是许多英国改宗天主教徒的精神导师。琼生借纽曼之名道出了他自己希望文艺拥有的价值——在永恒之中占有一席之地。浪漫主义在反对启蒙理性主义的机械世界观和抽象人性论时，参考、继承了基督教的有机世界观和对个体心灵的内向关注，[43]唯美主义者为浪漫主义对个体心灵的内在关注所吸引，在浪漫主义开启的轨道上继续探索艺术和艺术家的出路。在第一节中我们分析了唯美主义试图在感官体验之上建立唯美的精神乌托邦，割断了形而上思考、伦理考量和情感介入，这种尝试一方面使美等同于艺术技巧，另一方面赋予了美独立性，以及对美的观照，最终返回到对主体的观照上，而对个体感官的极度依赖使他们无法避免颓废的倾向。比如叶芝曾经怀疑：琼生生活中的放浪形骸是否是带着几分刻意，"他苛刻而忧郁的思想，他不时触及的极度狂喜，是否不仅加剧了对恶的洞察，而且加强了对恶的着迷，如同互补的颜色彼此深化一样？"[44]琼生的代表诗作《黑天使》（*The Dark Angel*）表达了一条人通过罪走向上帝的道路。"黑天使"象征生命中的阴暗面："红焰的激情属你，/坚冰的灵魂属你：/你以反常的诡计/侵蚀天然的美妙设计。"但却正是在黑天使的陪伴下，"我独自行往孤寂之所；/神圣地走向至圣者。"[45]

---

40 第三修会指按照某种天主教行会的会规在家修行的天主教徒群体，第二修会指按照此会规组织的女性修士团体。天主教的一些修会，如圣方济各修会就有第二修会和第三修会。

41 William Butler Yeats, *Autobiography*, 237.

42 Ibid., 240.

43 参见拙文《体验的自我——欧洲初期浪漫主义文学中的基督教印迹》，《外国文学研究》，2008 年 10 月。

44 William Butler Yeats, *Autobiography*, 240.

45 *Victorian Literature: An Anthology*, ed. Victor Shea, William Whitla, Wiley-Blackwell, 2014, 927.

18 世纪末德国浪漫派代表人物勃兰兑斯也曾说过类似的话："基督教是真正讲求逸乐的宗教。罪恶是使人热爱神性的最大的刺激；人愈是感觉自己有罪，便愈是一个基督徒。无条件地同神相结合，乃是罪恶和爱情的目的。"[46]这种理解看似偏离天主教正统神学，或许连异端都算不上，但这种天主教"亚文化"——罪、逸乐与天主教的结合——在现代却似乎具有某种内在合理性。

叶芝曾哀叹悲剧一代道："为何这些奇怪的灵魂今天无处不在，历史使他们的心是基督教的，基督教却无法满足它们？我们的情书耗尽了爱情；没有一个画派比它的奠基人活得长，一笔一画都在消耗冲动，前拉斐尔派大约 20年；印象派大概有 30 年。为何我们相信宗教永不能说服它的对立命题？"[47]

为何说"历史使他们的心是基督教的"？这是因为基督教具有探索内心幽暗意识（或者说罪性）的传统。这一点并非天主教文化独有，而是基督教文化的一部分。自从奥古斯丁在人类史上第一部精神自传《忏悔录》中通过反省自己的过去，创立了罪、自我与上帝的关联，基督教关于人的罪性的理论就已经成为西方文化的一部分。又为何说"基督教却无法满足它们"？至19 世纪中叶，理性主义对基督教信仰的侵蚀已经渗透到英国中产阶级。新教的信仰十分依赖圣经，所以当达尔文主义出现，德国高等批判流传至英国时，国教徒对圣经字面意思的信任受到了来自现代科学实证方法的质疑，其信仰遭到严重挑战。维多利亚时期两位最重要的小说家，乔治·艾略特成年之后放弃了福音派信仰，狄更斯秘密写下人道主义版的《耶稣传》，揭示了这场危机对知识分子的巨大影响。但是同时期的天主教徒却没有受到同样大的冲击，因为他们的信仰相对而言更少依附于圣经文本，尤其是个体对圣经的信服和体认，而更多依赖于天主教群体和传统。相应地，作为最早实现工业化，步入现代社会的国家之一，英国的民众的主流群体，也即国教徒人群，世俗化程度也远较天主教群体严重。

在 19 世纪末欧洲，启蒙理性和人本主义尚未遭到普遍质疑和批评，此时不论新教还是天主教在面对它们时均处于守势。唯美主义者直觉到理性主义时代的弊病，但当时并没有一种神学整合历史资源和理性时代的思想成果，帮助他们回应新时代的圣俗关系。直到 20 世纪中叶，提出"神学美学"的天

---

46 勃兰克斯，《十九世纪文学主流》，第二卷，张道真等译，北京：人民文学出版，
  1997，第 187 页。
47 William Butler Yeats, *Autobiography*, 243.

主教神学家巴尔塔萨才说："只有富有形象性的存在，才会使人入迷，让人陶醉；……基督教的源泉就是陶醉。"[48] "由特殊的《圣经》形式所激发起来的沉思将一道审美之光往后（也是往前）洒向救恩史，……《圣经》只有被阅读时才是活的，不论教父，还是普通信徒，都讲求将自己读进去，是当下、参与式的阅读。先辈的故事激励信徒，《雅歌》之美感动信徒，以色列历史警示信徒……这才是活的教会传统。"[49]不止是《圣经》，天主教是一种为故事包围的宗教形态，拥有上帝在人间留下的种种现实可见的"记号"。虽然唯美主义者活跃的时代距离巴尔塔萨的"神学美学"出现还有半个世纪，但巴尔塔萨是从历世历代的教会实践中总结出他的"荣耀美学"。因此虽然当时没有明确神学的支持，唯美主义者依然能够感受到"天主教想象"的力量：它在本质上以故事的形态呈现，既有线索，又暧昧不明；既有前景，又肯定了当局者迷……对于唯美主义者，天主教几乎是他们唯一可以依赖的深厚历史文化资源，使他们可以不屈服于他们无论如何不愿与之妥协的唯理主义，以及拒绝"非利士人"的庸俗市民主义。

---

48 《神学美学导论》，第 54 页。

49 同上，第 64 页。

第一幕　帝国晚期

19、20 世纪之交，英国仍然是世界上最强大的国家，占有世界 1/4 人口和将近世界 1/4 的土地，是领土遍布 24 个时区的"日不落"帝国。1870 年，英国的钢铁产量占世界一半，海军在公海享受几乎享有霸主的地位；作为最早的工业革命国家，19 世纪 80 年代，英国拥有世界 1/3 的商船，铁道和轮船占据更大比例。源源不绝的英国产品涌向世界各地，同时输出的还有英国的民主和自由贸易观念。但是在 1870～1913 年间，德国和美国的经济借助丰富的资源和更广泛积极地采用新技术正在迎头赶上。此时尽管英国经济仍在增长，但是工业生产年增长率仅 2.1%，而同期美国为 4.9%，德国为 4.1%。在经济大萧条时期，失业极其严重；城市贫民窟中的人们因为失业和财富分配不均生活贫困；社会主义以及其他激进运动席卷欧洲，英国也比德国和美国更早遭遇现代工业国家的问题。一方面，首屈一指的政治、经济地位使英国人具有世界性的眼光，另一方面，对骄傲的帝国主义和对一些已经暴露的现代性问题（如资本主义和殖民主义的危机，工业社会的平庸化等）的忧虑，在这段时间的文学中同样无处不见。

在 19、20 世纪之交，英国文化的公众氛围也在发生转变。在此之前，有关天主教的争论的问题的核心是真理属于天主教还是新教。而此时达尔文进化论影响力日渐增长，查尔斯·莱尔（Charles Lyell）的地质学研究甚至将地球的年龄推进到 30 亿年以前，加上德国的高等圣经批判使圣经内容的真实性受到质疑，怀疑主义和不可知论深深侵入英国上流社会的文化之中。城市生活的丰富娱乐和物质享受使中层阶级对宗教越来越冷漠，不复思念来世和天国；而城市贫民因为脱离乡土，失去原有社群的依托，在无知和极度贫穷中也往往不再顾念信仰。这些都越来越深刻地改变了英国公众的整体信仰环境。一个充分表现了这个时代的精神焦虑和灵性氛围变化的征兆就是这时人们对通灵现象的兴趣急剧增加。

C·F·G·曼斯特曼（C. F. G. Masterman）在具有广泛影响力的《英国状况》（*The Condition of England*，1909）一书中如此描绘当时的宗教信仰状况："相信宗教，将它作为一种生活依赖超自然认可的概念，或者作为一种超越了现世事物的目的和意义的启示，正在缓慢但确定无疑地从现代城市人之中消退。"[1]但是在这样的大环境下天主教徒却呈现逆势增长，英国城市中的天主教堂在增加，而且挤满了人。1907年的教宗通谕《牧放群羊》（*Pascendi Dominici Gregis*）谴责了现代主义，结果是天主教对现代社会的批评益发表现为教宗权力至上主义，并且在形式上是反动的。但是，许多改宗者正是因为不满国教中的自由主义倾向，以及忧虑现代社会的种种问题而皈依天主教。[2]也因此，从19世纪晚期开始，世俗化的自由国教主义成为天主教作家的长期讽刺对象。

在这个时期，一些具有代表性的天主教作家，如弗里德里希·罗尔夫（Frederick William Rolfe，笔名科尔伍男爵（Baron Corvo，1860～1913）、E·H·德林（Edward Heneage Dering，1826～1892）、罗伯特·本森神父（Robert Benson，1871～1914）等人，在小说中表现了世界头号强国的优势心态和对现代社会问题的关切。在罗尔夫的《哈德良七世》和本森的《世界之主》中，英国人担任教宗拯救世界（历史上只出现过一任英国教皇，即哈德良四世（Adrian Ⅳ，1154～1159），天主教成为反对物质主义和资本主义，治疗现代社会弊病的唯一途径。由于社会关切得到了拓宽，在天主教中原来居于主流的改宗小说主题得以扩展，天主教被视作一种能够实现社会正义，防止革命爆发的强有力的现实精神力量。

1914至1918，英国经历了第一次世界大战。尽管英国是战胜国，但是这场战争对英国的影响甚至超过了二战。一战是西方思想的一次重大转折，意

---

1 C. F. G. Masterman, *The Condition of England*, 1909, 转引自 John Batchelor, *The Edwardian Novelists*, London: Duckworth, 1982, 22.

2 需要指出的是，同时迅速增长的还有其他非国教徒，从1861年到1901年，浸理会的礼拜堂增加了3倍，公理会和天主教分别增加了2倍。在整个19世纪，自由教派的信徒增加了一倍多，从不足100万人增长到200余万人。他们的教堂席位总数（8788825）已经超过了英国国教（7236427）。该数据来自《英国史》（下册），第275、7页。

味着之前以乐观、进步为主导特色的西方思潮遭到了挫败。在巨人帝国的步履开始迟缓的时候，切斯特顿作为最重要的英国基督教公共知识分子，为基督教乃至天主教进行了不屈不挠的辩护。他是这一代天主教作家中对 20 世纪英国基督教产生最长远影响的人。尽管他的创作一直持续到 1936 年，即去世之前，他的小说和代表作主要在一战之前发布，其风格和思想特征更能代表帝国晚期的作家，所以将他主要放在这一时期进行讨论。

第一章　帝国子民的信仰身份

16 世纪英格兰的新教改革之所以能够成功，民族意识的兴起起到了很重要的辅助作用。一方面天主教教士的腐败使民众希望教会层面的改革，另一方面，相对于说同一种语言的英国国王，暂时迁居于法国阿维农的意大利教皇不仅是一个外国人，而且还和当时英国的敌人法国关系亲密，自然更难取得民众的信任。因此，玛丽女王和詹姆斯二世（James II，1633 ~ 1701，1685 ~ 1688 在位）恢复天主教的企图都导致了普遍的恐慌和众叛亲离。在 19 世纪中期实施宗教宽容和自由政策之后，天主教徒对国家政治和安全造成威胁的可能性已经不复存在。但是如何继续身为"光辉荣耀"的大英帝国的子民，同时信奉一位外国教皇，皈依一种在本国非主流的信仰，这种政治身份和文化身份的冲突对天主教徒来说是需要正面回应的问题。

毫无疑问，对 19、20 世纪英国的成年知识分子改宗者，皈依天主教最主要的推动力是对当时英国社会现状的不满。这种不满主要表现在对资本主义工业社会的精神和道德状况的深切忧虑，其中既包括对现行制度的批评，也包含对当时其他尝试变革社会的思想（如社会主义）的不信仰。因此，在他们笔下，天主教会往往作为道德理想和真理化身而出现。

莫里斯·巴林（Maurice Baring，1874 ~ 1945）在小说《达芙妮·阿迪恩》（*Daphne Adeane*，1926）中借伦德尔神父（Father Rendall）之口说："从你之前和我说的话中我知道你了解异教徒意味着什么；而教会保留和包涵了你所仰慕的一切——异教思想中一切高贵和美好的部分——因为天主教的真理蕴含着所有真理。"[1] 在这部小说中，生活在 20 世纪之初的女主人公范妮（Fanny）

1　Maurice Baring, *Daphne Adeane*, London: House of Stratus, 2001, 296.

信奉古希腊异教，"相信命运和法则，对未来怀着微小的希望"。[2]希腊异教信仰使她承认报应的存在和牺牲的高贵，并最终在这位神父的指导下，以及某种来自天主的神秘力量的帮助下，在生活冲突中选择了践行天主教教会的伦理原则，从而避免了家庭悲剧的发生。

巴林受过当时英国最好的教育，出生于银行钜子巴林家族，就读于伊顿公学，毕业于牛津，通晓拉丁语、希腊语、法语、德语、意大利语、俄语和波兰语等多门欧洲语言，广泛阅读了这些语言的文学作品。在不到 40 岁时，作为外交官、记者和旅行者，他的足迹已经遍及欧洲，曾作为日俄战争的目击者为伦敦《早报》（*The Morning Post*）报导了这场战争。巴林是诗人希洛尔·贝洛克（Hilaire Belloc）和切斯特顿的密友，三个朋友分享了共同的哲学和信仰。[3]其中贝洛克是"摇篮里的天主教徒"，传承了家族的天主教信仰，巴林和切斯特顿都受到他的影响。1909 年 2 月，巴林正式受洗皈依天主教，他在自传《记忆中的木偶戏》（*The Puppet Show of Memory*，1922）中写道："这是我一生中唯一一我确定自己从未后悔过的行为。"[4]他皈依之际的情感在十四行组诗《新生》（*Vita Nuova*）中得到了很好的表达。巴林著作甚丰，但开始写作小说较晚，1921 年他才出版了第一部小说《路过》（*Passing By*）。在晚年因为帕金森症失去写作能力之前，他出版了《C》（*C*，1924）、《猫的摇篮》（*Cat's Cradle*，1925）、《无缝衣》（*The Coat Without Seam*，1929）等九部小说，作品多多少少都有天主教的内容或思想背景。巴林的作品在欧洲广受欢迎，小说代表作《达芙妮·阿迪恩》（*Daphne Adeane*，1926）在法国再版了 22 次。其

2　Ibid., 294.

3　1897 年，巴林在牛津大学第一次遇见贝洛克，为对方的机智和雄辩折服，二人成为好友，虽然贝洛克对天主教热情洋溢的赞美巴林此时不以为然。但是 1899 年，巴林陪伴好友雷吉·巴弗尔（Reggie Balfour），后者当时有强烈成为天主教徒的愿望，去参加一次弥撒，他惊讶地发现"它给我留下了深刻印象……你感到自己正在观看一样极端古老的事物。聚会中的举止行为，他们脸上的表情都给我留下了深刻印象。对他们这显然是真实的。"不久，巴弗尔送给巴林一幅从拉丁语翻译成英文的墓志铭文，来自罗马的一块墓石，上书："此处安息着罗伯特·佩卡姆，英国天主教徒。自从英国与教会分裂，他无法放弃信仰而活，离开了英国来到了罗马，远离祖国而死。"这段铭文及其背后的悲剧对巴林对宗教改革的整体看法产生了重大、持久的影响，并为他的小说提供了许多灵感，尤其是 30 年后他的历史小说《罗伯特·佩卡姆》（*Robert Peckham*，1930）。

4　Maurice Baring, *The Puppet Show of Memory*, London, 1922, 395～396.

他小说则翻译成意大利语、荷兰语、瑞典语、匈牙利语、捷克语、西班牙语和德语等多种欧洲语言。这种接受状况反映了巴林对欧洲信仰和文化的全景式认识。巴林的作品在英国的反响不及国外，但好友贝洛克和切斯特顿盛赞他的文学达到了很高的成就。

巴林在《猫的摇篮》的献词（献给贝洛克）中表达了自己的文学信念，他认为"小说具有一种道德准则。"巴林去世时《泰晤士报》的讣告中写道：虽然"许多英语读者"认为他的作品是"一种罗马天主教的宣传形式"，但是他"首先无疑表达了一种热情的信念，即只有对天主的信仰可以将人们在暴风雨飘摇的人性中带入港湾……关于他在文学中的最终地位，时间或许会确认一些人的判断，即他是近年最细腻、深刻和富于原创性的英语作家之一。"[5]

巴林的小说在形式上是流畅成熟的现实主义，文风雅致细腻，其内容表达了《泰晤士报》所说的"信念"，即天主教信仰是唯一能够救赎人性的途径。他的最后一部小说《老夫老妻》（*Darby and Joan*）中一位天主教徒说"人不得不接受悲伤，因为它将成为一种治愈的力量，这是世界上最困难的事。"以及"一位神父曾经对我说，一旦你理解了接受悲伤意味着什么，你就会理解一切，这是生活的秘密。"[6]艰辛的日常生活中的伦理冲突和抉择是巴林的小说关注的问题。在《老夫老妻》中，女主人公受伤的骄傲，男主人公对其他已婚女子的迷恋，使他们相爱却多年不得结合。直到他们双方都为此付上了代价，并进行了正确的道德抉择，或者说经历了赎罪的过程，这种隐性的罪（骄傲和淫欲）才没有继续成为他们最终进入幸福婚姻的障碍。对于男主人公来说，代价是在妻子离世后长期保持独身，不愿意再轻易进入并非彼此相爱的婚姻；对于女主人公而言，是忠实地在婚姻中履行妻子和母亲的职责，并且在丈夫去世后，没有轻易利用青年男子的好感来驾驭对方，满足自己的私欲。而隐隐保证了男女主人公道德抉择的最终境遇的是上帝的神圣护理（Providence），如同在大多数天主教小说中一样，神圣护理保证了小说人物世界的秩序，以及小说主人公的喜剧结局。

巴林的代表作《达芙妮·阿迪恩》的笔致流畅优雅，刻画人物心理细致，是对一战前英国上流社会家庭生活真实的描摹，文笔细腻精巧类似《看得见

5　*The Times*, 17 December 1945.
6　Maurice Baring, *Darby and Joan*, New York: House of Stratus, 1935, 124.

风景的房间》（*A Room with a View*，1908）。小说讲述范妮和迈克尔的婚姻生活。外交官迈克尔（Michael Choyce）出于结婚的实际需要娶外交官之女范妮为妻；范妮婚后不久发现迈克尔爱的是刚刚分手的情人、有夫之妇海叶森思（Hyacinth），她对婚姻的美好憧憬旋即破灭。二人在婚姻中经历各种彼此错过，此间包括迈克尔数年后爱上了范妮，而此时范妮对丈夫已经心灰意冷，并在一战期间爱上了医生格林（Francis Greene）。但最终，为了做正确的事，即安慰在一战中一度失忆的迈克尔，使儿女有一个完整的家庭，以及遵行不牺牲他人以成全自我的道德伦理，范妮选择了放弃恋情，自我牺牲并继续维持婚姻。在这部小说中，巴林将他与当时其他天主教知识分子共享的看法，即天主教是道德理想和真理化身的观点，融汇于日常的家庭、社交和公共伦理（迈克尔是一名外交官）中，通过细腻写实的心理和人物描绘使这一观点得到较为有力的支撑和论证。在小说中，范妮得知迈克尔的情人海叶森思是天主教徒，并在迈克尔婚后坚决拒绝与迈克尔会面，她问伦德尔神父，是否一个人的信仰真的会对她的行为发生改变。伦德尔神父的答案是确实如此。在小说中，天主教徒并非超凡脱俗之人，同样会犯错甚至犯罪，可是信仰能够为他们提供力量，帮助他们迷途知返，做出正确的选择，主人公也因此成为具体而微的英雄形象。这种简单通俗但日常性很强的信仰模式在巴林的笔下表现得清晰而有说服力。巴林笔下的人物大多和他自己一样，出生于上流社会，无需为生计奔忙，仿佛茨威格"欧洲梦"的现实版，尽管背景是一战，但是小说几乎没有涉及处于剧变之中的欧洲和英国社会。由于巴林的关注点在于天主教伦理对上流人群生活的现实意义，而忽略了更广泛的人群和社会变迁，导致他的作品的价值以及尝试论证的观点都具有明显的局限性。

天主教是道德理想和真理化身的观点在罗伯特·本森的《万有的黎明》（*Dawn of All*，1911）中也同样得到了直接的表达。主人公马斯特曼主教（Monsignor Masterman）突然来到未来，这是一个天主教全面胜利的时代，天主教在全世界恢复了类似中世纪时期鼎盛时期的权力，包括重新设立了宗教裁判所。一小撮社会主义者负隅顽抗，企图发动战争，最终也折服在教皇面前，迁徙到北美的安置城市——无神论者保留地居住。小说为教权至上主义甚至宗教裁判所的死刑进行了滔滔雄辩。这部小说的出现是因为此前本森写作了一部气氛相当沉重悲观的末世小说《世界之主》（*The Lord of the World*，1907），由于一些人的抗议，以及为了从正面表达天主教的伟大，本森又写作了《万有的黎明》。在这部小说中，未来的人们基于理性和现实选择了天主教，而《世界之主》呈现的世界则是非理性占据了上风，从而导致了灭绝天主教的全球政策。本森与不少知识分子一样，尽管承认天主教礼仪对个人感受的吸引力，但是他们皈依天主教的决定却是经过了综合考量的理性选择的结果。本森的作品将天主教及其敌对阵营刻画成泾渭分明的两极。尽管小说中穿插了不少理性思辩，但是这种过于分明的善恶处理，不免使读者感到太过简化，导致文中的观点也失去了信服力。急于证明天主教的正确性，以致不能公允、客观地面对现代社会为信仰带来的巨大挑战，是这一时期大多数作家较为常见的问题。

　　罗纳德·诺克斯是 20 世纪上半叶杰出的天主教辩护者。他出身国教牧师家庭，父母均信仰虔诚。作为成绩优异的牛津毕业生，前国教神职人员，他的改宗也像纽曼一样令许多同时代人惊诧不已。除了写作少量侦探小说之外，他大量的精力都用于写作有关信仰的著作，在有生之年至少出版了 38 部相关书籍，他的作品深度牧养了当时天主教徒的灵性，尤其在智性和文化的方面，为英国天主教的重新扎根和本土化作出了贡献。在 1910～11 年，在牛津预备圣职时期，诺克斯广泛研读神学，他发现当时的国教神学深受德国神学的影响，具体表现为：学习阿道夫·哈纳克（Adolf Harnack，1851～1930），使耶稣脱离使徒约翰和保罗的诠释和教义的阐释，这是一种将基督教最小化以适应现代思想的做法；《圣经》被当作一种文学文本，受到人们的批判性阐释；最后，取消或者刻意回避基督教信仰中任何超自然的部分。诺克斯自小对基督教信仰具有深厚情感和清晰的认信，他观察到，这种被理性主义稀释了的国教信仰在实践中往往不及天主教有力。按立圣职之后，诺克斯开始公开在讲道和写作中反驳这些国教中的现代主义倾向。国教的另一个危机来自大帝国带来的世界性眼光。在帝国扩张的过程中，国教神职人员奔赴各地传教并建立国教教会，随着视野的开拓，国教作为一种具有鲜明国别特征的教派，其大公性（或者说普世性）也不断地受到挑战。国教自我标榜的特殊性，即夹在天主教与新教之间的第三条道路说服力欠佳。诺克斯甚至在讲道中指出，本质上英国的改教使教会脱离了教宗的掌控，不过是将管理权交到了议会的手中，而议会如今放弃这种管理，将其移交给主教们；今天的英国教会在灵性的层面上依然和天主教会相连，但是主教们却往往反对这种联合，导致国教无力阻挡现代主义对教会的侵蚀。

诺克斯早期批评现代神学的文章文笔犀利敏锐，代表作有讽刺诗歌《绝对和一丁点儿地狱》（*Absolute and Abitofhell*，1913）和讽刺著作《一些松动的石头》（*Some Loose Stones: Being a consideration of certain tendencies in modern theology illustrated by reference to the book called "Foundations"*，1913）。此时他的立场是国教中的极端高派，[7]倾向大公教会传统的权威性和仪式的神圣性，认为教义合法性的唯一标准在于它是否历世历代为教会整体所持守。诺克斯日益罗马化的原因之一是，他确信教会需要一个权威的源头来保证教会不偏离正道、并保证教会宣讲的信息的真实性。因为国教讲求兼容并包和自由，所以诺克斯得以在国教中宣扬十分接近天主教的观点，并以此闻名。直到他和纽曼一样，因为受天主教的影响日深，开始怀疑叛离天主教会的国教是否仅仅是谎言和陷阱，其本质是大公教会的异端邪说。[8]最终，深陷怀疑和焦虑之中的诺克斯通过皈依天主教一劳永逸地解决了自己的信念与身份危机。

1906年，贝洛克在《一封关于信仰的衰落的公开信》（*An Open Letter on the Decay of Faith*）中说："我希望你们记得我们是欧洲人；我们是伟大的民众。信仰在我们之中并不是偶然的，它不是强加的，也不是一件外衣，而是我们骨中的骨，肉中的肉：它是一种被我们缔造并缔造了我们的哲学。我们曾经赞赏、阐释、扩展了它；我们给与了它可见的形式。这是我们欧洲人曾对上帝的服侍。他则回报我们，使我们成了基督徒。"[9]贝洛克的父亲是法国人，在成年后他主动赴法服兵役，一直保持着双重国籍，他的欧洲文化整体意识显然比切斯特顿强烈得多。而他的朋友们，巴林、切斯特顿、诺克斯等人并没有完全分享贝洛克的这一看法。切斯特顿皈依天主教的原因比贝洛克更"英国"，也更具有普世性，朱莉娅·斯特普尔顿（Julia Stapleton）在她的专著《基督教、爱国主义和国家：切斯特顿的英格兰》中详细地剖析了切斯特顿的个人信仰和他的政治观点之间的关系，认为切斯特顿是一位广见卓识的政治哲学家。她指出，切斯特顿忠诚于古老英格兰的理想，反对帝国主义、社会达

7　高教派（High Church）与低教派（Low Church）是国教中长期存在的两种倾向，相对而言前者的仪式和学说接近天主教，而后者更接近新教或者福音主义。

8　Ronald Knox, *A Spiritual Aeneid: Being an Account of a Journey to the Catholic Faith*, London: Burns and Oates, 1950, 173～4.

9　转引自 Joseph Pearce, *Literary Converts: Spiritual Inspiration in an Age of Unbelief*, Ignatius Press, 2006, 54.

尔文主义和富豪阶层统治。[10]用切斯特顿的话说，他热爱英国并非因为他是大帝国，因为如果这样，如果英国不是帝国他就不应该热爱它，他热爱英国是源于他对自己家的房子所在的街道的热爱，对家乡的爱是所有人对祖国真挚情感的源头，他也基于同样的原因反对强调无差别的国际主义。切斯特顿在皈依基督教之前就反对英国发动的侵略性的波尔战争（the Boer war），在《异教徒》中批评了吉卜林的沙文主义。斯特普尔顿写到，他对国家的忠诚"因为国家的柔弱而非力量而益发提升"。[11]在某种意义上，切斯特顿和 T·S·艾略特一样，认为英国的爱国热情和宗教精神能够对糟糕的现代政治提供某种超验的抵御。这是 T·S·艾略特皈依英国国教，并变更为英国国籍的重要原因。而切斯特顿则皈依了和古英格兰相依并存的天主教。当然，他们对古英格兰的想法只是一种愿景，而非现实。

19 世纪下半叶欧洲出现了政治天主教主义（Political Catholicism），即在政界提倡天主教会的观念和社会学说，这是对现代社会中天主教信仰渐渐被逐出公众事务领域的一种反动。贝洛克倡导的分产主义（Distributism）也是其中之一。1912 年贝洛克的《奴隶国家》一书严厉抨击了大企业和费边社会主义的政策。分产主义的核心思想是通过重新分配，使每个人都能获得一小部分土地和财富，因为财产私有是个体尊严、独立和自由的基础。贝洛克和切斯特顿都认为，社会主义和资本主义皆有可能导致一种现代的奴隶制；资本主义不能满足人类对稳定、富足、安全的需求，因此它只是一个阶段。在切斯特顿和贝洛克的推动下，分产主义一度吸引了不少人，并形成了有影响力的群体。但是经历二战之后，这个群体及其主张在英国逐渐瓦解。因为英国之所以能够在二战中取胜，在于有能力启动强大的国家机器对抗另一个武装侵略国。分产主义即使有可能在中世纪局部实现过，但它显然不能满足工业时代的一些基本需求，也因此理想主义色彩远远浓于其现实性。19～20 世纪之交的天主教会连续发了几道教宗通谕反对现代主义，这一方面有力地防止了教会内部现代思想的蔓延，另一方面也使天主教的学术研究裹足不前，面临离现代人的生活和思想越来越遥远、陷入固步自封的中世纪主义的危险。天主教会在思想层面的劣势也局限了改宗天主教者思想的疆界。切斯特顿等人认为天主教会包涵了一切真理的想法，从历史上来看只是一厢情愿的愿景。

10 Julia Stapleton, *Christianity, Patriotism, and Nationhood: The England of G.K. Chesterton*, Lexington Books, 2009.

11 Ibid., 7.

在教会的指导思想下产生的类似天主教乌托邦情结在 20 世纪初的英国天主教小说中常常可以见到。

第二章　乌托邦、反乌托邦与神父们

　　19 世纪下半叶的英格兰总体来说是一个充满进取精神和乐观心态的时代。在科技进步和乐观心态的推动下，19 世纪欧洲诞生了一种新的小说题材：科幻。代表人物是法国的儒勒·凡尔纳（Jules Gabriel Verne，1828～1905）和英国的赫伯特·乔治·威尔斯（Herbert George Wells，1866～1946）。如果说凡尔纳较多表现了对自然科学发现和技术进步的乐观信仰，以及人类社会借助这些进步不断完善的乌托邦梦想；威尔斯则较深地触及了自然科学的发现和科技进步对人类的深层次影响。威尔斯的科幻小说表现了科技和自然科学发展给人类带来的深刻变化和造成的复杂情感。在他的小说中，主人公不一定是缔造新世界的伟大工程师，而常常是一位经历剧变、茫然无措的沉思者。身处工业革命最前沿的英国本土，威尔斯将资本主义和商业社会的尖锐问题，以及这些问题的根源——人性，与天才的科学幻想结合在一起，表达了对人类未来命运的关切。在他的代表作《时间机器》（*The Time Machine*，1895）中，时间旅行者来到公元 892701 年，原本指望看到一个人类彻底征服自然的共产主义高科技社会，却发现人类退化成在地面上生活的四英尺高的羸弱小人艾洛伊人（贵族和资产阶级的后代），和在地底下生活、见不得光、以捕食艾洛伊人为生、野蛮凶残的莫洛克人（劳动阶层的后代）；文字之类基本的文明标志都不复存在。时间旅行者发现最终人类的一切创造发明、丰功伟绩都将化为尘埃，为之喟叹不已。又如在《火星人入侵》（*The War of the Worlds*，1897）中，火星人势不可挡的进攻因为他们感染地球上的细菌而意外中断。小说中将异星球生物描写成面对人类具有压倒性优势并有很强侵略色彩的族类，表达了人类在茫然无际的宇宙中的孤独感和惶恐不安。威尔斯的科幻小说反映了现代科学世界观对人们心灵造成的影响和变化。他写作的《时间简史》和《沉睡者苏醒时》(*When the Sleeper Wakes*,原本连载于 1898~9 年,于 1910 重写出版)[1]都属于最早的反乌托邦小说。自从玛丽·雪莱写作第一部科幻小说《弗兰肯斯坦》(1818)以来,对科技进步的担忧就是英国科幻文学的组成部分。反乌托邦文学往往包涵科幻的成分,但在科技进步的外壳下,作品的重点却在探讨人心的乖谬,人与自然、人与人之间的不和谐,这种文学题材是对现实中存在的乌托邦设想的思考和反动。在 20 世纪之初,罗伯特·本森神父及其朋友弗里德里希·罗尔夫的小说从天主教的角度思考了乌托邦与反乌托邦的问题。

罗伯特·本森神父的小说在 20 世纪初英国格外受欢迎。罗伯特·本森是英国坎特伯雷大主教爱德华·本森的幼子,原本为英国国教牧师,1903 年改宗罗马天主教,次年受圣职成为天主教神父。1911 年成为罗马教皇庇护十世(Pope Pius X)的私人侍从。在世期间,罗伯特·本森被认为是英国文学中最重要的作家之一,他才华横溢,从 1903 年到 1914 年去世之前,短短 11 年间写作了历史小说、科幻作品、儿童文学、护教作品、现代题材小说和戏剧,共计 39 部。本森长于构筑流畅的情节,缔造戏剧性对比,塑造具有鲜明特征的人物形象。两部末世题材小说《世界之主》(*The Lord of the World*,1907)和《万有的黎明》(*Dawn of All*,1911)被认为是他最重要的作品。它们具有科幻文学的外壳,不论在形式和内容上都受到了 H·G·威尔士的科幻小说,尤其是《时间简史》和《沉睡者苏醒时》的影响。这两部作品都尝试面对科学主义、社会主义和自由思考的挑战,但描绘了截然相反的画面。在第一部中,天主教会只留下微弱的残余;而在第二部中,教会胜利征服了整个世界。

本森曾经的密友弗里德里希·罗尔夫寻求神职和写作的道路远不及他顺利。罗尔夫在 1886 年就改宗天主教,此后长期寻求圣职,但是由于行事为人怪异,他始终无法从神学院顺利毕业,最终在穷困潦倒中病逝于威尼斯。他的小说代表作是《哈德良七世》(*Hadrian the Seventh*,1904),一部以作者自己为主人公原型的狂想曲。小说刻画了一位古怪却又颇具魅力的教皇形象。格瑞厄姆·格林曾评价道,"这是一部天才的小说,与同期其他小说的关系,就像《天堂猎犬》(*The Hound of Heaven*)[2]在诗歌中一样突出"。[3]本章接下来以这些乌托邦和反乌托邦小说为对象,研究其中的神父形象,故事与意义。

---

1 中译本名《昏睡百年》,王松年译,太白文艺出版社,2004 年。

2 英国诗人弗兰西斯·汤普森(Francis Thompson,1859~1907)的宗教诗代表作。

3 转引自 Herbert Weinstock 为 *Hadrian the Seventh*(Alfred A. Knopf, Inc., 1969)写的《简介》(*Introduction*, xiv.)

《世界之主》被认为是罗伯特·本森最重要的作品。[4]今天它的主要标签是世界上最早的反乌托邦小说之一。这部作品虽然没有人们津津乐道的反乌托邦三部曲《我们》《美丽新世界》和《1984》的知名度，（在中国迄今没有中文译本）但历来不乏称赞者，其中就包括现任和上任两位教宗。威尔斯在《沉睡者苏醒时》的前言写道："这篇故事描述的大都市正是资本主义胜利的恶梦。"他的这部小说思考了科学昌明的时代中"人祸"，即制度性原因可能造成的灾难，在具有人性深度的层面上探索科技进步的社会性后果，开创了科幻小说的新主题——"反乌托邦"。而数年之后，罗伯特·本森的作品第一次将基督教的末世论元素注入科幻小说的形式之中，开创了基督教末世小说。他的小说具有科幻小说（也是反乌托邦小说）的特质，发展逻辑单一，对于人类心灵和世界历史的复杂程度或许缺乏全局性的考量。但也正因为如此，小说牢牢奠基于《圣经·启示录》所描绘的末世景象，具有一种片面的深刻性。

末世，在今天是一个纷杂吵嚷的话题，本当严肃却又常常被戏谑。2012年，全球目击了一场脱胎于基督教，假借玛雅预言，托生于全球化新媒介"电影"，由娱乐界与消费大众默契合作的"末世"狂欢。但是从基督教的角度来说，在一个世俗化的时代，谈论末世本身已经具有宗教性；巴尔塔萨说："末世论是当代神学的时代标志，所有的暴风雨都是由这一学科产生，并且威胁到神学领域的各个方面，可能带来摧毁，也可能带来丰沃和新鲜活力。"[5]在这个世纪，天主教和新教都深刻反思并较为系统地发展了末世论。这是基督教思想对前几个世纪由于自然科学、理性主义乃至唯物主义的发展，西方思想逐渐丢失了宇宙论维度这一现象所做的回应，也是基督教面对20世纪一系列世界性危机，重新进入公共话语的切入点之一。在世纪之初，《世界之主》这部出自英国知识分子和信仰精英之手的护教小说，以一丝不苟的热诚预言了这一重要的思想和神学发展方向。

《世界之主》的时间设定为21世纪也即末世。这是最早对未来世界及其精神格局进行整体描述的小说。小说设想世界形成欧州、东方、美洲三大抗衡实力，西方的主导理念是唯物主义和社会主义，欧洲的政治体制是建立在

4　本节以下内容部分以《反乌托邦与末世——评天主教小说〈世界之主〉》的标题发表于《神学美学》第六期，2015年。

5　H. U. von Balthasar, *I novissimi nella teologia contemporanea*, Brescia, 1967, 31. 转引自《末世论》，肖恩慧，宗教文化出版社，2013，第3页。

代议制基础上的民主社会，通过灭绝极度贫困者，取消大学等精英教育制度，这时的西方社会似乎比任何时代都更接近大同世界。小说一开始呈现了 100 年前的作者对我们今天的想象，地下铁星罗棋布，便捷的及时通讯，公共飞行交通，恒温的人造住宅……不少当代评论者对其中对现代科技世界的准确预言感到惊讶。小说的第一个场景发生在地下四十英尺的房子里。房子按照"最常见的方式"装修："房间依据健康公告的推荐，布满了绿珐琅色线条，充满人造的阳光；如同春天森林般的色泽，刚好 18 度的暖风从古典檐壁下吹出。""家具采用时下流行的软石棉珐琅焊接在铁上制成，触摸舒适，如同桃花心木。书架置于电子火焰的青铜壁炉上方……"[6]今天读这些文字，难免感到一股讽刺意味，因为我们确实如作者预言，生活在一个相当人工化的世界中，许多用具都是古典艺术的仿制品和自然的替代物。此外，世界上还出现了类似原子弹的大规模杀伤武器，安乐死合法化，以及魅力型领袖的集权统治等。但是在这部小说中，作者最有创见的部分并不是对高科技未来世界的想象，毋宁说，科幻只是一层稀薄的外皮，小说的重心在于作者从天主教信仰的角度出发对人类心灵的洞悉。

小说情节呈双线索发展，主要线索讲述 33 岁英国神父培西·弗兰克林（Percy Franklin）如何在末世成为教宗，面对敌基督。在这部小说中，敌基督者名为费尔森贝格（Felsenburgh），他出身不明，精通各国语言，竟然凭借演说成功化解了世界大战，因此被称作世界的拯救者，人之子[7]，即体现了人类最高理想的人，并最终被拥戴成为世界之主。他的思想背景是共济会，主张信奉一种人的宗教，认为人就是神。他上台之后立刻强迫民众对人进行宗教崇拜。敌基督这一形象来源于《圣经·新约·启示录》，他的特征是盗窃救世主之名，却受到世人顶礼膜拜。敌基督行事与耶稣基督——倒空神性，为拯救世人十字架受死的仆人，使人类有机会成为完整的人——完全相反，它凌驾于世人之上，使人类沦为物，失却尊严和自由。基督以受难成就人，却成为被世人钉死、抛弃的"救世主"，在世间称王的敌基督却饱受欢迎和拥戴。本森的创作拓展性地使用了具有丰富内涵的敌基督形象，基督与敌基督之间尖锐的对立和这两个形象的悖谬性包涵着对世俗欲望的深刻讽刺和批判。

---

6 Robert Benson, *The Lord of the World*, New York: Dodd Mead & Company, 1907, prologue, xi.

7 人之子，Son of Man，也可译为人字，是耶稣在福音书中的自称，后来被作为他的称号之一，重点突出他的人性。

在小说的情节中，彻底崇拜人的世俗化世界越来越难以忍受少数天主教信仰者的存在。这种世俗化世界观必须找到现实的替罪羊或者对立者来证明自身的正确性。面对严峻的迫害，新任枢机主教弗兰克林受教宗委托，建立"被钉十字架的耶稣"修会，会员的使命是预备殉道。随后大多数枢机主教和教宗在罗马聚会的时候集体殉道，全世界只剩下三位枢机主教，他们选出弗兰克林作为新教宗西尔维斯特三世（Silvester III）。他隐居在耶路撒冷附近，临近新约中描绘的最后大决战之处。在最后一个场景，费尔森贝格率领各国领导人来到此地，希图一举消灭地球上最后的宗教势力。教宗面对不断逼近的敌营，坚定地跟随天主的异象做弥撒，当他们唱完弥撒曲 Tantum ergo（中译《皇皇圣体》）[8]的时候，敌人的攻击发动，此时世界结束，小说就此嘎然而止，最后一句话是，"这个世界过去了，连同它的荣耀。"[9]

小说中还有一条副线索，描写英国共产党政治家奥利弗·布朗德（Oliver Brand）一家。奥利弗·布朗德和妻子梅布尔·布朗德（Mabel Brand）一开始完全信任新世界运动，但是当梅布尔目睹在世界统一和人神宗教的名义下，对平民的虐杀被正当化，她吓坏了。奥利弗的母亲在临终前借助弗兰克林重新皈依罗马天主教，这件事引发了她的思考，但未能使她免于绝望。最终梅布尔申请执行安乐死。在临终前，她预见到随世界之主费尔森贝格而来的将是彻底的恐怖。

小说中反复出现的安乐死，是本森笔下的世界面对死亡的主导模式。这部小说将安乐死表现为以人道主义的名义执行的个人自主行为。它的矛盾在于以看似最人道的方式结束人的生命，是一种受政府严格保护的自杀行为，其中潜藏着个体及其社会的绝望情绪。德国新教神学家云格尔在《死论》中提出："死主要间接地出现在我们社会的意识之中，这是市民社会的产生带来的一个结果。市民社会具有强烈的理性狂热和自主狂热，认为一切皆可认识，皆可拥有，恰恰唯独死使这种激情从根本上陷入动摇，一种去启蒙和被启蒙的安稳的位置对于市民阶层的自我理解至关重要，可它唯独受到死的威胁。"[10]在《世界之主》中，世俗化社会小心翼翼地避免让人们看到死亡甚至是看到

8　Tantum ergo 是托马斯·阿奎那为基督圣体圣血主日撰写的圣体咏（Pange Lingua Gloriosi Corporis Mysterium）的起始部分，也是圣周四圣餐礼的经典经文歌。小说中出现的是拉丁原文。

9　Robert Benson, *The Lord of the World*, 352.

10　E·云格尔，《死论》，林克译，上海三联书店，1995，第30页。

痛苦与挣扎。梅布尔人道主义信仰的崩溃，就是从亲眼目睹暴力虐杀开始。她认为世界上确实没有神，领袖的演讲逻辑是完美的，人的优化发展是唯一的道路，但是她无法喜欢这种逻辑，无法接受虐杀是这条道路的必然组成部分，因此她陷入绝望之中，因为自己不适合这个世界的逻辑，只能选择自我毁灭。

作者另一个惊人准确的预言是，在未来的世界中，唯物主义与心理学的结合将统治绝大多数人的精神世界。书中人物追述当代思想主流形成的过程时说："彻底的唯物主义不足以成立，心理学救了它。"[11]心理学将所有超自然都解释为心理暗示，从而悬置了宗教，人被定义成一种精神或心理异常复杂的物质存在体。本森的小说在本质上是护教作品，试图在字里行间反驳各种时代思潮。比如，针对来自心理学的批评，小说设计了弗兰克林与即将弃教的神父弗朗西斯对话的场景："（培西）一再对他谈起内在的生命，在内在的生命之中，真理可以被看见，信仰的行为可以得到认可。他督促祈祷与谦卑……（对方）反驳说这只是在建议自我催眠。培西感到绝望，因为他无法让一个自己没能力看见这一点的人明白，即虽然从一个角度来说爱德和信德是自我催眠，但从另一个角度，它们却像许多现实，比如艺术才能一样，需要培育；它们能够产生它们是确信无疑之事的确信，以及一旦人们掌握和品尝了它们，它们不知比感官的事物真实客观多少倍！但是，证据似乎对这人毫无意义。"[12]

"他多次告诉他，心灵和理智是同样神圣的天赋，在寻求上帝的时候忽视了心灵，就是寻求灭亡。但是这位神父却用陈旧的心理学理由回答，暗示教育能够解释一切。"[13]

接下来小说对主人公弗兰西斯神父的祈祷的描写，是具有灵性体验的人才能写出的，是对上文所说"内在的生命"经验的写照，同样针对心理学和唯物主义的联盟而发：

> "开始，他按默想的习惯将自己刻意从外在世界的感受中隔离出来。跟随沉到表面之下的意象，他迫使自己向下、向内。直到管风琴的鸣响、穿梭的脚步声、手腕依靠之处坚硬的椅背似乎都远去，只留下他独自一人和一颗跳动的心，一个意象接着一个意象在理智中浮现，情绪则丧失活力、不再扰动。他再做了一次下降，弃绝一切他之所有和他之所是，感到连躯体也被遗在身后，心灵为在其间

11 Robert Benson, *The Lord of the World*, prologue, xxi.
12 Ibid., 27
13 Ibid., 28.

找到自己的神圣临在敬畏不已，意志是它们主宰和保护者，它们紧
紧顺服在它之下。当他感到神圣临在在身畔涌动，深吸了两口气，
重复了一些常见的言辞，沉浸到放弃思考之后来临的平安中。

他在这儿停留了一会儿。远远的高处响起狂喜的音乐，号角的喊
声与风笛的尖叫；但它们如同街声对沉睡者一样无关紧要。现在他处
于事物的面纱之内，穿越了感官与反思的藩篱，在一个经历无穷努力
才寻得路径的神秘所在，在这陌生的领域，现实如此明晰，洞见以光
速穿梭往来，飘忽的意志忽而抓住这个动作，忽而抓住那个，模塑它，
使它加速；在这儿，一切事物相会，真理已被知晓、掌握、品尝，上
帝的内在性与超验性合一，外在世界的意义透过它内里的一面得到彰
显，教会及其奥秘从内部透过一层荣耀的雾霭得窥。"[14]

这一段文字扎根于天主教灵修经验和灵修文学传统，同时进行了较好的现代
语言转换，是现代文学中不可多得的灵性描写。这段祈祷描绘了唯物主义的
逻辑无法到达但却不失真实的一种人类体验。祈祷是信徒对一位不可见的上
帝的言说，是基督教非常重要的建立灵性品格的途径。作为每位信徒都可以
也应该实践的"神秘体验"，它悖谬地具有深度的日常性，千百年来信徒的祈
祷经历是难于一笔抹杀的。

唯物主义否认人具有神秘维度，事实上否认了人的生命超越物质的可能
性，而自古以来人的德性恰好表现在对物质和世俗的超越之上。同时，人的
自主性、独立性也都与德行的决择紧密相连。若无对物质的超越，甚至连自
由（表现为自主的抉择）都无从谈起，人性在这种情形下必然遭到贬低。小
说描写了唯物主义对人的根本灵性维度的否定，揭示了其本质是一种严重的
精神暴行。小说中描绘的极端唯物主义主导的社会中的各种暴力事件：比如
梅布尔采用官方保护的方式自杀，屠杀教徒，是因为对自身灵性维度的彻底
排斥（事实上是对自己施暴）而导致无法容忍他人的灵性维度（转而发泄为
对他人施暴）；又或者因为觉得生活太圆满而绝望自杀（对自己施暴的极端状
况），因为当人性所有深度都被等同于物质现实，个体的独特性就消失了。对
宗教信仰的彻底否定导致对人性的否定，由此产生的对他人和自我加诸暴力
的情形变得不可遏制——这是作者对 20 世纪人类集体暴行的清晰预见。

---

14 Ibid., 30～31.

对死亡的思考与对末世的思考紧密相连。末世如同死亡，终会来临。死亡是个体的，也是人类的；末世是人类的，但也和个体密切相关。死亡促使人思考个体的终结，而末世则是群体终结的时刻，不论物理学、哲学乃至生态学，都必须直面"末世"。末世意味着不仅个体会消亡，而且人类作为群体，甚至整个物质世界，都不会是永恒的，世界也许会转化成为对人类而言彻底陌生的东西。莎士比亚让他笔下的人物在戏剧《暴风雨》临近终点的时候说："我们的游戏现在完了。我们这些演员，我已说过，原是一些精灵，现在化为空气，稀薄的空气：顶着云霄的高楼，富丽堂皇的宫殿，庄严的庙宇，甚至是这地球本身，对了，还有地球上的一切，将来也会像这毫无根基的幻想一般地消逝，并且也会和这刚幻灭的空虚的戏景一样不留下一点烟痕。我们的本质原来也和梦的一般，我们短促的一首诗被完成在睡眠里面。"[15] 莎翁剧中对"人生如梦"，"戏如人生"的台词屡屡出现，但他并非在提倡一种人生的虚幻感或幻灭倾向，亦或游戏人生的态度，而是提醒人之本质所在；人会死，当死亡来临，一个人现在拥有的一切对他自己来说都不复存在，失去了意义。这种虚无性或者否定性是人生的必然组成部分，就如死之不可避免所昭示的人之易朽性一样。莎翁的戏剧催发人们思考，莫忘记我们"琉璃易碎的本来面目"[16]，骄傲自大，而应当记住下面这个常识，即人类的脆弱、渺小使其与永恒（永远存在）、真理（绝对的正确）之间存在不可抹杀的距离，因此人类手中工作的价值也总有一种可疑之处。在莎翁的笔下，正面的角色总是不忘记自己和他人卑微之本质，并且热情地生活着。当在信仰的层面回答和面对死亡与末世的问题的时候，信仰的回答并非如许多人以为的那样，只是提供一种精神安慰。相反，好的信仰密切地关注当下，可以帮助人把握和

---

15 威廉·莎士比亚，《暴风雨》，梁实秋译，第四幕，第一场，中国广播电视出版社&远东图书公司，1980，第138~9页，该话出自主人公普洛斯帕罗之口。《暴风雨》是莎士比亚晚年最后一部作品。

16 威廉·莎士比亚，《一报还一报》，朱生豪译，人民文学出版社，1980，第315页。女主人公依莎贝拉的台词："世上的大人先生们倘使都能够兴雷作电，那么天上的神明将永远得不到安静，因为每一个微僚末吏都要卖弄他的威风，让天空中充满了雷声。上天是慈悲的，它宁愿把雷霆的火力，去劈碎一株槎枒状硕的橡树，却不去损坏柔弱的郁金香；可是骄傲的世人掌握到暂时的权力，却会忘记了自己琉璃易碎的本来面目，像一头盛怒的猴子一样，装扮出种种丑恶的怪相，使天上的神明们因为怜悯他们的痴愚而流泪；其实诸神的脾气如果和我们一样，他们笑也会笑死的。"

面对这不容回避的对人而言悲剧性的现实，努力积极生活，正如莎翁笔下的正面形象一般。

基督教的末世观是以神圣启示的形式出现的。新约《启示录》延续了旧约"启示文学"的文体特征，文中充满图像、符号，描绘的图景带有极强的紧迫感。但是和旧约中的启示文学一样，新约每当描述大灾难即将来临之后，总会强调神的掌权和怜悯。因此，对种种灾难的描述既是预言也是警告，是为了提醒信徒（启示的接受者）当下应该如何行为。[17]

1992 年，前任教宗本笃十六世时任教廷信理部部长，他在一次公开演讲中提到了《世界之主》。他在这种演讲中指责美国总统乔治·布什的政治主张"新世界秩序"，并称赞这部小说预先描绘了"一个相似的同一化的文明及其摧毁精神的强大力量"。就在同一年，他领导制定并公布的《天主教教理》这样教导关于末世的教理：

"在基督来临前，教会将要经历一个动摇许多信徒信仰的最后考验。那陪伴她在世旅程的迫害，将揭露在冒牌宗教的方式下的'邪恶的奥秘'，它给人提供一种表面解决问题的方法，但要付出背弃真理的代价。最大的冒牌宗教就是假基督，即是一种冒充的默西亚主义：人追求自己的荣耀而取代天主及在肉身内降世的默西亚。

每当有人企图在历史中实现默西亚带来的希望时，假基督的这种欺骗就在世上形成了，因为这希望只能超越历史透过末世审判实现出来。纵使它以温和的形式出现，教会也摈弃这种歪曲未来神国的所谓'千年主义'，尤其摈弃'本身邪恶'的，在政治形式下的俗世默西亚主义。"[18]

2013 年 11 月 18 日，新任教宗方济各在弥撒训诫中也提及《世界之主》，认为这位作者描写的世俗精神导致的叛教"几乎像预言一样准确预见了将会发生什么"，并鼓励教民不与幼稚的进步主义苟合。[19]

---

17 参见 Earl F. Palmer, *1,2,3 John, Revelation: The Preacher's Commentary*, Edinburgh: Thomas Nelson, 2002.

18 《天主教教理》制定始于 1986 年，1992 年公布，第 675，676 条。默西亚即弥赛亚，为天主教界通行译法。

19 http://www.catholicculture.org/news/headlines/index.cfm?storyid=19721, 2014 年 1 月 15 日

二位教宗都首肯了小说表现出的拒绝与现世认同的态度。肖恩慧《末世论》一书指出，在历史上天主教教会曾经因为过于专注发展现世教会组织，末世意识长期淡漠，至多只关心个人的末世层面，如表现为发展炼狱学说等。但是在 20 世纪天主教教会中，"末世论进入了真正的、科学的、系统的神学题目之列"，参考了从史怀哲到卡尔·巴特，莫尔特曼等多位神学家的末世论学说。1979 年信理部在发给主教们的《关于末世论的一些问题》中指出：末世论是神学的基础，它是人与世界的创造者将造物引向完美的自我启示。末世不是为了毁坏，而是为了成全。[20]因此，在末世将实现的完满、彻底的公义，一切困苦终结，上帝与人永远同在。这是基督徒充满盼望的未来。

这部小说中的两个对立角色——弗兰克林和费尔森贝格——都恰好 33 岁，这说明他们均指涉耶稣形象，因为传说耶稣基督 33 岁时受难。二人甚至在外貌上有惊人的相似，比如都是青年白发。教宗代表的是基督的跟随者，而另一位则是基督的对立面——敌基督。敌基督是强势的、蛊惑人心的，同时也充满虚假的谎言；而教宗是默默无声的，遭人厌弃，卑微的。两者的行事为人与导向的结果都彻底背道而驰。如新版《天主教教理》所表达的，任何宣扬在世界上建立终极正义的政治形式在天主教会看来都是邪恶的。本森的反乌托邦小说正是在这一洞见下，将敌基督的出现描写为世俗社会发展的必然结果。小说中的费尔森贝格之所以能够领导世界，是因为他为这个世界带来了"和平"。因为阻止了世界大战，他在东方称王，被欧洲授予绝对领导权，在美洲成为保民官，最终统一了世界。在极端世俗化时代，对物质世界的臣服导致人们只重视现世福祉，因而崇拜能够延长这种福祉的人。具有讽刺意味的是，费尔森贝格登基后迫不及待地发起了对"人神"的崇拜，以母性、生命、供养与父性（Maternity, Life, Sustenance and Paternity）为信仰对象，由前神父主持，效法天主教的全套礼仪。"人神"成为世界法定宗教，任何拒绝参与者都被视做人类的敌人，可以为了人类的进步消灭他们。当宗教信仰被取缔，世俗理念就开始以伪信仰的姿态出现，寻求绝对忠诚与臣服，这也在 20 世纪一再上演。[21]从对人的重视发展成对人的崇拜，再发展成对人性中的积极因素的崇拜，再进一步成为对超人的崇拜，然后发展成对体现了这种

---

20 肖恩慧，《末世论》，第 75～7 页。

21 参见兰德尔·彼特沃克，《弯曲的脊梁：纳粹德国与民主德国时期的宣传活动》，张洪译，上海：上海三联书店，2012。

超人性的某位具体伟人的崇拜，然后吊诡地转化成对一般的人性（比如人的情感等所谓软弱之处）的压抑，最后成为对伟人之外所有人的压抑。这是 20 世纪极权主义闹剧也是悲剧的真实的历史逻辑。

这部末世反乌托邦的小说异常有力之处在于：它没有将信奉唯物主义的人描述为道德沦丧者，恰恰相反，他们可能是狂热的理想主义者。作者本人是理想主义者，他没有预计到理想主义大潮覆灭之后，后工业社会弥漫的颓废与奢华情绪，在某种意义上我们可以批评他低估了物质主义和极端个人主义的势力，也低估了爱国主义或者民族主义的狂热忠诚。在他笔下，真诚的唯物主义者被表现为崇高的理想主义者，他们的问题出在人类尝试抛开上帝，自己判定善恶，建设"彻底自主的市民世界"。

时下，末世主题在文学艺术领域仍有一定热度。但是虽然很多文学作品和电影都尝试表现末世，可事实上它们几乎从未正面表现过末世。很多所谓描绘末世的电影和小说其实都是灾难片或者后灾难片。比如 2011 年欧洲文艺大片《忧郁症》（*Melancholia*）。[22]一位欧洲著名导演在看完电影之后，笑问："现在该怎么办？"因为在电影开头小行星就已经撞击了地球，没有将来可言了。中文经常翻译成"末世"的英文词 apocalypse，来自《圣经·新约》《启示录》（Book of Revelation），原意是对奥秘的揭示，而流行的文学艺术多半是在恐怖灾难的意义上运用它，缺乏严肃的末世探讨。基督教的启示文学虽然激发了面对末世的乐观态度与向往，或者说乡愁，[23]但许多描绘末世特征的电影其实是不过将末世与巨大的灾难偷换了概念，将人类文明的危机作为一个噱头，想象人类如何劫后余生的场景，典型的如美国电影"终结者"系列、《我是传奇》（*I Am Legend*，2007）、《疯狂的麦克斯》系列（*Mad Max*）等。

人生活在时间之中，从何而来，往何处去，纵使没有统一的"标准答案"，也不能够人们阻止去提出这些问题。随着世俗化，西方社会对空间上的彼岸的关注逐渐衰落，而未来这一时间上的必然作为人类无法回避的问题，开始更多受到重视。一方面受到基督教末世论的影响，另一方面，20 世纪西方社

---

22 导演是拍摄了《狗镇》和《黑暗中的舞者》的著名导演拉斯·冯·提尔，影片获一系列电影节最佳影片提名；2011 年该片获第 64 届戛纳电影节最佳女演员奖，戛纳电影节主竞赛单元金棕榈奖（提名），第 26 届戈雅奖最佳欧洲电影（提名），以及第 77 届纽约影评人协会奖最佳影片（提名）。

23 Lois Parkinson Zamora, *Writing the Apocalypse: Historical Vision in Contemporary U.S. and Latin American Fiction*, Cambridge University Press, 1993.

会经历的战争与灾难导致了对启蒙以来乐观进步主义的反思，此外，宇宙大爆炸等科学理论的传播使人们普遍认识到不论地球、太阳系还是整个宇宙都面对着终结的可能，这一切都使未来成为当代人眼中的谜团，也是滋生末世题材文艺的土壤，由此催生了2012年全球消费"世界末日"的奇异现象，甚至在中国也不例外。这在一定程度上说明人们对于未来的迷惘态度和复杂心态。因为对世俗社会来说，"往何处去"的问题是无解的。以好莱坞电影为例，它的主流大片的模式是，适度揭示隐忧，认可其存在，然后再用叙事给出一个好的结局，起到暂时的安抚作用。这种处理方式注定，这些名为末世片实为灾难片的文学与电影的本质并不带领人们去面对真正的末世的可能性，而是通过故事婉转地遮蔽了这个无法解决的矛盾。

同样关注未来的问题，反乌托邦小说相对而言比末世灾难片更深刻。这类小说关注科技迅速发展给人类社会带来的忧患，它关注人的道德层面，具有更强的现实意义和批判性。它的结论一般是，如果人的道德没有获得根本的提升，更强大的控制物质的能力的结果是灾难性的。但反乌托邦小说一般只能描绘灾难性的后果，表达深切的忧虑，没有能力提出任何解决和超越的方案，这使它的未来往往显得阴郁无比。从这个意义上来讲，反乌托邦和真正的末世问题仍然是错位的。没有任何世俗思想能够面对末世，因为这是一个宗教的，准确地说，基督教的概念。

《世界之主》中对末世的描写虽然提到了自然灾难但完全没有专注于斯，甚至也没有专注于人为的世界性灾难，而是像福音书中的描述，当末世来临的时候，等候它的人看见迹象就警醒，而不关心的人照样"吃喝嫁娶"。[24] 小

---

24 《圣经·新约》，《马太福音》24:3～39：耶稣在橄榄山上坐着，门徒暗暗地来说："请告诉我们，什么时候有这些事？你降临和世界的末了，有什么预兆呢？"耶稣回答说："你们要谨慎，免得有人迷惑你们。因为将来有好些人冒我的名来，说：'我是基督'，并且要迷惑许多人。……只因不法的事增多，许多人的爱心才渐渐冷淡了。惟有忍耐到底的必然得救。这天国的福音要传遍天下，对万民作见证，然后末期才来到。……因为那时必有大灾难，从世界的起头直到如今，没有这样的灾难，后来也必没有。若不减少那日子，凡有血气的，总没有一个得救的；只是为选民，那日子必减少了。那时，若有人对你们说'基督在这里'，或说'基督在那里'，你们不要信。因为假基督、假先知将要起来，显大神迹、大奇事。倘若能行，连选民也就迷惑了。看哪，若有人对你们说，'看哪，基督在旷野里'，你们不要出去；或说，'看哪，基督在内屋中'，你们不要信。闪电从东边发出，直照到西边；人子降临，也要这样。尸首在哪里，鹰也必聚在那里。那些日子

说的笔墨主要着眼于敌基督者的出现以及基督教信仰的衰落。作者对末世的描写，完全是从灵性斗争（既是个体的，教会的，也是宇宙性的）角度出发的。这种清晰的洞察使它在灵性高度上和正统性上，远远超越了近年来风靡一时的末日迷踪系列小说。[25]

2001 年奥古斯丁出版社再版了《世界之主》。尽管在教界不乏赞誉者，但缺少天主教背景的读者很难对它产生共鸣。首先，小说对灵性世界的详细探讨很有可能使一般读者感到陌生。其次，有些非常重要的篇章，比如结尾处教宗主持的弥撒礼仪穿插在敌基督者的节节逼近中，气氛紧张而庄严，但这几页有近三分之一是没有翻译的拉丁弥撒文，如果对天主教礼仪没有基本了解，读者很难感受到小说缔造的凝重氛围与惊心动魄之处：教宗面对整个全世界集结的势力如同未见，跟随灵性异象（vision），以绝然超然的态度庄重而日常地举行弥撒，守候基督的再临……

就 20 世纪英国天主教小说的整体图景来说，在盛极而衰的帝国时代结束之后，几乎再也没有出现过这么成功的从正统天主教立场正面出发描写的小说。伴随着欧洲社会的世俗化进程，像《世界之主》这样纯粹的天主教内部立场已经很难被一般读者接受。另一方面，怀疑主义和主观主义的盛行，导致人们越来越难接受以现实主义风格描绘末世场景；再者，小说不考虑多元立场的威权话语模式也很难被人们普遍接受，也难以吸引学者的眼球。因此相似题材只能在通俗文学领域重复出现，受到教界人士的欢迎，比如前面提到"末世迷踪"系列和加拿大天主教背景的系列小说《末日的孩子们》（*Children of the Last Days*）等。

的灾难一过去，日头就变黑了，月亮也不放光，众星要从天上坠落，天势都要震动。'那时，人子的兆头要显在天上，地上的万族都要哀哭。他们要看见人子有能力，有大荣耀，驾着天上的云降临。他要差遣使者，用号筒的大声，将他的选民从四方（"方"原文作"风"），从天这边到天那边，都招聚了来。你们可以从无花果树学个比方：当树枝发嫩长叶的时候，你们就知道夏天近了。这样，你们看见这一切的事，也该知道人子近了，正在门口了。我实在告诉你们：这世代还没有过去，这些事都要成就。天地要废去，我的话却不能废去。但那日子、那时辰，没有人知道，连天上的使者也不知道，子也不知道，惟独父知道。挪亚的日子怎样，人子降临也要怎样。当洪水以前的日子，人照常吃喝嫁娶，直到挪亚进方舟的那日，不知不觉洪水来了，把他们全都冲去。人子降临也要这样。"

25 末日迷踪系列小说《遗留》（*Left Behind*，1995～2004）由美国两位福音派背景作家写成，共 12 册，具有极强的时代论特征，充斥好莱坞式的个人主义英雄和家庭温情情节。

但在后现代和全球化时代如何表达基督教的末世观仍然是一代又一代基督教作家需要面对的问题。在后现实主义文学时期，正面严肃地谈论末世的场域似乎已经不复存在，因为一般人并不真正关心末世，所以 C·S·路易斯选择在奇幻文学中表现这个场景，即"纳尼亚传奇"的终结篇《最后一战》中，因为隐喻是童话的天然优势。但末世在本质上并非只是一个未来的场景，对于信徒而言，它一直处于来临之中，渗透于人们的日常生活。一部描写当下的基督教作品也可能深深浸润末世的维度，就如同许多俄罗斯宗教文学已经表现的一样。

在《世界之主》出版之后，不少人向本森抱怨其中描绘的未来图景太过阴郁，于是本森又写作了另一部末世小说《万有的黎明》。在本书中他设想了另一种可能性，即未来的人们终于认识到天主教的真理性，转而集体乃至世界性地回归天主教，政府甚至将异端思想作为叛国罪处置。小说的基本线索是一位抛弃了信仰的神父马斯特曼在病榻之上，在幻觉中看见了未来世界中天主教的全面胜利，他自己是这个世界的英国主教（开始是主教的秘书），小说描写他如何惊诧而欣喜地发现和接受了这一过程。小说的主线是描述马斯特曼一点一点地在事实和"雄辩"面前重新确立了信仰。他在信仰上的挣扎是小说情节叙事发展的主要内在动力。他一步步地解决了心理学、科学、理性主义和怀疑主义等对信仰的置疑，甚至认同了天主教对持异端者的认定（政府将持异端者视为叛国者，处以极刑），以及最后剩下的一小撮无神论者被安置在狭小的隔离城市中的举措。

如果有人试图批评《万有的黎明》本质上是赤裸裸的天主教霸权主义，需要留意的是，本森并没有将自己在这两本书的描绘当作对未来世界的预言，而认为这只是一种寓言的形式（parable form）[26]。和《世界之主》一样，《万有的黎明》本质上是一部护教作品，尝试向当代人讲述天主教的真理和洞见。而除了具有一定参考价值的思辨之外，小说之所以没有流于单纯的观念传声筒，在于它分别描述了两位主人公对信仰的持守和挣扎。这种个体私人领域的信仰经历，两位不同的神职人员形象的塑造，使小说较为丰满，而且在题材上别具一格。但是这一时期塑造了更生动的神职人员的形象的小说却是罗尔夫的《哈德良七世》。

同为狂想曲，《哈德良七世》不仅在人物塑造上更胜本森的两部著作一筹，而且比这两部一边倒的作品更多触及了天主教内部和外部的现实问题，因此

---

26 Robert Hugh Benson, *Dawn of All*, The Mayflower Press, 1911, Preface.

D·H·劳伦斯才说："这本书仍然是我所处时代一部清晰而明确的作品，不应该被扔在一边"。[27]

小说主人公乔治·阿瑟·罗斯（George Arthur Rose）是一位被迫中断修道院生活的未遂神父。小说开篇的时候他已经在世俗世界以写作为生 12 年，仍然持守着信仰和独身，仅与一只黄猫为伴，愤世嫉俗，厌恶人类。但罗斯虽然离群索居，却通过报纸密切关注各国，尤其是欧洲大陆的政治动向，一系列紧贴时事的报刊文摘说明了当时欧洲各种动荡不安的因素：欧洲君主制的衰落；俄国的暴动；法国的革命；无政府主义者的活动……直到这里罗斯的生平都和罗尔夫本人十分相似，而接下来发生的则是作者狂想的愿景：英国枢机主教突然来访，决定修正教会过去的错误，赐予他圣职，并且赔偿他的经济损失。随后，主教邀请罗斯共赴罗马。此时正值罗马主教选举团选举新教宗，[28] 由于一位枢机主教作弊，选举陷入僵局，最后选举团意外地投票给了罗斯。罗斯选择哈德良七世为自己的封号，开始了大刀阔斧的教会改革。他首先要求公开的加冕仪式和亲民的游行，搬离奢华的红幔地毯教宗房间，继续过贫穷修士的清苦生活，削减梵蒂冈的经费开支；任命了过去认识的一些绅士为贴身侍从，选择他们的标准不是敬虔，而是善良的行为；将自己的赔偿金大笔赠予曾经发自朴素的善心帮助自己的老妇人……然后他将梵蒂冈的艺术品和珍藏出售，将巨额收入赠予意大利人民，以恢复梵蒂冈与意大利人及其政府的关系；[29] 警告和谴责耶稣会士的道德败坏；针对德国、法国、美国、英国等各国人民发布书信，赞扬他们的优秀品质，并督促他们持守正途；巧妙地回避德国首脑要求梵蒂冈赞同其侵略的要求……这是一幅天主教会尝试与时代重新接轨的全景图，是罗斯也是作者罗尔夫一个人的乌托邦。

27 转引自 Herbert Weinstock 为 *Hadrian the Seventh*（Frederick William Rolfe, Alfred A. Knopf, Inc., 1969）写的《简介》（*Introduction*, xiv.）

28 该小说于 1904 年出版。1903 年罗马确实举行了新教宗的选举，引起了罗尔夫的关注，他曾经写文章回应此事。小说的创意受到了这个事件的启发。

29 1870 年意大利王国的军队开进罗马城，意大利统一正式完成，而教宗被迫退居罗马城西北角的梵蒂冈宫中；之后历代教宗均敌视新的意大利王国，从未涉足罗马城的其他土地，甚至不准信徒参与意大利王国的公职。直至 1929 年 2 月 11 日，意大利首相墨索里尼掌握意大利政权后与教宗庇护十一世签订了《拉特兰条约》，意大利承认圣座为主权国家，其主权属教宗，其领土位于梵蒂冈城，称为梵蒂冈城国，为中立国，其国土神圣不可侵犯。此条约正式解决了圣座与意大利政府间多年的纠纷，沿用至今。该小说出版之时，教廷与意大利的关系仍处于僵持之中。

哈德良七世说："我们希望使英国成为'一个为上主预备的民族'。我们将在全世界尝试这样做；因此我们从统治这个世界的种族开始。现在我们发现这一企图一开始就受到了英国天主教徒的行为习惯的阻碍，尤其是原生的英国天主教徒。"[30]当时的英国天主教徒构成中大批为爱尔兰移民，一部分新近改宗者，除此之外是在信仰不自由环境中数百年持守信仰的天主教家庭，多年身处社会边缘，远离教廷的直接领导，导致原生英国天主教徒养成了积习，常常出于自身的习惯无法回应英国天主教的发展和变迁。因此，在《致英国人民书》中，他首先赞扬了英国人民吃苦耐劳的淳朴本质，然后斥责原生天主教徒因为与所处文明、文化隔阂导致的无能。他劝告他们怀着兄弟之情拥抱非天主教徒，不再继续猜疑诽谤。为了推进教会合一，他甚至直接授予英国国教牧师以天主教圣职。在《告全世界基督徒书》中，他写道："基督教远远不止是仪式。它延伸至人类生活的每个方面；其规条必然在一切原则和实践中规范基督徒。他特别强调声明个体的个人责任。……每个灵魂都要在造物主面前交自己的帐。……他谴责任何整齐划一的企图为不自然之罪，因为它们侮辱了神圣的智慧，上主赋予他的造物以差异性。他宣告上帝的仆人将以其广博的胸怀，慷慨的心和坚定的意志而闻名于世。""天主的教会既不狭隘，也不'自由'，而是大公的，能够容纳所有人：因为天赋的恩赐多种多样。"[31]他呼吁每个人在其丰富的多样性中接近上主，并告诫以实际行动而非言辞来说服、感召世人。

这些书信集中反映了作者心目中当时天主教面对的时代危机。本森笔下的神父形象是正统的，其背后代表的天主教也似乎是完美的；而罗尔夫却毫不客气地涉及了现实的天主教问题。在自由思想日益取代传统信念的年代，天主教是否应该走出仅仅对信徒的关注和自身利益的庇护，去实现社会使命，即帮助各国人民归向正途，为指导人们建设更美好的社会做出贡献？在罗斯（也是罗尔夫）看来，天主教徒过分自我保护的心态使他们落后跟不上时代，在教会与世俗界树立了自义的壁垒，这是一种对天主旨意的误读，也是对基督福音的背叛。因此教会需要改革，信徒需要自我反思和悔改。正是这些忧国忧民的思考和言论使《哈德良七世》成为一部紧扣时代的作品，而且虽然表达的是一个人的天主教乌托邦梦想，却昭示了天主教信仰独特的生命力，

---

30 Frederick William Rolfe, *Hadrian the Seventh*, 109.

31 Ibid., 129～130.

并预示了梵蒂冈二次会议开始天主教面向世人，要求"跟上时代"的发展方向。

　　罗尔夫是英国现代史中一个著名的怪人。他颇具才华，在写作、摄影、绘画上均有建树，总能奇迹般地赢得朋友，随后又交恶。罗斯以罗尔夫本人为原型，哈德良七世是文学史上最古怪的教宗形象之一，他烟草成瘾，习惯对猫咪自言自语，只穿白色衣服，作出的决定总是让所有人大吃一惊。但是这位教宗的形象却没有流于符号化，在他古怪、不合常规的行径背后总有深切的考量，而他在内室面对天主的祈祷、忏悔、对自己内心的敲打和拷问，在为这位古怪的教宗的灵性提供了写照的同时，也使这个形象更为生动、鲜活。成为教宗之后，他高兴地想，"终其一生他都在寻求付出。如今在任何情形下，他总能有东西可以给予，十个词和一个手势；人们看上去非常感激。他很开心。"[32]尽管他关怀人群及其信仰，但是厌恶甚至恐惧与人亲近却又是他性格中真实的部分。他在祈祷中承认，虽然他愿意付出、给予，但是他没有爱，他不爱人。一次散步时，哈德良七世意外地邂逅了意大利的小王子和小公主。与学龄前的孩子的交谈和接触，使他多年来因为朋友的背叛和孤寂对人形成的恐惧和厌恶感第一次得到治愈："他的心醉神迷来自对这可爱小人儿和高贵的小灵魂的赞叹。单纯生动的坦诚，纤细的比例，纯净的色彩，让他几乎也想拥有。坦率的自我，正确的真理，自我牺牲的勇敢与宁静，使他产生效法的冲动。他，至高的教宗，拜倒在孩童天使般的威严之前。仿佛一道帷幔被掀起，他得以一窥人心。他想他看见和理解了人类社会的一个起因，或者是最主要的起因……他正在体会记忆中人类社会的第一种私人的毫无掺杂的喜悦情感。'终于，我可以爱了。'他想。"[33]当爱慕罗斯得不到回应的克罗太太（Mrs. Crowe）和社会主义者耶利米·桑特（Jeremiah Sant）企图勒索他未遂，合力诽谤他时，深受其苦的哈德良七世除了愤慨之外，自省这是自己没有遵循上主的教训，"不爱邻人"的恶果，于是请来告解神父忏悔……

　　哈德良七世在成为教宗一年之后，在一次游行中被桑特刺杀。临终前他像耶稣一样赦免了杀害他的人，并挣扎着完成了临终忏悔敷油之礼。哈德良七世正是罗斯自己的理论——个体以自己的心智和独特性接近上主——的绝好例子。这位神职人员的形象虽然毫不正统，却因其丰富的缺陷自有其生命

32　*Hadrian the Seventh*, 95.

33　Ibid., 197.

力。天主教的信仰和理论在世俗社会看来也许不过是一种古老的乌托邦，但这种持续了两千年之久的"幻想"却具有和现代社会自身营造的乌托邦梦想针锋相对的力量。在世俗乌托邦文学和想象中，完美的制度、科技的发明或者人性的良善是乌托邦社会的支持性理论，在其中，个性是不重要的。但是在天主教具有解构世俗乌托邦能力的"狂想曲"中，这些都不复成为乌托邦的保障。真正能够证明天主教的千年之梦不仅仅是空想的，是一个又一个抱持其信念并付诸实践的个体，在文学中则突出表现为特色、鲜活生动的神父乃至教宗的形象。

第三章　G·K·切斯特顿的改宗、文论与小说

在 20 世纪上半叶的英国，对天主教做出最有力、出众的辩护的作家莫过于切斯特顿。和本书中涉及的绝大多数作家一样，他在成年以后经深思熟虑皈依天主教。切斯特顿的改宗不仅旷日持久，经过了二十多年的探索，而且他写作了许多关于改宗、皈依的书籍和文章，为我们了解这个过程和个中原因提供了大量的资料。了解他走向天主教的过程，有助于我们触及本书的主题之一，认识天主教在英国当代知识分子心目中的形象以及它的社会功能。

第一节　"通向罗马之路"

G·K·切斯特顿（Gilbert Keith Chesterton，1874～1936），著名英国记者、平信徒神学家、评论家、小说家与诗人。他出生于英国伦敦肯辛顿区坎普登山一个富裕的中产阶级家庭。父母有良好的文化修养，对信仰的态度相当自由。1896 年，受到未婚妻弗朗西斯（Frances）的影响，切斯特顿正式皈依英国国教；1922 年，经过长期的酝酿，他改宗罗马天主教。

作为富裕的地产商人，切斯特顿父母的信念在他们所处的阶层中颇为典型，他们是 19 世纪意义上的自由主义者，相信边沁的功利主义思想——即为最多数人的最大可能的幸福；信奉约翰·弥尔（John Stuart Mill，1806～1873）的说法——个体有自由做他们想做的事，只要他们不对他人造成物理上的伤害；认同亚当·斯密的唯独受利益驱动的自由市场论，相信人类进步说等。这种自由主义立足于个体主义理论的政治学说，认为个体拥有初始的最主要的地

位，一切法律和社会的形式都源于它，自由主义因此与资本主义紧密相连，也反对任何形式的公社主义。他们代表的那一代人经历了英国成为最强盛繁荣的大帝国的阶段，相信自由贸易和经济增长——基于近来掌握了自然规律的科学技术，而且也确信国际合作能够使每一个人都非常富有、安全；他们是乐观的，认为战争会消亡，乌托邦就在不远的将来，任何其他的时代相比当下而言都是落后和黑暗的。切斯特顿的父母对进步不可阻挡的信仰伴随着宗教热忱相应衰退，只是偶尔参加附近的一家唯一神论教会。切斯特顿的弟弟西塞尔·切斯特顿（Cecil Chesterton，1879～1918，他本人早于吉尔伯特·切斯特顿在 1912年皈依天主教）将这个唯一神论教会的信条总结成："上帝的父性，人类的兄弟情谊，邪恶不会永远存在，以及灵魂最终得赎"，最终构成"一种模糊而高贵的神圣博爱主义。"[1] 切斯特顿在艺术院校学习期间经历精神危机之前大致也持相似的立场。他后来回忆，他的父亲如果听说后来的世代越来越敬虔而不是远离宗教，会感到非常诧异。在这样的影响下，切斯特顿 12 岁时已经是一名异教徒，16 岁时则成为不可知论者。

切斯特顿的创作鼎盛时期处于爱德华世代（1901～1910），和之前取得巨大成就的维多利亚时代、之后遭到巨大灾难的一战时期相比，这是一个比较平庸的享乐时代。但是近来学者强调这一时代存在严重的贫富悬殊，认为这一时期的事件预示此后英国政治和社会生活即将出现的巨大变化。这是以伍尔夫为代表的布鲁斯伯里群体兴起和活跃的时代。知识分子中的精英群体在向现代主义过渡，各种社会习俗、规约进一步被打破。经历了一波又一波的近现代思想冲击：德国圣经批评、达尔文进化论、唯美主义……在处于思想界前沿的知识分子群体中，原本具有统一性和整合性功能的基督教叙事已然完全失去了力量，文化精英们享受着前所未有的思想自由，积极建立世俗化的社会公共话语圈子和平台，同时努力将自己与迅速崛起的新知识阶层（具有基本读写能力，但无缘高等教育的大众人群）区别开来。在爱德华时代，英国的受教育阶层在智力和道德方面的不稳定性急速增长，切斯特顿敏锐地关注到这些危机，他感受到其中一些危险的信号，同时也看到了从正面澄清一些问题的可能性。可以说，他是在和各种流行思想的激烈争辩中逐渐成长为新闻巨人的。在英国当时的知识分子的感性世界中，宗教的主要替代品是灵性和审美主义，只不过灵性的代名词是马修·阿诺德倡导的"文化"。而至

1　Cited in Michael F. Finch, *G. K. Chesterton*, New York: Harper & Row, 1986, 13.

于审美主义，对切斯特顿来说，他的个人精神危机首先是以受到当时统治艺术院校的法国印象派的冲击的形式爆发的。1908 年他出版了小说《代号星期四》，当主人公加百列·塞姆（Gabriel Syme）逃脱了礼拜天的特工，跑进一片林地中，看见光影在树叶上嬉戏时，小说写到：

> "难道最终一切不都像这令人迷乱的林地，这光影的舞蹈吗？
> 一切都不过是一瞥而已，永远不可预见的、却总是被遗忘的一瞥。
> 因为加百列·塞姆在阳光四溢的林子中心发现了许多现代画家已经
> 在其中找到的。他发现了现代人称之为印象主义的玩意儿，而它其
> 实是无法找到通往宇宙的地板的终极怀疑主义的另一个名称"[2]。

在切斯特顿看来，印象主义是怀疑主义在艺术中的表达，它诉诸主观印象式感受，拒绝定形外在事物，在极致的对自我真实的口号下否认和扭曲了现实。在《自传》（Autobiography，1936）中他更详细地写道："印象派……的原则是，如果我们只能看到一头牛的白色线条和紫色阴影，我们就只能描绘这些线条和阴影，也就是说，我们只相信线条和阴影，而不相信牛。诗人说他只看见了一头紫色的牛，在某种意义上，印象主义的怀疑论者与诗人是相反的，因为他倾向于说没看见牛，只看见了紫色。无论它作为一种艺术方法有何价值，显然作为一种思想方法这是一种高度的主观主义和怀疑论。它自然地导向这种形而上学假设，即事物只在我们观察它们时存在，或者事物根本就不存在。印象主义哲学必然接近一种幻觉哲学。这种气氛也导致——不论有多间接——一种非现实的情绪和了无生机的疏离感，它们当时正驻扎在我的身上。"它对切斯特顿造成的影响是，"在这段时间里我不太能够清楚地区分梦境与清醒……我不过是将我的时代的怀疑主义发展到了极限。结果我很快就发现，我比大多数怀疑主义者走地远多了。当沉闷的无神论者对我解释，除了物质之外什么都不存在，我怀着一种超然而可怕的冷静听着，怀疑事实上只存在精神……"[3]

这种怀疑主义，作为一种时代精神，源头之一是单纯从逻辑理性出发考察世界的认识论；其中理性被认为超越人类其他一切智识能力，甚至作为超越人类本身的原则，成为某种类似信仰的对象。这时的理性事实上走向了某种非理性，因为否定了所有不能直接应用"纯粹理性"的领域的合法性。切斯特顿度

2　G. K. Chesterton, *The Man Who was Thursday*, London, 1907, 131.

3　G. K. Chesterton, *The Autobiography of G.K. Chesterton*, Ignatius Press, 2006, 94～96.

过这场精神危机的方式不是躲避，而是像他1894年在给好友本特利的一封信中所说的："我没有撵走它或者对人们倾诉，而是任它发作，实实在在地坠入其深渊之中。"他发现，一种观点一旦在实践中被检验，就显出了真实的真相，"幻想现在逐渐在日常生活面前褪色了，我很高兴。"[4]他选择在生活和现实中检验时代精神，观察它是否真的能够自圆其说，还是不攻自破。

同期的英国现代主义文学也在进行类似印象主义的探索，尝试表现或反映一种他们认为是真正的现实。如布鲁斯伯里集团主将之一弗吉尼亚·伍尔夫在《论现代小说》中的一段名言："仔细观察一个普通人在寻常的一天中某一瞬间的内心活动。心灵接纳了成千上万个印象——琐屑的、奇异的，有些稍纵即逝，有些如钢铁般锋利，在心底深深刻下印记。他们从四面八方涌来，好似数不清的原子如雨落下般无休无止。当他们纷至沓来，当他们化作了周一或周二的生活时，那重点也和以往不同；这一瞬间的重要性并不在此，而在彼处。因此如果一位作家是个自由人而不是奴隶，如果他能出于自己的意愿来写作而不必听命于人，如果他可以依据亲身感受而不必因循守旧，那就不会再有约定俗成的那种情节、喜剧悲剧、爱的种子或是什么悲剧式的结局。生活并非是一串对称排放的马车灯，生活是一圈明亮的光环，是一个伴随我们意识始终、将我们包裹在内的半透明封套。而小说家的任务难道不就是要将这种变幻莫测、不为所知却毫无拘束的心灵表达出来，不论它是异乎寻常或是错综复杂，还要尽可能地减少外部杂质的混淆吗？"[5]

这种文学主张以个体主观的当下感受为现实，尝试搁置价值判断，因此反对任何程式化的传统叙事。现代主义希望通过这些方式追寻何为真正的现实，这是一种在怀疑主义思潮影响下的人本主义探索，是当时英国知识分子精英建构"自我"主体的途径。而切斯特顿却反"时代潮流"，质疑这种探索的有效性。他的思考切入的角度是这种"现实"观念是否能够真实地指导实践。也就是说，当伍尔夫等人将眼光向内转，单单探究人的内心，希望借此突破一切传统的束缚。切斯特顿的眼光却在向外转，因而反对简单地将传统、社会、习俗与个体对立，而是尝试在更大的范围中获得个体、社会、他

4　转引自 Maisie Ward: *Gilbert Keith Chesterton,* London and New York: Sheed and Ward, 1944, 50.

5　弗吉尼亚·伍尔夫，《一间自己的房间》，吴晓雷译，陕西师大出版社，2014，第11页。

人等的综合合理性。比如，对于类似"我思故我在"的推论，切斯特顿不置可否，因为他不认为是否一个人要先进行这样的推论才能生活，而事实上人的生活远在开始这样的思考之先。切斯特顿的思考质疑了这种理性主义发展到怀疑主义，再发展到消解所有共识的思考模式的合理性。现代主义文学一方面是理性主义发展到怀疑主义的产物，另一方面它依赖个人主观体验，即个体经验而非理性逻辑，而这是理性主义的反动——浪漫主义文学——的重要文学遗产之一；现代主义文学在某种意义上是反浪漫主义的，它尝试用经得起推敲的对主人公的心理体验的冷静记录，替代浪漫主义多愁善感的抒情主体，因此它往往更强调自己与浪漫主义的分离而非继承。在面对理性主义时，现代主义同样置疑其建构宏大叙事的习惯，采用个体经验来反抗其叙事。而切斯特顿恰恰认为应当同时继承理性思辨和浪漫主义的双重遗产，他反对单纯地依赖其中任何一种传统，转而谋求二者的结合。将两种看似相悖的智性传统结合，这符合极具特色的切斯特顿的悖论（paradox）观。另一个导致他与当时知识分子精英界正在着手建立的主流世俗文化潮流分道扬镳的原因是，德性或者说伦理的维度是切斯特顿持之以恒关注的核心，而在他的眼中，德性不仅仅表现为"对自我真实"，也包括个体在社群中承担责任。

切斯特顿在《回到正统》（*Orthodoxy*，1908）、《一切道路汇聚之处》（*Where All Roads Lead*，1922）、《天主教会和改宗》（*The Catholic Church and Conversion*，1927）、《这玩意儿：我为什么是一个天主教徒》（*The Thing: Why I Am a Catholic*，1926、1929）[6]、《深井与浅滩》（*The Well and the Shallows*，1935）等多部著作中记载了他皈依基督教乃至天主教的原因。他在《回到正统》中回顾了自己如何带着一颗异教徒的心巡回了各种近代思想对基督教的攻讦，"试过建立自己的一套异端邪说，却在最后修订的阶段，发现那原来就是正统信仰"的心路历程。[7]在该书第二、三章（分别标题为"疯子"和"思想自尽"）中，他首先攻击理性至上时代产生的怀疑主义者是纯理论逻辑的"疯子"："若从外在的、以经验为依据的角度看，疯狂最明确、最不会

6　切斯特顿先在1926年写了一篇文章，名为《我为什么是一个天主教徒》，在 *Twelve Modern Apostles and Their Creed*（New York: Duffield and Company）中发表；1929年他又出版了《这玩意儿：我为什么是一个天主教徒》，由 Sheed and Ward 出版社出版。

7　切斯特顿，《回到正统》，庄柔玉译，北京：三联书店，2011，第5页。

弄错的特征，可以说是逻辑完整与心灵萎缩两者的结合"。[8]切斯特顿后来常常指责许多信奉现代思想的人不过是半吊子，认为他们之所以信奉这些思想，是因为他们从未像自己曾经尝试的一样，跟随这些思想来到它们的尽头，即开放地检验它们的合理性和可能性，而不是仅仅在封闭、简化的逻辑循环中追随它们。这种检验的经历使切斯特顿认识到了许多流行思想的盲区——缺乏整全性和实践价值，从而他决定回归和拥抱普通人的常识。

比如他敏锐地感受到，现代怀疑论面对传统提出了很多有效和有力的质疑，即眼睛在观察什么是错误上在一种不可思议的、吞噬一切的清晰中增长，但是他也同时发现看见何为正确的眼睛正在变得越来越微弱，直到在怀疑中几乎失明了。他认为怀疑原本是正确的，只有"唯物论者和疯子从不感到疑惑"。[9]但如果是"一种萎缩的普通常识与无止境扩充的理性之结合"，[10]即怀疑主义精神过分蔓延，这种"否定的精神"一旦成为主导，对个体精神的整全具有破坏性，无力支撑德性生活，因此可能导致现代社会的道德危机，产生巨大的摧毁性影响力。在他看来，当时英国社会已经初露端倪的崩溃，并不只是道德的崩溃，而是心智的丧失，因为人们不愿意使用理性进行清晰的争论，不愿意信任常识。

在《深井与浅滩》（ *The Well and the Shallows* ）中切斯特顿区分了怀疑论提出问题和解决问题的能力："现代的怀疑论就像古代的怀疑论一样，确实提出了深刻的问题，我们只是否认，它给出了任何更深刻的回答，这是一个大致原则，接触现代思想时，它们提出的问题往往确实很深刻，回答却总是非常肤浅。……或许更重要的是指出，虽然他们的问题在某种意义上是永恒的，而他们的回复却在任何意义上是稍纵即逝、经不起时间考验的。"[11]他认为，由于常识的萎缩，现代思想具有片面深刻性，缺乏整合性。现代学科分支和专门化是必要的，但生活却需要整合的智慧去面对。于是，他从对印象主义、怀疑主义等时代流行思潮的反动中得出了类似苏格兰常识学派的核心主张，即无论在什么情况下都应当认可以下常识：自我的存在；可见可感的真实客体的存在；健全的道德和宗教信仰奠基于其上的某些"第一原则"。

---

8 同上，第 14 页。

9 切斯特顿，《回到正统》，第 19 页。

10 同上，第 17 页。

11 转引自 Dale Ahlquist, *G. K. Chesterton: The Apostle of Common Sense*, Ignatius Press, 2003, 79.

切斯特顿忧虑当时流行思潮"在宇宙观问题上的这种彻底的轻浮",[12]"（我们）从确认人类传统真理、以权威的毫不动摇的声音传递它的责任面前退缩了。那是一种永恒的教育，它如此确定有些东西是真实的，以致你敢将它告诉一个孩子。现代人从这个无所畏惧的责任面前向四面八方逃走；唯一的解释（当然）是，他们的现代哲学是过于不完整的假设，以致他们无法说服自己去教导一个新生的婴孩……"[13]切斯特顿发现，在实践领域中，道德的不确定会直接导致教育的不可能，因为"就不可知论的角度而言，最道德的人可以做的就是在某些地点举些布告牌，上面警告人们一些明显的危险，比如切勿酗酒致死。"[14]而一旦缺乏健全的具有可延续性的道德，人类的未来将会如何呢？切斯特顿在第四章"仙域的伦理"中总结了童话故事对他起到的教育意义之后，总结了他在皈依基督教以前几点对生命基本的看法：

> "首先，我打从心底里感受到世界是不会自我解释的。世界可能是一个从超自然角度才能解释的神迹，又或只是一个从自然角度便能解释的魔术玩意儿。如果是后者，若要使我感到满意，就必须较我听闻的自然解释更富说服力。孰真孰假，那是一种不可思议的力量。第二，我感到不可思议的力量应该蕴含意义，而意义背后应该有创造意义的人。世界上的事情有如带着个人色彩的艺术品，无论背后的用意是什么，意图一定是强烈的。第三，就那个用意而言，我认为最初的设计是美好的，尽管有一些瑕疵，例如怪兽，但瑕不掩瑜。第四，最恰当表达感激之心的方式是谦卑和节制：我们当感谢神赐予啤酒和勃艮第葡萄酒，但不喝太多，以示谢意。此外，那创造我们的，不管是什么，我们必须服从。最后一点，也是最奇怪的一点，我的脑海浮现出一个模糊而广泛的印象：在某方面来说，一切美善之事都是从原始时代的废墟中贮藏并神圣地保存下来的。人救回了自己的美善，有如鲁宾逊从破船中捡回自己的物品。这就是我所感受到的一切，我们的年代却没有就此给我鼓励。"[15]

---

12 切斯特顿，《异教徒》，汪咏梅译，北京：三联书店，2011，第 3 页。

13 G. K. Chesterton, *What's Wrong with the World*, Dover Publications, 2007, 154.

14 转引自 Aidan Nichols, *G. K. Chesterton, Theologian*, 35~36.

15 切斯特顿，《回到正统》，第 66 页。

世界是奇妙的，不会自行解释；宇宙背后有一股神奇力量，这种力量对于世界，和对于人类，是善意的，因此，心怀感激是合理的：这些是切斯特顿的基本人生感受。他随即发现，唯有基督教的乐观主义和他的想法惊人地一致："以前，我常自称乐观主义者，以避开明显亵渎神明的悲观主义。然而，这个年代的乐观主义统统都是虚假的，只会令人丧失信心。这是由于乐观主义一直想证明我们与世界是一致的，彼此能融洽相处。基督教的乐观主义却基于另一个事实：我们与世界并不一致，彼此不能融洽相处。"[16]这一发现促使切斯特顿更加细致地思考基督教信仰的合理性，接下来他在基督教中发现了寻觅已久的道德平衡："我渐渐发现，这种双重感情正是基督教一切伦理的诀窍。每一处，基督教的信条都是在两种激烈情绪平静的碰撞中取其平衡点。""基督教就是要借着奇怪的对策，设法挽回那份诗情画意。基督教先把两个概念分开，然后加以激化。一方面，人从未如此高傲，另一方面，人又从未如此谦卑。只要我是人类的一分子，我就是万物之灵，只要我是一个人，我就是罪恶之首。"[17]"有关基督教伦理的一个重大事实：一种全新平衡的发现"[18]，最终使切斯特顿折服在基督教的面前，他承认，在这种信仰面前他找到了在家一般的感觉，他所渴望的整全的道德，完整的人（同时具备理性和诗意，德性与罪性，以及价值和尊严）在基督教中发现了容身之所。至此，切斯特顿不仅搭建起了自己的思想体系的基本框架，而且明确认同了基督教这一具有悠久思想和实践历史的信仰——尽管用他的话说，他是从一扇独特的门进去的——开始建设自己的堡垒，并以此为根据地，扯起大旗，四面出击，与当时几乎所有流行的现代思想开始了论战。最终，在一个宗教语言在公共平台式微的年代，他以前所未有的方式重新阐发了基督教伦理的重要意义。切斯特顿的关切带领他到达了新的身份标识——基督教徒，他的思想找到了基本的类属。

切斯特顿的写作和思想对当时和后世的英国知识分子，尤其是基督教背景的知识分子，产生了持续的影响。比他略晚的英国国教徒作家多萝西·塞耶斯（Dorothy L. Sayers，1893～1957）评价道："对我们这一代的年轻人来说，切斯特顿是一位基督教的解放者，如同一枚仁慈的炸弹，他爆破了一个非常

---

16 同时，第 84 页。

17 同上，第 99～100 页。

18 同上，第 106 页。

糟糕的时期的彩色玻璃，放进新鲜空气的强风，在这股强风的吹拂下，教义的枯萎树叶充满能量，并以圣母的杂耍者的无礼态度开始舞蹈。"[19]时至今日，切斯特顿传记、研究专著和译介不断涌现，也说明人们一再回到这位思考者，希望汲取面对当代问题的思想资源。

在这里我们需要稍加留意，尽管分享了不少苏格兰常识学派的思想和观点（也包括其中一些缺陷），切斯特顿更多是通过独立思考，而不是通过阅读相关书籍得出与之类似的结论。笔者认为，切斯特顿转向常识和实在论至少部分受到了英国思想传统的影响。在英国，经验主义具有深厚的民众基础，而且与宗教实践紧密结合。尽管切斯特顿在成年之后放弃了父母的自由式宗教信仰及其他许多观点，但是他们立足于个体的自由主义精神中包含着对实践和常识的尊重，如这种自由主义认为个体拥有初始的最主要的地位，一切法律和社会的形式都源自于个体。因此切斯特顿会说："民主的信念是这样的：极其重要的事情——两性交配、养育下一代、制定国家法律——必须交由一般人处理。这就是民主；对此我一直深信不疑。"[20]他的政治理念在不少方面与信奉这种自由主义的保守党保持一致。

出版于1908年的《回到正统》只能够帮助我们了解切斯特顿如何皈依基督教信仰，此时他虽然归属于英国国教，但很明显，在他的心目中，他皈依的是广义的正统基督教会。虽然他这时可能和一般国教徒一样，未必认可圣母玛利亚和罗马教廷，但在他的陈述中频繁地举中世纪和早期教会的例子来看，天主教显然包涵在他认为的大公教会的"正统"之中。[21]

19 D. L. Sayers, *The Surprise*（London, 1952），Preface. 转引自 Aidan Nichols, *G. K. Chesterton, Theologian*, Manchester: Sophia Institute Press, 2009, 28.

20 《回到正统》，第47页。

21 1922年切斯特顿受洗归入天主教之后，他在《天主教世界》上发表了系列文章《一切道路汇聚之处》（*Where All Roads Lead*），该文发表时，编辑兴奋地注释道："我们多年来都将他视作一位近邻和好友。但是现在他成了'一个家人'。"转引自 *G. K. Chesterton: Collected Works*, Vol. III, San Francisco: Ignatius, 1990, 27.从这个评论可见切斯特顿长期发表的观点距离天主教并不遥远。事实上，不只一位研究者和切斯特顿的传记作者认为，切斯特顿在私下里早已有改宗意愿，早在1914年他病重时，弗兰西斯就不得不答应他，如果真的生命垂危，为他请天主教神父而不是国教牧师来举行临终仪式；这些学者也推测，他迟迟不正式加入天主教的原因是等候他的妻子，由于伉俪情深，切斯特顿不愿意他们被信仰隔离开。最终弗兰西斯跟随切斯特顿受洗归入天主教。

　　那么，他为何在晚年改宗天主教呢？后者和国教相比，有什么独特的吸引力呢？首先，可以肯定的是，和妻子弗兰西斯影响他皈依国教一样，密友的影响是巨大的。贝洛克等人的影响不只限于口头言说和思想交流。就像弗兰西斯对信仰如园艺般的实践曾使切斯特顿感到惊奇，促使他严肃地面对宗教信仰一样，他的弟弟塞西尔，好友贝洛克，以及布朗神父的原型奥康纳神父（关于和这位神父交往的具体事宜详见下文）等人信仰的生活和智慧也对切斯特顿构成了很大的影响。

　　其次，恐怕是更重要的原因，改宗天主教是切斯特顿前期思想延伸的一种结果。在英国国教普遍世俗化的环境下，普通国教徒的信仰实践，国教中已然成势的自由主义倾向，显然不能使较真的切斯特顿感到满意。英国天主教徒在相当大程度上脱离社会文化主流，且在一定意义上抵制这种主流以保持自身身份，因而在信仰实践中有时更加认真纯粹。切斯特顿在《天主教会与改宗》（*The Catholic Church and Conversion*）中提到一个人改宗天主教的三个阶段：第一个阶段是尝试对天主教公平。因为他发现，许多对天主教妖魔化的攻讦其实缺乏真实依据。切斯特顿说："我在一个新教徒认为罗马不相信圣经的世界中长大，但后来我激动地发现，他们自己并不相信圣经。"[22]这句话看似武断，指责所有新教徒都不相信圣经，但这是切斯特顿擅长的论辩技巧。口语化的风格、悖论的熟练使用，以及暗含的挑战姿态，使他貌似武断的观点有可能触动读者的思维定势。如果细细考察会发现，这句话表面上是以惊世骇俗的方式指责新教徒自相矛盾，其后蕴含着准确的观察和尖锐的批评。所谓新教徒（Protestant），直译抗罗宗，其反抗罗马天主教权威的最重要武器就是圣经，认为圣经是最高的信仰权威，重要性超过了教会的传统。因此新教非常重视将圣经翻译成各国信徒能够阅读的语言版本，不论礼拜日的讲坛宣讲布道，还是建立信徒各式各样的生活、信仰准则，都竭力奉圣经为圭臬，由此也形成了新教徒相对天主教徒更加重视和亲近圣经文本的传统。历史上，新教徒在矫枉中有过正之嫌，为了构建自身的合法性，往往对天主教形成极强的偏见，夸大二者的差异，比如新教徒中流传天主教不重视圣经就是其中一例。事实上罗马天主教并不是不相信和尊重圣经，而是教会传统和圣经的权威并举。何况对新教徒来说，彻底抛弃教会传统也是不可想象的，比如基督教前几届大

---

22 *G. K. Chesterton: Collected Works*, Vol. III, 71～2.

公会议的决议在新教正统中便和圣经具有同样的权威地位。但是在新教群体中，不同教派、个人对同一段经文常常有不同的解释，缺乏统一性，在客观上造成了解经时的主观性，甚至私意解经，即按照自己的需要释经。因此，切斯特顿的批评事实上蕴含着对新教徒圣经观的嘲讽。随着英国国民主体人群的世俗化，不相信正统教义的名义上的国教徒（比如切斯特顿自己就在幼年时就在并不笃信国教的父母的安排下接受了国教的洗礼，这在当时是非常典型的做法）越来越多，甚至在国教牧师主教的人群中，不相信《圣经》中记载的神迹故事者也为数不少。尽管可以肯定，在当时的英国并不是不存在严谨的新教神学家或者真心相信圣经和阅读圣经的国教徒，但是切斯特顿的讽刺却仍有其合理之处，并不能说只是在以偏概全，因为他确实指出了，正如新教徒不了解天主教徒，冒然指责后者不相信圣经一样，事实上他们也缺乏自我反思，并没有认真地思考这个问题。类似的对天主教的指控非常普遍，经不起推敲。于是，切斯特顿追随自己的经验和论证，在"尝试对天主教公平"的过程中，自然而然地与一般不假思索的国教徒拉开了距离。

接下来是切斯特顿说的改宗天主教的第二个阶段，即摈除偏见之后，发现天主教中许多充满活力和有趣的观念，这个阶段持续时间长，也非常快乐，用他的话说，至少可以列出 50 个这样的观念。比如第一次读到天主教《简便教理》（*Penny Catechism*）中的话："两项反对望德的罪是假设和失望"，切斯特顿感到这是对他青年时期遇见的时代哲学问题的最清晰、准确的总结，他评论道："当然它指的是最高级的望德，因而也是最深的失望；但是我们都知道这些闪光的奥秘在下苍的大地上投下影子。而最奥秘的望德中最真实的，就是多数普通人的欢欣和勇气。"[23]弥漫于假设背后的是怀疑主义；而失望更是切斯特顿一直反对的悲观主义情绪。问世于 1883 年的《简便教理》使切斯特顿产生了强烈的共鸣。又如，他发现只有在天主教道德神学手册中，可赦之罪（venial sin）之类的词才是有意义的，在世俗化语境中，它不过被误用或滥用，唯有天主教能够真正使罪不再是奥秘；相比之下，世俗乐观人文主义无法在根本上解释为何人不能避免犯罪，人类社会中罪的实存性始终挑战着各种流行的进步说。再如，切斯特顿说，进步主义者或者社会主义者、资本

---

23 Ibid., 44. 信、望、爱在天主教中被认为是信仰的三种最重要的德行，此处沿用天主教中文译文思高本的译法，将望（英文为 hope）译作"望德"。

主义者，都喜欢讲述潮流、不可抗拒性，有些人认为世界正在变得更好，有些人坚称世界在变得更坏。但是他认为，事实上世界一直在摇摆，生活本身不是一副阶梯，而是一架翘翘板，而这基本上就是天主教会的说法：有一些错误需要被矫正，但是不存在它们一定会得到矫正的必然性；不能指望某种必然性的安慰，仿佛它们是某种不可阻挡的潮流……可以说，改宗天主教，是切斯特顿的思想体系中的关键词延伸的结果：常识、普通人、乐观主义，以及貌似悖论的平衡。这些构成了巨大的智力层面的吸引力，直至切斯特顿说的改宗经历的第三个阶段：竭力反抗成为天主教徒。

切斯特顿向来认同基督教正统的持久性，一直深深感受到古代和中世纪基督教的魅力，而在此时逐渐表现为受到宗教改革之前的基督教会的吸引。英国国教是天主教和新教之间唯一尝试走第三条道路的教派，身份特殊，在以正统自居时很容易捉襟见肘。早在半个世纪之前，纽曼主教通过研究基督教早期教父神学，追寻究竟什么是基督教的正统时，也得出了天主教而非英国国教是正统的结论。当天主教的各种表现形式、基本信念对切斯特顿产生了强大的吸引力时，他开始严肃地思考，包涵了这么多正确观念和学说的天主教会是否更能在整体上代表真理。此时，他被迫全面地而不是个别地思考天主教的教导和形态，在《这玩意儿：我为什么是一个天主教徒》中，他写到改宗发展至第三阶段时必须面对的问题：心智必须被扩充，直到可以看见简单的事物，甚或看见自明的事物。随即他追述了自古以来基督教会对世界做出的种种贡献，尤其是在思想层面上。他在这文中用了很长篇幅来论证，大意为：从宗教改革直到现在，所有针对教会的反抗都讲述同样的奇怪故事，总的来说，呈现三个显著特点：首先，它从教会原本彼此平衡的神秘观念中挑选出一些；然后，它用其中一个反对所有其他神秘观念。最后，（最特别的）它似乎没有意识到自己最喜欢的神秘观念其实是一个神秘观念——至少在神秘的、不确定的或教义的意义上。因此用切斯特顿的话说：加尔文主义者着迷于上帝的主权，路德宗是上帝的恩典，循道宗是世人的罪，浸信会是圣经，贵格会是简朴。这个名单可以一直列下去，甚至包括基督教以外的宗教和政治运动。穆斯林是上帝的唯一性，共产主义是人的平等，女性主义是男性和女性的平等，物质主义是被造物与创造者的分立，灵性主义是对唯物主义的弃绝，等等。换句话说，现代世界（包括新教在内）宣称拥有许多新概念，但切斯特顿认为其中大多窃取自天主教会，只是被发展到极致而已。最后切斯特顿总结道：（现代世界）存活在它的天主教资产之上。它在使用和耗尽这些基督教世界的古老宝库中遗留给它的真理。他的最后结论是，唯独天主教传统拥有没有时间限制的真理。

在回顾这段漫长的心路历程时，切斯特顿在《自传》中写道："我开始并不相信异乎寻常的东西。但是没有信仰的人甚至开始不相信正常的东西。是世俗主义者将我驱赶到神学伦理之中，因为他们破坏了任何有理智的或者理性的世俗道德的可能性。我原本可能是一个世俗主义者，如果它意味着，我只要对世俗社会负责任就行了。但正是决定论者告诉我，而且大声喊着说，我根本无法负责任。我情愿被人们当作一个负责任的存在，而不是一个刚刚放出来的疯子，于是我开始在身边寻求某个不只是疯人院的精神庇护所。"[24]成为一个有德性的人，而且是在日常的——或者说可能实践的——维度上，是切斯特顿关心的问题。显然，最后是天主教对道德伦理的重视及其中微妙而又充满活力的平衡感令切斯特顿彻底感到一种在家的亲近自在。就像他曾经遇见了可以容纳自己的体验和结论的基督教一样，这一次他在更精确地识别了和自己的思想相呼应的阵地。

在切斯特顿看来，天主教提供了无数看似极端的（在切斯特顿看来是悖论与平衡相结合的）道德典范：欣悦而谦卑的圣弗朗西斯，用严苛的苦修来表达对生最大的赞美；神学家托马斯·阿奎那，用最严谨抽象的方式证明着常识；殉教者，怀着对生的最大渴望拥抱死亡……他认为，唯独天主教捍卫了自由意志的学说，从而保证了人类的尊严；唯独它保护了理想和乐观主义，也为实践提供了基础，因为它同时允许常识和诗意；也唯独它使德性是可能和自然的，因为它拥有恰如其分的对人性的观点。

对像切斯特顿这样真诚思考的皈依者来说，天主教信仰不是一大套教条，而是一套完整统一、具有说服力的世界观。他接受天主教并不是因为它完美无缺，而是在他看来，它比其反对者更合理。所以他指责现代人不愿意容忍教会存在任何微小的邪恶，却在同一个世界的其他任何地方容忍它。天主教会的反对者认为，既然天主教并非完美，它如何自称真理，既然它并非百分百正确，如何百分百拥护信仰它。从切斯特顿的角度来说，这样的置疑至少有三个问题：首先，这种观点没有陈明自己的信仰，忘记了从他们自己的角度出发同样不能解决世上所有的困惑和难题。其次，这种观点显露出对宗教

---

24 *The Autobiography of G. K. Chesterton*, 116.

信仰及其实践的隔膜，天主教教规较虽多，但天主教徒并不是被迫服从它们，人通过选择宣誓成为天主教徒，这给予了人尊严，因此信徒面对的教条都是自主选择的结果。用切斯特顿的话说，自由本不意味着任意妄为，而是意味着一个誓言不论多么困难，无论多么挑战人，都不打破它。切斯特顿对信仰的看法包涵着一种生机勃勃的对人的理想主义的基本观念。他希望人们能够明白，宗教信仰者并没有放弃理性、理解力、判断力和责任的承担，正统信仰中包涵着许多人类真实的智慧，实践方式亦多种多样，皈依者不是亦步亦趋的盲从者，而是依据时代、环境、思想倾向等生发的具有创造性和个体性的实践者。再次，也是切斯特顿常常指出的，这种诘问显示出现代真理观缺乏弹性，这事实上是因为我们对真理问题的漠然，即"在宇宙哲学的问题上的彻底轻浮"。切斯特顿曾经夸口只要从两点出发，他能够彻底地捍卫天主教信仰，这两点就是理性和自由。常识、德性、普通人的尊严和价值，切斯特顿循着自己的关键词，来到它们的尽头，在道路的终点发现了天主教。

第二节　人生之初与喜悦

在本节中，我们探讨另两个切斯特顿的思想关键词：人生之初与喜悦，以及他们对切斯特顿文学创作的影响。这两个关键词在切斯特顿的思想中贯穿首尾，虽然并非严格意义上的神学词汇，但却是切斯特顿信仰体系中至关重要的组成部分，在切斯特顿这里具有神学内涵。同时，这两个关键词也深刻影响了他的诗学理念，或者说文艺观念，这就使它们与本书的主题密切相关。

切斯特顿对人生的初始经验有非常特殊的感受，他多次在文章中回忆这一经验。这种独特的生命感受对他的思想产生了深远的影响，并被他作为对他认定的真理的证明。他在《自传》中写道："令人惊奇的是，在童年任何东西都是奇迹（wonder）。它不止是一个充满了奇迹的世界，它就是一个神奇的世界。使我惊讶不只是那些最值得记住的事物，还包括几乎任何我能记得的事物……这就是我的现实生活；它是一个本该更加真实的生活的真正的开端，一种在活人的土地上丢失的经验。在我看来，当我走出房子，站在房屋鳞次栉比的山丘上，道路从这里向荷兰公园突然向下延伸，透过新红房子阳台的巨大空间向外看，远眺闪烁的水晶宫（观看这栋建筑物是那儿的青少年一项活动），当时我在潜意识里确信，就如现在清楚地确认一样，存在着一片白色的和坚实的土地，以及一个人的生命的宝贵开端。人们是在后来才用梦幻使它变得暗淡，或者自己迷了路。"[25]

现代自传作品常常将童年作为个体心理发展的基本阶段，切斯特顿描写的童年与这一传统几乎截然相反。对他来说，童年的重要性不在于它为主体的形成所做的贡献，而是揭示了一个被分享的宇宙。切斯特顿将面对存在的喜悦作为孩童时期的一个特征。

重视"人生之初"是一种"自下而上"的神学论证模式。神学建构的模式可以被粗略分为"自上而下"和"自下而上"。不论新教还是天主教界，这两种模式均存在。一般来说，"自上而下"的神学以神圣的启示为出发点，如强调上帝在其三重圣言（耶稣基督、圣经、教会）中的直接启示，以当代新教神学家卡尔·巴特为代表，或从一般神学教义出发，辩论其合法性；而"自下而上"的神学依据普世理性（或各种思想传统中的普遍启示）和经验论证基督教的真理性，如当代新教思想家保罗·蒂里希的"终极关怀"论。相对而言，当代天主教神学略倾向于"自下而上"，注重哲学的基本训练，在神学论证中也更多关注各种普遍启示和理性证明；而新教的神学论证依据宗教改革的三个原则唯独圣经、唯独恩典、唯独信心，其正统更倾向"自上而下"的路径。切斯特顿的平信徒护教方式大致可归入"自下而上"的神学路径。他在《自传》中说，自己并不致力于"抽象的神学"问题，"我没有在正统中走得那么远，以致很神学"，但是他"捍卫"对他来说是"普通人类道德的朴素问题"。他的"人生之初"首先是一种带有普遍性的经验，继而转化成为思想层面的资源。

对于切斯特顿，童年不是浪漫主义眼中失落的仙域，成人只能遥望兴叹，仿佛生活只不过是一个加速的面向现实的堕落；对他而言，现实是非必然但却荣耀的存在，具有我们一般归之于仙域的特质。由于这个原因，童年的体验是成人的感受的衡量标准。通过对人生的惊喜体验，儿童将存在作为一种纯粹的礼物，这种反应是通向本体论的钥匙：这并不是一种成年男女通过推论归纳获得的知识，它是在个体意识的黎明时期收到的一件礼物，哲学的任务和作用就是去打开这个礼物，切斯特顿称之为真正的生日礼物，即我们的出生。

---

25 *The Autobiography of G. K. Chesterton*, Ignatius Press, 2006, 46~59.

在《回到正统》中"仙域的伦理"一章中，切斯特顿讲述了他的童话诗学。他认为童话的功能之一是重新唤醒人们孩童般的惊诧之心："对事物基本的惊诧之心并不纯粹来自童话的幻想。刚刚相反，童话故事生动的想象力正是从这种惊诧之心而来。……事实可以证明这点：孩提时代，我们并不需要童话：我们只需要故事。生命本身已够有趣了。年约七岁的孩子听到汤米打开门后看见一条巨龙，感到相当兴奋。不过，年仅三岁的小童单单听到汤米打开门就兴奋不已。小男孩喜欢浪漫的故事，但幼童却喜欢真实的故事——因为他们觉得真实的故事十分浪漫。其实，我认为除了婴孩以外，人们都会感到时下的现实小说枯燥乏味。这证明了就算是幼儿园那些故事，也只不过是呼应行将诞生、跃跃欲动的兴趣和惊奇。这些故事说苹果是金色的，只不过是在唤起遗忘了的时刻，叫大家记起苹果从前是绿色的。这些故事说山川流着酒水，只不过是在唤起我们片刻狂烈的记忆，叫大家记起山川从前是流着清水的。"[26]切斯特顿虽然没有写过童话，但他却是童话的理论家。这些观点影响了后来英国史诗童话的创立者 C·S·路易斯和托尔金。此处说的"时下的现实小说"指的是 19 世纪下半叶欧洲的现实主义和自然主义文学。现实主义和自然主义力图描绘现实，怀有很强的社会责任感，希望帮助人们认识人类社会的现状和真相，不受蒙蔽。而切斯特顿却认为，现实是被人们认知的，只是因为往往熟视无睹，忘记了现实的价值和意义。显然，切斯特顿这里所说的"真实"和现实主义的"现实"是有区别的。现实主义反映糟糕的生活处境、腐朽的制度、揭露人的罪恶，是为了揭示问题，希图改善人们的具体状况；切斯特顿为童话的辩护则是它关注苹果之绿与河川之清，即另一个层面的"现实"；它唤醒"人生之初"的经验，希望通过让人们关注作为一种馈赠的生命本身，从人的内心建立一种精神力量，这一生命经验和切斯特顿理解中的基督教信仰经验直接勾连。他在文中继续写道：

> "在科学书籍和各种浪漫作品中，我们都读过忘记自己姓名的人的故事；这个人走在街道上，对眼前的一切满心欣赏，就是记不起自己是谁。不错，每个人都是故事中的那个人，每个人都忘了自己是谁。人或许可以了解宇宙，却永不认识自我；自我比天边的星星还遥远。当爱主你的神，但不当认识自己。我们全都面对同样的

---

26 切斯特顿，《回到正统》，第 54 页。

> 心灵灾难，我们全都忘了自己的名字。我们全都忘了自己到底是谁。
> 那一切我们所称的普通常识、合理性、实用性、明确性只不过表示：
> 在生命中某些静止时刻我们忘了自己忘记了。那一切我们所谓的灵
> 性、艺术、狂喜只不过表示：在生命中某个庄严的时刻，我们记起
> 自己原来忘记了。[27]

童话的基本功能是对孩童原初经验——认识水的冰凉和石头的坚硬——的不断呼唤，使人在重新体会和确认这种经验之时，恢复对事物和生命的正确态度，同时确立较童年时期更坚实的信念来面对成年后已经不受父母保护的处境，即所谓历经艰辛仍然怀着赤子之心。

切斯特顿的悖论思维带领读者进入一种对世界的新态度（而不是对新世界的态度），尤其是面对往往被贬低、忽视的日常生活的态度。"人生之初"其实是对具有普遍性的童年经验的创造性描绘、解读和重构。用"仙域的伦理"看待世界，隐含着世界成为"仙域"的可能性。这不是幻想或者逃避。切斯特顿所谓的"仙域"并非和现实相悖，而是与怀疑主义和极致理性主义的原则相悖。"仙域"因其伦理和常识维度，有别于唯美主义的审美乌托邦。"仙域"与"审美乌托邦"的重要差异在于背后是否隐含着整体性的宇宙论，与基督教的相遇最终使切斯特顿的"仙域"有了着陆点。他的"人生之初"在基督教这一束久远多姿的光的照射下，也亦发显露其真知灼见。这种面对生命的欣悦之情——喜悦——对切斯特顿具有神学论证的功用。

在切斯特顿看来，喜悦作为一种对存在的回应，是人类经验能够提供的对超验的主要标志。在他的长篇史诗《白马谣》（*The Ballad of the White Horse*，1911）中，切斯特顿将遍布他作品各处的喜乐主题表现为一种"孔隙般的"经验，通过这道孔隙，人向上帝所在的超验领域开放。在诗中第一章，当阿弗雷德大帝在与丹麦人的斗争处于最黑暗的境地时，圣母玛利亚在异象中显现，对他说：

> 我告诉你的话，不是安慰，
> 也不是你的愿望，
> 天空还会更黑暗，
> 大海将翻腾地更高。

---

27 粗体为笔者所加。

> 夜间将有三倍的黑暗降临在你身上，
>
> 天空是一个铁穹。
>
> 然而，你是否拥有没来缘的喜悦，
>
> 毫无希望的信仰。"[28]

切斯特顿认为，喜悦（joy）比幸福或不幸，愉悦或痛苦，更加深刻。面向存在的事实，喜悦与奇迹紧密相连，它是对创造论的隐秘承认，并因此隐秘地承认有神论真理。切斯特顿也观察到，在有缺陷的人类环境中的生活经验很快就会模糊存在之初的喜悦感，因为怀疑主义的影响，以及邪恶的倒错吸引力。他对基督教公开的支持和宣扬意味着他意识到，除非心灵可以获得对事物的真理的可持续性把握，喜悦的礼物才是一种持久的价值。不是每个读者都会立刻回应这种生活中的普遍元素，从早期创作起，他就认为人类需要针对这种觉察力的治疗。因此，弗班克（P. N. Furbank）正确地将切斯特顿的核心信念概括为："在我们智力背后……有一个对我们自身存在的被遗忘的惊讶的迸发或爆发。艺术和灵性生活的目标就是为了挖掘这潜伏的奇迹的日出。"[29]

切斯特顿对存在的喜悦的表达在文学中的表现之一是幽默。他在写作中尝试对普通人谈论真理、信仰、世界观等严肃问题，这需要极强的语言表现能力和思维的穿透力，而切斯特顿的文风以敏锐睿智、妙趣横生、深入浅出而著称。幽默不只是他的修辞技巧、作品的调味剂，也蕴含在他的主人公或言说者面向世界的态度之中，在他笔下故事及其论证发展的逻辑线索之中。早在恋爱时，切斯特顿在给弗朗西斯的信中就说："喜剧并不是严肃的反面，我的所有评论者都认为我轻浮，但是对严肃的事情，谁能不轻浮呢？为什么？因为语言无法真正处理严肃的东西，没有轻浮它们就太可怕了。"[30]丹尼斯·康伦评论道："在他一生中，切斯特顿发现，很不容易让许多他的读者相信，每当他最严肃的时候，他会用笑话陈述观点，'在上帝的神秘面容之前的笑声'。"

---

28 Gilbert Keith Chesterton, *The Ballad of the White Horse*, New York: John Lane Company, 1911, 14. 此处最后一句诗的原文为："Do you have joy without a cause, /Yea, faith without a hope."

29 P. N. Furbank, "Chesterton the Edwardian," in J. Sullivan, ed., *G. K. Chesterton: A Centenary Appraisal*, London, 1974, 21～22.

30 转引自 Aidan Nichols, *G. K. Chesterton, Theologian*, 121.

与一些人的成见——基督教的世界观是阴郁的——不同，切斯特顿认为，"历史上从来没有，也永远不会有不狂欢的基督教。"[31]切斯特顿在写作圣方济格传记的时候将这个观点表达最为淋漓尽致："所有最真实的喜悦都以禁欲主义的形式表达自我。"使圣方济各的追随者"欣喜若狂的正是宇宙自身"，这是真正唯一值得享受的东西。切斯特顿认为圣方济各用最重崇高、大胆的语言，表达了一个概念，即欢笑和泪水一样神圣。正像切斯特顿将圣方济各描写成自愿成为上帝的小丑一样，他自己也与这个角色深深认同。

切斯特顿抱怨，在英国文学的传统中，没有什么能够为称一部喜剧是英雄的进行辩护。在他看来，喜剧是比悲剧包涵更多智慧的形式，褒扬狄更斯小说中的乐观精神，在《查尔斯·狄更斯》文学评传中写道："环境打碎人的骨头，从来没有显示出它打碎了人们的乐观主义……当挨饿或痛苦的人说会儿话，他们不只告白了一种乐观主义，他们太穷了，负担不了这么贵的东西。他们不可能沉溺于任何详细的或只是逻辑上的对生命的辩护中，那将会延迟对生活的享受。这种更高的乐观主义者，狄更斯是其中之一，并不是赞成宇宙，他们爱上了宇宙。他们紧紧地拥抱生活，以致无法批评甚至看见它，存在对于这些人拥有一种女性的野性之美，而最深爱她的人以最少的理由爱着她。"[32]

切斯特顿对乐观主义的推崇不是盲目的，他并非对世界上的问题视而不见，毋宁说他强调乐观的精神和去实现理想的力量，或者说对现实的承载，是连为一体、不可区分的。在学界的后巴赫金时代，人们公认"狂欢"具有极高价值和意义，都同意欢笑对强权，对单声调具有解构作用。但是，我们还需要避免过度的理论化使巴赫金意义上的"狂欢"脱离其日常性，即饮食男女、吃喝拉撒。只有根植于日常，狂欢才能在广场的共谋中将崇高与庄严从秩序的高处暂时拉下，在欢笑中将一般意义上的话语和制度性霸权取缔，通过暴露其话语权力的出处和来源（民众），揭示其中的虚伪部分，以这种方式监督其回归日常和常识。因此，"狂欢"不只是一种学院术语或理论，否则不过又建设了一种知识分子的精英霸权话语。切斯特顿的狂欢和巴赫金的狂欢共享了日常性、普通人和悖论。同时在切斯特顿这里，狂欢还具有宇宙本体论的意义，狂欢不只是解构的途径，而且具有建构意义。也因此，一股疯狂的和喜剧的气氛始终涌动于他的小说创作之中。

---

31 切斯特顿，《异教徒》，汪咏梅译，北京，三联书店，2011，第 55 页。

32 G. K. Chesterton, *Charles Dickens*, 41~2.

从这种重视日常的视角出发，切斯特顿为普通人的读物——流行文学辩护。今天学院的大众文化批评常以流行文学为民众庸俗无知的证据，但是在切斯特顿的文学思想中，他认为流行文学不像病态的现代文学，而是包含了更朴实和更好的消息。他对许多流行文学作者评价很高，比如罗伯特·路易斯·斯蒂文森和司各特。而切斯特顿对流行文学的辩护最主要的表现不仅仅是撰文为各种流行文学，包括侦探小说辩护，而是历时多年，亲手打造了"布朗神父"这位著名的侦探人物形象，并寓教于乐，通过侦探小说这种流行文学带领读者认识他所认定的真理。

第三节 "布朗神父"与"礼拜天"

在进入对切斯特顿的小说的探讨之前，存在一个也许早就应该被讨论的问题，即切斯特顿的小说可以不以算作"天主教"小说，还是将它们称作基督教（广义）小说更合适。前面已经提到，切斯特顿 1896 年正式皈依英国国教，1922 年改宗成为罗马天主教徒，此时他已经 48 岁，而他的主要小说作品都完成在 1915 年以前。这些小说中出现了不少正面天主教徒的形象，除了著名布朗神父之外，还有《圆球与十字架》（*The Ball and the Cross*）中来自高地的苏格兰罗马天主教徒、主人公伊万·马西昂（Ewan MacIan），他在小说中代表坚定的信仰立场，与自由思想家、《无神论者》编辑、来自低地的苏格兰人约翰·特恩布尔（John Turnbull）发生冲突，同一部小说中还有保加利亚修士迈克尔（Michael），与象征邪恶的路西弗（Lucifer）教授对峙，在文中切斯特顿显然对迈克尔的智慧饱含赞许。

回归罗马天主教对切斯特顿来说是一个漫长的思考和转变的过程。笔者以为，他的小说可以在广义上属于天主教小说，虽然它们显然在他身份上仍属于国教徒的时候写成。本书研究的范围设定主要是罗马天主教，在这里将切斯特顿和他的小说列入主要有两方面的原因：一方面，在他的这些早期作品中，主人公不乏天主教徒，这说明他在早期写作这些小说的时候，在相当大程度上怀着广义基督教的理解，即将罗马天主教作为基督教的一种，并没有认为它们的实质有何不同，而且因为罗马天主教在外在形态和思想架构上更趋于传统，对他来说，有可能在小说中更具有典型性，所以他很主动地选择了神父和修士的形象来表明立场。比如他同时期写作的护教名作《回到正统》（*Orthodoxy*，1908）尽管具有较强的新教思想特色，并没有明显的天主教印记，但却同样可以为天主教辩护。[33]另一个选取切斯特顿的作品的原因是，他是英国 20 世纪上半叶基督教乃至天主教，最有影响力的平民代言人，也就是说，在 20 世纪上半叶的英国天主教知识分子谱系中如果缺少了他，是一个不可弥补的缺憾，所以，在这部专著中我们也把他的小说列入其内，尽管是以一种分类学上不那么严谨的方式。

《布朗神父探案集》和《代号星期四》是切斯特顿最脍炙人口的代表作，他的其他小说，特别是与他直接表达思想的散文相对照时，往往会发现流于传声筒，观念先行——不论人物设定还是故事情节，故事本身的说服力常常不如他的散文中的直接表达有力，其中比较典型的有《诺丁山上的拿破仑》（*The Napoleon of Notting Hill*，1904）和《这个人呀》（*Manalive*，1912）。笔者以为，《布朗神父探案集》（姑且将布朗神父系列看作一个短篇构成的长篇连载）和《代号星期四》可以分别代表两种切斯特顿具有突出特征的思想也是美学关键词：布朗神父的探案是常识，只是这种常识往往以悖论的方式出现；而《代号星期四》中的"礼拜天"形象则代表他独特的怪诞美学。

1901 年 6 月 22 日，在发表任何一部侦探小说之前，切斯特顿在《发言人》（*Speaker*）的专栏"流行文学的真相"第二部分发表了一篇"侦探故事的价值"。这时切斯特顿为了结婚，正在探索各种可以获得较高回报的工作，同时也开始尝试独立篆稿人的生活。就是在这时他发现自己可以写作侦探小说，将脆弱的人类的罪案故事放进广受民众欢迎的哲学推理小说的形式中，同时还能赚钱养家，可谓一举三得。

以下为《为侦探小说一辩》（A Defence of Detective Stories，1901）一文的节选，切斯特顿在其中充分展示了对侦探小说的看法，由于该文具有重要的研究参考价值，且迄今为止没有翻译成中文，特摘取主要部分翻译如下：

> "在尝试得出侦探故事之所以流行的真正心理学原因之时，我们有必要先清除某些说法。比如下面这些说法，即大众更喜欢坏文学，而不是好文学，他们之接受侦探小说正是因为它不好，这是错误的。仅仅缺乏艺术之精妙不一定会让一本书流行。布拉德肖的《铁路指南》里没有多少吸引人的优秀心理喜剧，人们不会在冬日的夜

33　后来受到这本书影响写成的英国国教徒 C·S·路易斯的作品《返朴归真》（*Mere Christianity*，1942~4），很明显借鉴了《回到正统》，就是从理性的角度为广义基督教辩护。

晚中大声朗读它。如果人们读侦探故事时比读《铁路指南》时更激动，当然是因为它们更艺术。许多好书很幸运地流行，许多坏书更幸运地不流行。一个好侦探故事肯定比一个坏侦探故事流行可能性大得多。问题是许多人都没有意识到，存在一样东西叫做好侦探故事，对他们来说就好像在说一种好的邪恶似的。在他们眼里，写一部和偷窃有关系的故事，简直就是一种精神上的偷窃。对那些多少不够敏感的人来说，这是很自然的；但也必须承认，许多侦探故事都充满了耸人听闻的罪行，就好像莎士比亚的戏剧一样。

然而，一个好侦探故事和一个坏侦探故事之间比一部好史诗和一部坏史诗之间有着同样多，甚或更多不同之处。侦探故事不仅是一种完全合法的艺术形式，而且它作为一种公众福祉的代理，拥有某些明确而真实的优点。

侦探故事的第一个基本价值是，它是最早和唯一表达了现代生活的某种诗意的流行文学形式。人们生活在雄伟的山脉和亘古的森林中许多年才意识到它们的诗意；可以合理地推论，我们的一些祖先可能会认为烟囱管帽和山巅一样丰富绚丽，发现灯柱与树木一样古老自然。侦探小说如此狂野、明显地意识到现代都市，它本身就是一部《伊利亚特》。没有人会否认，这些小说中的主人公或调查者在伦敦穿梭，仿佛精灵故事中的王子般孤独和自由，在不可胜数的旅途中，一辆公共汽车偶然地拥有一艘仙女船的原初光彩。城市的灯光开始像数不清的神灵的眼睛一样发亮，因为他们是某个秘密的守护者，无论这秘密如何简陋，只有作者知晓，而读者却不知情。道路的每一个曲折都仿佛一根指向这秘密的手指；每一根烟囱帽管在蓝天下的奇异剪影似乎都狂野、嘲弄地指示着推理小说的意义。

意识到伦敦城的诗意可不是小事一桩。恰当地说，城市甚至比乡村更有诗意。因为自然是无意识的力量的混乱，而城市是有意识的力量的混乱。花冠或者青苔的图案可以是也可以不是意味深长的象征符号，但是没有一块街上的石头，没有一块墙上的砖，不在实际意义上是蓄意的象征符号，就如同一份电报或者一张明信片一样。最狭窄的街道在它每一个刻意的弯曲中都裹携建造者的灵魂，而他们或许在坟墓中沉睡已久。每一块砖都是一个象形文字，仿佛它是巴比伦的一块墓石；屋顶上的每一块石片都像写着金额加减的石板一样是富于教育意义的文献。任何事物，如果它趋向于确认文明中的这种细节的传奇——甚至是以夏洛克·福尔摩斯奇幻的细枝末节的形式，趋向于在坚石与瓷砖中强调这种深不可测的人类品性，都是好的。如果一般人都养成了对街上看见的十个人充满幻想的习性，这是好的，因为你偶然遇见的第十一位就可能是个声名狼藉的窃贼。或许我们可以梦想另一种更高的伦敦传奇，在其中人们的灵魂将经历比他们的身体更奇异的探险，而如果要追寻他们的美德而不是追逐他们的邪恶，或许是更艰难、也更激动人心的历程，但既然我们伟大的作家们（除了了不起的斯蒂文森）拒绝写作那种惊悚的情绪与时刻，即当大都市的眼睛如同猫眼一样开始在黑暗中闪耀之时，我们必须在学究气与矫揉造作的一片唠叨中恰如其分地称赞流行文学，它拒绝将当下视作平淡无奇或者将常见的当作稀松平常。所有时代的流行艺术都对当代的行为和习俗感兴趣，他们给耶稣受难图里的人们穿上佛罗伦萨世家或弗兰德市民的衣服。上个世纪的习俗是，杰出的演员带着扑粉假发，穿着褶饰衣领扮演麦克白。但我们这个时代对自己生活和行为的诗意是多么缺乏确信啊，只要假想一下阿弗雷德大帝穿着灯笼裤做蛋糕，或者《哈姆雷特》演出里王子身着礼服大衣出现，帽子上还有一圈丝带，会产生多强的违和感！这个时代向后看的本能，就像罗得的妻子[34]一样，无法永远持续下去。一种关于浪漫的现代都市的可能性的粗犷流行文学必将崛起。它已经在流行侦探故事说中出现，仿佛罗宾汉之歌般粗野、清新。

侦探故事还做了另外一件好事。人的罪恶本性（Old Adam）持续、普遍、自动地反抗一种叫做作为文明的东西，鼓励脱离和反叛，而警察活动的传奇使心灵多少有些意识到，文明本身就是最耸动的脱离和最浪漫的反叛。通过描写守护在都市前沿的不眠的哨兵们，侦探故事提醒我们，我们生活在一个武装阵营中，与一个混乱的世界开战；而罪犯，即混乱的孩子们，不过是我们内部的叛国者而已。

---

34 《圣经·旧约》，《创世记》第19章记载，上帝灭所多玛城的时候，罗得的妻子违背命令回头看，变成了一根盐柱。

在一部警察传奇中，侦探在窃贼的厨房里对着尖刀和拳头，孤身一人却浑身是胆，它确实有助于我们记起，社会正义的代言人起初正是诗歌中的形象，而小偷和拦路贼只不过是温和的宇宙保守派，在猿猴与狼群的古老体面中找乐子。因此，警察力量的传奇就是整个人类的传奇。它立足于这样的事实，即道德是最黑暗和最勇敢的阴谋。它提醒我们，悄然无声的整个的警察行为——我们既受其统治，也被它保护——只是一个成功的骑士任务。

有关侦探故事中的邪恶因素……我下面会陆续谈道，现在只需要指出，这种艺术形式像每一种艺术形式一样，其中甚至包括滑稽诗，背后都拥有宇宙的整个真理。"[35]

2013 年剑桥学者出版（Cambridge Scholars Publishing）出版了文学评论合集《基督教与侦探小说》（*Christianity and the Detective Story*）。[36]该书集中探讨了 20 世纪初至今基督教作家（以英美为主）与侦探小说的不解之缘，书中涉及了查尔斯·威廉姆斯（Charles Williams）、多萝西·塞耶斯、拉尔夫·麦金纳里（Ralph McInerny）[37]等十余位基督教侦探小说作者，而这一长长的序列就始于切斯特顿。美国切斯特顿协会的主席戴尔·阿尔奎斯特（Dale Ahlquist）在该书序言《谋杀的艺术：G·K·切斯特顿与侦探小说》（The Art of Murder: G.K. Chesterton and the Detective Story）中写道："根据《牛津英语词典》，切斯特顿是第一位使用'悬疑小说'（mystery story）一词的作家，在一篇 1907 年的文章中。"[38]文章提及，在切斯特顿的"布朗神父"问世之前，只有两种侦探小说，一种是夏洛克·福尔摩斯，另一种是对福尔摩斯的模仿。在切斯特顿开始侦探小说创作的时候，由柯南·道尔的福尔摩斯系列已然掀起对侦探小说的狂热，对一位古怪而具有超乎常人的知识、逻辑能力和体力的英雄的效颦之作泛滥于世，侦探小说的创作正在死胡同里徘徊。切斯特顿的创作首创犯罪心理学破案，扭转了当时侦探小说的局面。

---

35 G. K. Chesterton, *The Chesterton Review*, Vol. 37, 2011, 21 ~ 23.

36 *Christianity and the Detective Story*, Ed. Anya Morlan and Walter Raubicheck, Cambridge Scholars Publishing, 2013.

37 拉尔夫·麦金纳里（Ralph McInerny），1929 ~ 2010，美国圣母大学宗教系教授，侦探小说家。

38 Dale Ahlquist, *Christianity and the Detective Story*, Cambridge Scholars Publishing, 2013, Introduction, xv.

"布朗神父探案系列"是切斯特顿流传最广的作品，它总共由 51 个短篇故事构成（包含两份简述），第一篇是《蓝色十字架》(*The Blue Cross*，1910)，最后一篇《迈达斯的面具》(*The Mask of Midas*) 出版于 1936 年，即切斯特顿逝世的那一年，。在后夏洛克·福尔摩斯时代，不少侦探小说陷入繁复的演绎推理中，《布朗神父》系列的三大重要突破为当时英国侦探小说界带来一股清新的风气。

对于侦探小说迷来说，"布朗神父"系列故事的突出之处首先在于它的罪案设计。该系列创作中有众多原创性的犯罪诡计设计，至今为人们津津乐道。如孪生兄弟置换、无头尸拼接、心理密室、附会型物理谋杀、利用生理残疾、一人饰数角、心理幻觉、不在场证明、不可能犯罪等。这些原创诡计作为推理小说的精髓，被无数后继者模仿借鉴，效法者中包括鼎鼎大名的侦探小说女王阿加莎·克里斯蒂。和依靠严密的逻辑推理、掌控所有细节的福尔摩斯不同，布朗神父不依赖比常人更丰富的科学知识来破案，他也没有像福尔摩斯一样，拥有可以和任何罪犯匹敌的膂力。柯南·道尔笔下的福尔摩斯触动的是现代读者透过理性征服世界的愿望，具体表现为解开所有谜团，使一切罪行大白于天下，并使所有无辜的人得到保护；布朗神父则如同一个亲切的邻舍，与读者平等的普通人，他之所以能够侦破案件，唯一的依赖是他的职业锻炼出的对罪行的惊人直觉，作为一名神父他有机会听许多罪人的忏悔，熟悉各种罪行和罪犯的心理，职业身份赋予了他对人事的杰出洞察力。

如《敏捷的人》的结尾解释神父如何识别罪犯。神父说开始只是为此人响亮的声音感到讨厌，寻思他的声音为什么这么响，因为"一般老实人的声音都相当低"，但是"当我看到他的大而亮晶晶的领带夹时，我想我知道他是个骗子。"

> "格林沃德怀疑地问道：'你是说因为领带夹是假货吗？'
> 布朗神父说：'不，不，因为领带夹是真金的。'[39]"

这几句简单的对白中包涵着"布朗神父"系列故事吸引人的第二个重要元素，即对人性的丰富洞察。

"一般老实人的声音都相当低"，是一个容易被忽略的常识。而布朗神父的睿智在于他能够清晰地认识并应用这一常识。骗子是一种缺乏整全人格的人，因为他以在现实生活中掩盖自己的真实身份，扮演不同的角色的方式来谋生，将自己的利益彻底建立在对他人的损害之上。布朗神父深谙这种人偏狭的

---

39 《布朗神父探案全集（下）》，第 773 页。

内心，以及他们执着于某些表层的成功，所以会习惯性地持有浮夸而引人注意的声音，以掩饰其内在的空虚，并将自己的价值建立在完全不必要的炫富行为中，比如佩戴纯金的领带夹。寥寥数语，布朗神父的智慧已经跃然纸上。

另一个与福尔摩斯的鲜明区别在于，相对于福尔摩斯作为正义守护者的身份定位，布朗神父对罪犯悔改比他们被绳之于法更感兴趣，而且他知道自己保护的也不过是罪人而已……在系列故事中，是天主教信仰使布朗神父具有健全的常识，理性的判断力，以及在伦理方面的坚持。比如他根据一位女士的身心俱丑陋的女伴看出，这位受人称赞的女士其实是一个极度自私的人；他猜出当罪犯居高临下的时候，受害者的帽子在他眼中如同一只甲虫，从而促发了罪犯施暴的动机；在《布朗神父的秘密》中布朗神父讲述了他侦破案件的方法："我不想远离这个人。我想深入到杀人者的内心……你明白，这还很不够！我要生存在这个人的内心里。我永远活在他的内心里面，摆动他的手和腿，直到我清楚地知道我是存在于一个犯罪的罪犯的内心里。想他所想，情感同他一样波动。我要钻入到它的深藏的伺机而动的仇恨里，我要用他的充满血丝的、斜视的眼睛来看这个世界，用他那不能全面观察事物的眼睛，来看只通向流血之路的较近而明显的透视点，看得直到我真的成了杀人犯，……这就是我称之为宗教式的修炼，……一个人也不应该自欺，说世上存在低级的人和低级的头颅。一个人要认识到自己不应该有半点矫饰，不去嘲笑地谈论罪犯，好像是他们是几千英里以外的森林中的猿人。人应该从自己的灵魂中排除出去最后一点伪善，他唯一的希望是抓到一个罪犯，秘密地保护罪人们的安全。"[40] 显然，这种"宗教式的修炼"是布朗神父破案时依赖的独门绝技。

---

40 切斯特顿，《布朗神父探案全集》（上），李广成译，译林出版社，2008，第578～579 页。译文依据原文稍有调整。本文引注的"布朗神父"探案故事系列，如果没有其他明确标注，均引自这个版本，但是该书在涉及一些天主教常识的时候翻译不够准确，因此根据原文核对修改。本文中较明显的是的，该译本将 priest 翻译成牧师，而牧师是中文对新教正式神职人员的通行称呼，现根据上下文，改为神父或教士。另，文中的"祈祷感恩大会"应该译为圣体大会（Eucharistic Congress），这是天主教神职人员和非教会人员的世界性大集会，目的在于促使众人参加圣餐，或朝拜圣体，增进虔诚，集会包括游行、供奉、演讲和论道等。该集会始于1881年，在世界各城市无规律间隔举行，还会举行相应的全国圣餐会。在小说中，正是为了参加这个世界级的大型天主教聚会，布朗神父这位乡下神父才会带着珍贵的圣器"镶蓝宝石的十字架"来到伦敦，因为参与者来自世界各地，弗兰博才得以乔装伪装成神父，尝试盗窃聚会中展示的珍品。

　　对布朗神父探案至关重要的能力不是像福尔摩斯一样超乎寻常的细节观察和逻辑推理能力，而在于他清晰地认识到罪的普遍性（他、罪犯、所有其他人都在本质上是罪人），以及罪性可能带来罪行。在这样自觉、主动地认同罪犯心理的情况下，他循着被罪俘获的畸形心理的发展轨迹，能够出人意外地解开案件中的重重谜团。布朗神父的所谓"天真"并非源于不谙世事，而来自他痛痛快快地接受人的德行与智性的脆弱和有限性，这使他如一个孩童般谦卑（或天真）。这是切斯特顿的一个悖论：一个人只有明白人性的弱点，才可能成为正直的人。目前，这种认同罪犯心理的破案方法已然成为各种心理小说、侦破电影和电视剧的经典模式。[41]这一方面说明了布朗神父形象及其情节设定的前瞻性，另一方面也说明了这一神父形象及其故事创意对现代社会的高度适应性。

　　就这样，通过扑朔迷离的罪案故事和具有人性洞察力的神父侦探形象，切斯特顿赋予了侦探小说前所未有的深度，并尝试激起人们更严肃的思考。这是"布朗神父"系列的第三个特点。切斯特顿写作布朗神父的故事不只是为了提供智性消遣小说，也是尝试寓教于乐，将他对世界的理解，对社会的洞察，以及他想要宣扬的"道"融汇其中。布朗神父有时候会长篇大论地发表见解——此时他几乎是切斯特顿思想的代言人。但更多的时候，他只在最后才说出一些关键性的话，而整个故事依赖切斯特顿常用的辩论手法写成。下面我们以《蓝色十字架》（中译本名为《镶嵌蓝宝石的十字架》）为例，具体分析他的故事的叙事架构。

　　《蓝色十字架》第一次向世人引介了布朗神父。小说从巴黎警察局长瓦伦丁的视角出发写成。小说在开始不久就介绍，瓦伦丁是"世界上最著名的侦探"，正在缉拿"本世纪最大的罪犯"弗兰博。罪犯绝顶聪明，追踪的警察局长也毫不逊色，但是他们最终在这场智力角逐中输给了名不见经传的乡下神父。

　　"瓦伦丁是个善于思考的人，……他的那些似乎使人捉摸不透的卓越成绩，全是由于他艰苦的运用逻辑的结果，运用清晰的普通法国人的思辨的结果。"切斯特顿借着讽刺地说："法国人不以作出怪诞的事震惊世人，而以做出道理明显的事震惊世人。像法国大革命就是此种道理明显的事例。"正因为瓦伦丁是位理性的人，所以他也懂得理性的局限性，当他失去弗兰博的踪迹，

41　举两个近期的例子，香港导演杜琪峰的《神探》（2008，与韦家辉共同执导，刘青云主演）和《盲探》（2013，刘德华、郑秀文主演）。

—83—

一无所知，"不能遵循合乎逻辑的推理思路时，他会冷静细心的地遵循不符合逻辑推理的思路。""对于这种奇怪的做法，瓦伦丁自有他的充足理由。他说如果有线索这当然是最坏的办法，如果没有线索，这便是最好的办法。因为引起跟踪者注意的怪事，很可能也正是引起被跟踪者注意的怪事。……通到饭店门前的台阶很高，饭店的门面不同一般而且显得安静，都使这位侦探得以发挥他所有薄弱的浪漫想象，并且决心去碰碰自己的运气。"[42]

从瓦伦丁对罪犯的这般"追踪"开始，"布朗神父"系列已经显示出了它和福尔摩斯系列的差别。这样天马行空的"侦查"情节在柯南·道尔笔下是绝对不会出现的，因为它已经意味着理性和逻辑对现场的失控。"布朗神父"系列显然不像福尔摩斯系列那样追求严密的逻辑，这不仅表现在办案的细节上，也表现在故事的逻辑上。比如在这部小说中，我们不知道布朗神父如何得知瓦伦丁和两位警察当时就埋伏在身后的树丛里；又如，事实上是布朗神父而不是罪犯留下了供侦探追踪的明显线索，这一明显的悖论究竟是嘲讽了瓦伦丁的所谓"追踪"，还是赞叹了他的非逻辑智慧，小说也没有给出明确的解释。在故事构成上，"布朗神父"显然不像"福尔摩斯"那样丝丝入扣，相较于后者对理性逻辑的依赖，前者更依赖作者的想象力带来的惊喜。

在小说中，瓦伦丁认为罪犯的头脑和自己的相差无几，由此充分认识到自己的不利之处，他带着苦笑在想："罪犯是个富有创造性的艺术家，而侦探只是个批评家。"[43]对神父所代表的宗教智慧，瓦伦丁起初是蔑视的。小说从他的视角描写了初次登场的布朗神父："这位小个子神父富有东部地区的憨厚的气质。他的面孔显得又圆又笨，好像诺福克的汤圆，他的眼睛像北海一样空虚。他带着几只牛皮纸包，携带很不方便。圣体大会无疑从埃赛克斯吸引了一些瞎眼、无助的人，他们简直像是刚刚挖出来的土拨鼠。瓦伦丁是位真正的法国式的怀疑论者，是不喜欢神父的。"只是"这位神父的身上奇妙地融合着埃塞克斯郡人的直率和圣徒般的淳朴"，甚至引起了瓦伦丁的同情和兴趣。[44]但布朗神父显然比瓦伦丁技高一筹：当这位无比机智的侦探在最后带着两个警察追踪罪犯的时候，差点因为两位"神父"谈话内容的无趣转身离去，几乎功败垂成。如果没有布朗神父，他不可能成功追踪弗兰博。

---

42 切斯特顿，《布朗神父探案全集》（上），第6~7页。

43 同上，第7页。

44 同上，第5页。

在小说中，之所以罪犯、侦探都心悦诚服地输给了布朗神父（表现为他们向他脱帽旨意），是因为他们一个是"真正的法国式的怀疑论者"，另一个是则陷于罪行之中。无神论者缺乏信仰智慧，无法识别神父言谈的真伪。罪犯因为企图犯罪而假扮成神父，俗话说"假的真不了"，因此必然被真神父识破。

布朗神父第一次见到乔装成神父的瓦伦丁就开始怀疑他，因为"他的袖口上部鼓出来，显然戴着镶着铜扣的护腕，"这是窃贼常用的工具。弗兰博不解一位神父怎么会听说过镶着铜扣的护腕，布朗神父解释说："从我的教徒口中听到的。当我在哈特普尔做教区教士时，有三个教徒戴这种护腕。"[45]在开始怀疑瓦伦丁乔装的神父的虚实时，因为随意中伤一位同道是不对的，布朗神父在途中暗暗求证，并一边求证，一边在所行之处留下痕迹。求证的方法就是揣摩有犯罪企图者的心理：他们不愿意留下被人记住的痕迹，所以会尽量避免与不相干的人接触。瓦伦丁放进咖啡里的糖被换成了盐却一声不吭，而且不动声色地支付了三倍的账单。他的目的是为了不引人注意，但却在布朗神父眼中暴露了自己的真实身份。看似简单、质朴的推论其实包涵了很强的理解力。而最后使布朗神父识别、确认身边的神父是假冒的，是因为对方似是而非的神学观点，即弗兰博扮演的教士认为天主教信仰是非理性的联想。布朗神父宣称这是"一种坏神学"。

在小说中，长着一张受害人的脸的布朗神父之所以大反转，成为侦探和罪犯的赢家，是因为这场智力角逐在本质上是世界观的角逐。

弗兰博扮演的神父说："……现在一些不信教的人凡事诉诸理性；但是只要看看这个大千世界，谁都会感到，在我们之上还有个奇妙的宇宙，在那里理性是不合用的。"

布朗神父则说："不，理性总是有用的，甚至在地狱最下一层也是如此，我知道人们指责教会贬低理性，但是实际上正相反，只有教会才把理性真正置于最高的地位，只有教会才肯定上帝自身也是受理性约束的。"

弗兰博扮演的神父凝视星空，坚持说："在那无限广阔的宇宙里，谁又知道呢？"

布朗神父则反驳说："无限只是从物质的意义上说，无限并不意味着可以逃避真理的法则。"

---

45 同上，第19页。

接下来，布朗神父在一段话中点破了盗贼的身份："最遥远最孤寂的星星也要受理性和正义的掌管。这些星星不是看起来很像钻石和宝石吗？当然你也可以想象这些星星是诡异的植物或矿物，钻石构成的森林，枝叶全是晶莹的宝石；把月亮想成是蓝色的，一块巨大的蓝宝石。但不要妄想这些奇异的天文现象可使理性和正义产生一点点的改变。无论是欧泊石构成的平原上，还是从珍珠上切出来的峭壁下，你都会看到一个警告牌'不许偷窃'。"

大盗也毫不逊色，他不动声色地说："我仍然认为有不受理性支配之处。上天的奥秘是莫测的，就我个人来说，我只能低头顺从。"紧接着，他用完全一样的语气威胁布朗神父交出"镶嵌蓝宝石的十字架"。[46]

布朗神父从信仰和理性的关系的探讨，跳跃到伦理的正义问题——"不许偷窃"。从假神父仰望的星空到布朗神父遥想月亮是巨大的蓝宝石，这段话中"逻辑"是天马行空式的，这是切斯特顿吸引读者的常用手段，当读者的想象力被奇异的意象抓住，还在梳理其中的逻辑关系的时候，"不许偷窃"的标语已经赫然现身在各种宝石意象之间。理性和正义是永存的，教会是永存的——这是布朗神父的信念。他在确定弗兰博假神父的身份之后，用这样的方式向弗兰博隐晦地宣扬了自己的"道"。在布朗神父也是切斯特顿的笔下，理性和伦理紧密相连，只有相信理性，才会相信正义。

不论瓦伦丁还是弗兰博，都低估了布朗神父的智慧，这源于他们对教会人士的偏见，以及自身偏狭的世界观。在这部小说中，尽管故事围绕"镶嵌蓝宝石的十字架"发生，这件珍贵的圣器却始终没有现身，而这一标题像布朗神父的许多故事一样，包涵着丰富的联想。"十字架"镶嵌着蓝宝石，昭示了十字架的珍贵，这不仅表现于蓝宝石代表的物质财富，而且也象征着布朗神父的精神财富的珍贵；其次，英文原题 *The Blue Cross*，直译"蓝色十字架"，而不是"镶嵌蓝宝石的十字架"，使十字架成为一个蓝色的意象，而蓝色是神秘和智性的颜色。十字架和理性不可分割，切斯特顿利用这一悖论强力推出了他一贯的观点，基督教比无神论更理性。对于读者来说，这个生动的侦探故事，以及天真而质朴的神父形象带出的观点会比单纯的说理演绎留下更深刻的印象。布朗神父的形象是切斯特顿对自己信念的辩护，因为他生动地将理性和伦理相连，破案成功就是小说的文本世界为这种相连的有效性提供的证据。

---

46 同上，第 17～8 页。

布朗神父在对话的最后提及了两个犯罪团伙，在得知弗兰博和他们毫无关系，甚至对他们一无所知之后，他表现得兴高采烈，因为这说明弗兰博还没有犯下更糟的罪行。这一笔暗示了布朗神父对罪恶之所知，甚至远胜于世纪大盗，乃至警察局长。在下一个故事《神秘花园》中，布朗神父在瓦伦丁家的花园中破解了瓦伦丁的谋杀案，再接下来，他在《奇怪的脚步声》和《飞行的钻石》中劝化了大盗弗兰博，使之改邪归正。在文中他对钻石已经得手、随时可以逃之夭夭的弗兰博说："我要你把宝石交出来，我要你放弃你的盗贼生活。……不要幻想盗贼这种事可以长久干下去。谁也不能在邪恶的道路上平稳地走下去，这条道路越走越堕落。我认识许多人开始和你一样是诚实的不法分子，劫富济贫，但结果弄得自己满身污泥。"[47]小说借布朗神父之口说明了罪行的延续性。最终，弗兰博和布朗神父成了好朋友，有时二人结伴破案，如在《萨拉丁亲王的罪行》中。布朗神父作为福音书中的耶稣的门徒，继承了他在世上传道的事业。他和耶稣一样，到世上来，不是召义人，而是召罪人的，因为生病的人才需要医生，因此他和金盆洗手的大盗为伴。[48]深谙罪性和忏悔之理的布朗神父就是切斯特顿世界观生动形象的布道人。

不仅布朗神父的形象是切斯特顿——比如常识和信仰赋予人真正的智慧——精心设计的果实，这些侦探故事的情节也同样是他"布道"的途径，各种令人匪夷所思的犯罪诡计揭示了人心的诡诈，证明了人的罪性。小说点缀其间的情景描写也运意深远。如《无法解决的难题》(The Insoluble Problem)的结尾："神父望着焚香的烟雾和闪耀的灯光，看到祝福祈祷即将结束，这时仪仗队人员仍在等待。神父感到时间和传统给人们积累了无限的财富，这种感觉就像一队一队的人群，穿过无数的世纪从他身旁拥挤而过。而伟大的圣体盒，像不灭的火焰花环，像人生中途的太阳，高悬于它们之上，照射着穹顶的暗影，如同照射着宇宙的黑色谜团。有些人深信这个谜团也是无法解决的难题，另外有些人同样深信，这个难题只有一个答案。"[49]

47　同上，第73页。

48　《圣经》，《新约·马太翻译》，9:11～13："法利赛人看见，就对耶稣的门徒说：'你们的先生为什么和税吏并罪人一同吃饭呢？'耶稣听见，就说：'康健的人用不着医生，有病的人才用得着。经上说："我喜爱怜恤，不喜爱祭祀。"这句话的意思，你们且去揣摩。我来，本不是召义人，乃是召罪人。'"

49　切斯特顿，《布朗神父探案全集》(下)，第875～6页。

布朗神父的形象，像一般的侦探小说中的人物形象一样，无疑是扁平的。但是用切斯特顿的话说，"存在一种好的侦探小说"，用有力的哲学思辨组织的引人入胜的故事可以成为好的流行文学。流行文学是满足人们愿望的，但如果这种愿望是正义最终战胜邪恶的愿望，而且故事中包含着睿智生动的洞察，以一种有趣而不是陈腐的方式讲述，就能够成为切斯特顿眼中好的文学。

"布朗神父"故事无疑受到了天主教的直接影响，布朗神父的原型是切斯特顿的一位密友，约翰·奥康纳神父（Father John O'Conner），正是他在1922年为切斯特顿履行了加入天主教的仪式。以下是切斯特顿和这位神父的交往过程。

1903年2月，切斯特顿收到了一位天主教教士奥康纳神父的信，后者当时还是一位约克郡的辅祭。信中说虽然切斯特顿在"细节上不太正统"，但"感谢天主给予了你这样的天赋……足以使你的写作不朽。"这是奥康纳神父阅读切斯特顿诗歌之后的评论。当二人不久正式见面结识以后，切斯特顿的妻子弗兰西斯在日记里写下了对他的第一印象："很讨人喜欢。像个少年，却很有智慧，又年轻，又年长，在他身上有一种难以定义的魅力。……神奇的是他这么迷人，却能够在基思利教区过神父的安静生活。"[50]奥康纳神父成为了切斯特顿夫妇的密友。切斯特顿后来在《自传》中谈论小说人物和它的原型之间的关系说，作家可以"从一个人身上获得某种提示"，"但他不会犹豫改变这个人，尤其在外表上，因为他想的不是肖像而是图画，布朗神父主要的特点就是没有特点……他平凡的外表，可以用来与他出乎意外的警醒和智慧形成对比。我让他的外表有些寒酸无形，圆脸上没有表情，举止笨拙等等，同时从我的朋友奥康那神父那儿提取了一些他的内在智慧。奥康纳事实上没有这些外在特征。他并不寒酸，而是非常干净整洁，他不笨拙，反而纤细灵巧，他讨人喜欢，性情愉快。他是个敏感机智的爱尔兰人，有着他的民族的深刻的讽刺和一些潜在的敏感。我的布朗神父则刻意描绘成英国东部诺福克的汤圆。他其余的描述都是出于侦探小说目的的蓄意伪装。但除此以外，在某个很真切的意义上，奥康纳神父正是这些故事的智力灵感，同样也是其中更重要的部分。"[51]

---

50 'Diary of Chesterton', 286. 转引自 Ian Ker, *G. K. Chesterton: A Biography*, Oxford University Press, 2011, 136.

51 G.K. Chesterton, *The Autobiography of G.K. Chesterton*, 319.

切斯特顿第一次遇到奥康纳神父的时候就为他的机智和幽默深深折服。他回忆道：这小个子男人有着一副庄重但精灵般的表情，混迹于非常约克郡和非常新教的伙伴之中。一次他们俩出去散步，切斯特顿对奥康纳提到一篇他计划写的文章，内容是关于"邪恶和罪恶一些非常龌龊的社会问题"。他的同伴却觉得他不够见多识广，于是就告诉他一些自己知道的倒错行为。切斯特顿年轻时就曾想象过许多恶行，但这对他是一次奇异的经历，即"发现这个安静愉快的独身人士可能比自己将这（罪恶的）深渊探得更深……我从没想过，世上竟存在这样的恶。"回去以后他们碰到了两个度假的剑桥大学生，奥康纳神父广博的知识给他们留下了深刻的印象。但是当离开神父离开房间的时候，其中一位大学生忍不住说，像他这样与世界及其罪恶隔离开来是错误的，听到此话，切斯特顿几乎不能克制自己放声大笑，感到这实在是"巨大，极富冲击性的讽刺"，"因为我知道得很清楚这个神父见识过实实在在的恶魔主义，并一生与之为敌。关于真正的邪恶，这两位剑桥绅士（很幸运地）就像婴儿车里面的婴孩一样知道得那么少。"正是这个契机使切斯特顿萌生了写一部神父侦探小说的念头，这位神父"将会看似什么都不懂，而事实上却比罪犯更懂得罪行"。[52]

为了使布朗神父的形象更鲜明，切斯特顿将他置换到英国东部乡间，给他起了一个常见的名字，使他看上去寒酸、憨傻。这样的外貌显然是为了与布朗神父的机智形成鲜明的对比。所谓大巧若拙，大智若愚，布朗神父的寒酸和智慧都正如切斯特顿心目中的天主教会，因为这一形象容纳了丰富的悖论。而切斯特顿最具有代表性也是最为人所称道的长篇小说《代号星期四》则集中体现了他独具特色的悖论哲学和怪诞美学。

《代号星期四》小说的第一章名为"赛夫伦庄园的两位诗人"，在一开始便透露出一种狂想曲的奇幻气息，文中不少处指向小说故事的非现实性，"下面的故事未必会发生，它可能不过是个梦。"[53]小说的主体情节具有寓言意味。如文首描绘塞夫伦庄园奇异的构造："对于陌生人来说，……如果有朝一日他把这个地方当作是梦境，而不是一个假象时，那么它不仅令人愉快，而且完美无缺。"[54]除了故事开始的地点之外，故事开始的时间也富于象征色彩，"那天奇怪的日落景象。当时看起来就像世界末日……一切都贴近地球，仿佛是在

---

52 Ibid., 323.

53 切斯特顿，《代号星期四》，海口：南海出版公司，2013，第 9~10 页。

54 同上，第 3 页。

述说一个暴烈的秘密。天顶似乎是个秘密。"[55]当回顾塞姆在伸手不见五指的地方会见警厅头目时，对方对他说，"大家都没有经验，……关于大决战的经验。"[56]梦境、末日和决战，这些字眼使这部小说的开篇带有浓厚的末世论气息。

《代号星期四》的副标题是"一场噩梦"，它讲述年轻诗人加百利·塞姆（Gabriel Syme）在萨福德公园遇见无政府主义诗人吕西安·格里高利（Lucian Gregory），二人就诗歌的本质是秩序还是无序的问题展开了一场激烈的辩论。塞姆认为艺术的本质是秩序，理由之一是，真正的无政府主义缺乏实践的可能性，因而格里高利不可能成为严肃的无政府主义者。被激怒的格里高利要求塞姆发誓禁口，然后带着他去参加了一场无政府主义者的秘密会议。会议在一个被真枪实弹包裹的地下室举行，格里高利当晚将在这里被选举为地下无政府主义组织的核心委员之一，代号星期四。于是塞姆也向格里高利暴露了自己的真实身份，他是被政府当局雇佣的专门针对无政府主义活动的密探。在无政府主义组织的选举会议上，格里高利苦于誓言无法揭露塞姆的身份，塞姆借机搅局，使自己成为新一任星期四，并在第二天的早餐会中会见了所有组织核心成员，即从礼拜一教授到身形奇谲庞大的礼拜天。会议中众人密谋在巴黎暗杀世界政坛要人。塞姆在会后经历噩梦般的追逐和惊心动魄的反复试探，最后竟然发现，从礼拜一到礼拜六，所有人的身份都和自己一样，是政府的密探。他们意识到自己被礼拜天戏弄了，于是尝试抓捕礼拜天，希冀弄清这疯狂的游戏背后的意图以及礼拜天的真实身份。在激烈而徒劳的抓捕行动之后，他们被礼拜天引导到一场巨大的化装舞会上。礼拜天依据《圣经·旧约》《创世记》中上帝六日造世界的顺序，让他们每人穿上奇异的礼服。舞会之后，礼拜天间接并隐喻地回答他们的问题，揭开了自己神秘面纱的一角，此时，真正的无政府主义者格里高利登场，他的诘问揭示，无政府主义本质上是因为造物界的苦难而生发的对造物主以及被造秩序的疑问和抗拒。礼拜一教授（代表哲学）也继续质疑礼拜天，将问题最终归结到礼拜天自己是否分享了这些苦难。听到这话，礼拜天突然变得越来越大，直至充满这个天空，在黑暗中传来了一句话"我所喝的杯，你们能喝么？"[57]塞姆晕厥过去，

---

55 同上，第5页。

56 同上，第44页。

57 《圣经·新约》《马可福音》10：38："耶稣说：'你们不知道所求的是什么。我所喝的杯，你们能喝吗？我所受的洗，你们能受吗？'"

他醒来时发现自己身处萨福隆公园，沿着白色道路前行，看见小说开始时出现的格里高利的妹妹罗莎蒙德正在早餐前修剪丁香花。

《代号星期四》发表于1908年，与《回到正统》同年出版，小说的男主人公多少包涵着切斯特顿的夫子自道，诗人加百利·塞姆在萨福德公园畔这场亦真亦幻、惊心动魄的噩梦，隐含着刚刚经历了心理和精神历险的切斯特顿的心灵故事。礼拜一可能是光，清晰、明朗，但是他也代表看事物时非黑即白，以及他讥讽、扭曲的微笑所暗示的智性怀疑；礼拜二可能代表着无限的苍穹，但他也象征着狂热和非理性；礼拜三可能代表大地，但也同时也是难以控制的世俗激情；赛姆自己是人的逻辑推理能力，由掌控日与夜的大光来象征；……星期六是动物的生命，生机勃勃……赛姆（和切斯特顿）曾经害怕他们所有人，但是一旦他们脱去面具、伪装，和黑色眼镜，却发现他们不过是朋友。切斯特顿在危机中学会了与自己的怀疑、狂热、推理、热情……彼此协调，在一个统一的个性中，他们中的每一个都可以被看作一位竭力防止无政府状态的朋友。但赛姆和他的侦探同伙仍在等候一块至关重要的拼图。礼拜天，这位坐在黑屋子里面的人。

《代号星期四》是切斯特顿最重要的幻想文学作品。他的其他如侦探小说等作品，基本都处于现实维度中。唯有这部作品，在形式上采用了经典的奇幻文学形式：梦幻文学，这也是宗教文学的经典形式，如英国中世纪基督教主题长诗《农夫皮尔斯》和《珍珠》、清教徒经典《天路历程》都采用这种形式。梦幻文学的形式使《代号星期四》避免了切斯特顿其他长篇小说中出现的一些问题，比如笔下人物过于符号化，而且由于切斯特顿在作品中往往不处理复杂的现实生活处境，而是专注于复杂的思想争辩和处境，所以他的人物形象和情节发展往往脱离现实可能的轨迹。但是采用梦幻文学的形式，小说中的人物形象本身就具有极强的隐喻维度，使人物、情节的抽象化或者说类型化都获得了合法性。

梦幻文学的基本结构是使梦境成为现实世界的镜像，成为揭示事物本质真相之处。[58]一般而言，中世纪基督教梦幻文学具有以下特征：抽象观念（常

---

58 这一点西方梦境文学（尤其基督教色彩较为浓厚的）与中国古代梦境文学既有所同，也有所异。后者如著名的《枕中记》、《南柯太守传》、《邯郸记》等虽然也有较强的宗教背景，但是着重指出现世之虚妄如梦。而前者却因为基督教信仰在现世精神上与佛道教有别，更强调梦醒之后在现实按着梦境中指示的真理而活，而不是尽量与现世事物保持超脱的距离。

常是道德观念）人格化，具有较强宗教和道德说教意味，虚拟世界呈系统性发展（与中国古代梦幻文学的单一人物与叙事线索对比）。但是相较《天路历程》等经典基督教梦境文学，切斯特顿的《代号星期四》注入了悖论和狂欢色彩。

　　在这部小说中的第一章，切斯特顿的悖论修辞法就已经表露无疑。显然，切斯特顿的辩论特长在富于辩论色彩的寓言体中发挥得淋漓尽致。如第一章第一段中的描写："这儿的居民不是艺术家，可这儿却充满了艺术气息。那个有渴望的、长着红褐色头发和无耻脸庞的年轻人——他不是一个真正的诗人，但他肯定是首诗。那个狂野的、长着狂放的纯白胡子，带着白色帽子的老绅士——令人尊敬的骗子不是一个哲学家，可至少他是其他人开始思考哲学的起因。那个有着像鸡蛋的光秃秃的脑袋和像鸟类的脖颈的科学家似的绅士，尽管他摆出一副科学家的严谨姿态，但他并没有发现过任何新物种，而且他能发现比他自己更奇异的生物吗？"[59]又如"这些女人大多数属于可以含糊地称为已获得解放、会公开抗议大男子主义的类型，但她们常常会通过倾听演讲的方式恭维一个男子，普通妇女绝不会这么做。"以及"他以卑鄙又带有某种新意的虚伪腔调演讲那种陈腐的关于艺术的无法无天和那些无法无天的艺术的话题，给听众些许的欢乐。"[60]在这里，切斯特顿连续几次戏弄了几组概念或词汇："艺术家"和"艺术气息"，"诗人"和"诗"，"哲学家"与"哲学"，没有发现新物种的"科学家"自己就是最奇异的物种，"公开抗议大男子主义"的女子"恭维一个男子"等。这些都是切斯特顿喜欢使用的悖论。切斯特顿常常遭到指责，认为他过度使用悖论。一位《异教徒》的评论者说，"悖论应该像沙拉里面调味的蒜一样，可切斯特顿先生的沙拉里只有蒜。悖论的定义应该是'让真理站在它的头顶上吸引注意力'，但是切斯特顿让真理割喉自刎来吸引注意力。"[61]对于切斯特顿来说，悖论确实不只是他的"沙拉里面调味的蒜"，他的行文常常一个悖论连接着另一个悖论，而且不加解释，这些悖论连缀成句子，在智性的游戏中博得读者会心一笑，仿佛不知不觉间，读者被拉入切斯特顿的阵营。这种切斯特顿常用的修辞法，我们可以称之为"切式悖论护教术"，其基本结构如下：

---

59 切斯特顿，《代号星期四》，第3～4页。译文根据原文稍有改动。
60 同上，第4页。
61 Cited in M. Ward, *Gilbert Keith Chesterton*, 155.

　　1、使用看起来互相矛盾的两个概念或描述，用它们来形容同一个（或一组）对象。如这儿的居民"不是艺术家"，这儿却充满"艺术气息"；又如，演讲"带有新意的虚伪腔调"，却只是"陈腐的……话题"。

　　2、这两个互相矛盾的概念或描述对事物本身而言都是适用的，这样，在字词表面的悖论就形成了。如"新意"和"陈腐"的对立；"不是"和"充满"的对立。

　　3、这种悖论由于这一组用词在字义上是非逻辑的，但是又都适用于对象，所以导致读者的思维短暂停留，尝试将两个在表面上矛盾的概念统合起来。

　　4、一般而言，读者的思考会通向两个维度，一个针对使用的概念，另一个针对事物。

　　继续使用前面的例子：该处的居民"不是艺术家"，但却充满"艺术气息"，首先催促读者反思"艺术"的概念。按照某种成见，只有"艺术家"才能创造充满"艺术气息"的环境，而在这里"艺术家"和"艺术气息"的关联却断裂了。

　　5、以上就导致，词义表面上的断裂指向概念中的非常见内涵，概念的成见被突破。"艺术"原本被认为是艺术家的创造，但是被切斯特顿扩展的"艺术"概念却指向了生活本身。

　　这里的"艺术家"的用法是一个程式化的名称。在实际使用中，"艺术家"在不同的场合可以传递出不同的涵义。如"艺术家"可以当作褒义词使用，此时是在赞美对象，比如"这位演员实在是一位伟大的艺术家！"这一应用的背景是审美的范围。它可以在较中性的意义上使用，表示社会身份和职业，比如"请与会的艺术家入座。"针对前面这两项用法，它也可以产生相应的反讽使用，如"艺术"的概念在许多语境中与"生活"相对，因此有时会含有脱离或者远离现实生活的意味；而由于"家"（-ist）具有尊敬、庄重的意味，如果将它与希冀拥有这种头衔，却又名不符实的人相连，便可以讽刺附庸风雅者。切斯特顿非常擅于调用概念或词汇中丰富的歧义。这些"居民"不以艺术为职业，显然不是"艺术家"，但是他们却能够创造出丰富的"艺术气息"。因为"艺术"和"生活"的关系原本就有千丝万缕的联系，而不只是简单的对立，不是"艺术家"的人可能制造"艺术气息"，其逻辑性正在于此。而在这里，切斯特顿还刻意做了一个强调，不是"艺术家"的人不是"可能"创造"艺术气息"，而是可以使一个地方"充满艺术气息"。"充满"一词加强了这个悖论的张力。

6、概念之所以可能被突破，悖论之所以能够成立，是因为抓住了用来描述的概念或词汇的隐形涵义。如在这里，艺术一词尽管在显性意义上被认为是与生活区别的，但是在隐性意义上包涵着与生活的密切联系，日常是可以具有艺术气息的，这是读者的隐性共识。

7、通过调动出读者的隐性共识，指向切斯特顿关于这一概念的新主张。

英国爱德华时代的人刚经历了唯美主义运动的熏陶不久。唯美主义者一方面高举艺术，赋予"艺术"远高于生活的地位，另一方面又尝试将日常生活审美化。这种主张中存在着显然的矛盾。切斯特顿不赞成他们的方法，他的立场是，日常生活充满"艺术气息"，无需通过人工的矫饰将它审美化，因为在切斯特顿看来，那是无法实践的死胡同，而重要的是修正"艺术"的观念。对"艺术"观念的修正就是切斯特顿对唯美主义立场的纠正。在这样的主张之下，原本人们心目中已经程式化的"'艺术'有别于'生活'"的观念必须被重新思考。接下来的连续三组悖论，正是对切斯特顿心目中何谓"艺术"的具体例证："诗人"和"诗"，"哲学家"与"哲学"，以及没有发现新物种的"科学家"自己就是最奇异的物种。在这里举出的三种人都比他们的学说更有趣。

通过将切斯特顿的悖论拆解开，我们会发现，它不仅需要对概念的歧义性把握和精准使用的能力，还需要对事物有充满洞察力的独到见解。而如果文章中要出现大量这样的悖论，则必须有自成系统的世界观支持，比如在这里就需要有对"艺术"的独立看法，否则无法建立这些悖论之间的逻辑联系。所以本文称切斯特顿的这种修辞方法为"切式悖论护教术"，悖论是切斯特顿用来表达自己独到的世界观的途径。这种"修辞方法"和切斯特顿一贯的悖论思维方式有不可分割的联系，甚至与他对宇宙本体的认识有不可分割的联系。

切斯特顿在《回到正统》中用两章命名了他针对的理性思潮："疯子"和"思想自尽"。他称理性至上时代产生的怀疑主义者是纯理论逻辑"疯子"："若从外在的、以经验为依据的角度看，疯狂最明确、最不会弄错的特征，可以说是逻辑完整与心灵萎缩两者的结合"[62]在现代社会中，许多人正是依据理性抛弃或悬置了上帝，置疑宗教的合法性。但是切斯特顿却认为，"纯粹理性限度内的"生活和思考都是不可能的，它是不完整的，如果跟随它只能走向

---

62 切斯特顿，《回到正统》，第14页。

思想自尽。切斯特顿用于替代纯粹理性的思维方式正是悖论。理性主义的前设是宇宙万物以及人都是按照逻辑理性所能认可的规律运转，因此人的理性可以认识一切；而切斯特顿的前设是宇宙万物和人中有许多的神秘，不可能被理性解开，但是可以通过悖论的方式部分地揭示并仍旧保持完整，这些神秘的存在对于人来说是必须的，也是必然的。用切斯特顿的话说："宇宙中确实有一股悖论在涌流"。[63]

艾莉森·米尔班克（Alison Milbank）在《作为神学家的切斯特顿和托尔金：现实的幻想文学》（*Chesterton and Tolkien as Theologians: The Fantasy of the Real*）[64]中指出，切斯特顿的文学尽管明显趋向幻想而非写实，但是他的关注点却是对现实的触及。切斯特顿在对阿奎那的介绍中曾写道，存在某物，因此生存着，就要有心灵与现实之间的桥梁。这种现实观是天主教会中具有传承性的思想。

琳达·道林（Linda C. Dowling）提出：在切斯特顿生活的早期——维多利亚时代晚期，英语丧失了对语言的宗教基础的浪漫主义式的确信。在这种文化和语言语境中出现的颓废文学是一种去道德化的浪漫主义。类似佩特、王尔德等颓废文学作家希冀从他们所想象的——同时又矛盾地欢迎的——英国即将来临的衰落中，保存一些珍贵的碎片。[65]英国天主教诗人大卫·琼斯（David Jones, 1895~1974）称这种语言现象为"断裂"（break）："我们的断裂涉及正在影响着圣餐与符号的整个世界的某样东西。"中世纪经院哲学中唯名论者质疑了概念背后共相的存在，预示了现代认识论的发展方向。康德区分了"物自体"和"事物给予我们的表象"，并悬置了对"物自体"的研究时，明确宣告了人的认识及其语言，与对象的断裂。米尔班克认为，这种断裂的结果是双重的，首先，文学语言作为一种媒介或物质成为其自身的终点；其

63　转引自 *G.K. Chesterton: A Biography*, 83. 这句话的出处：1901 年 12 月，切斯特顿出版了第一部散文集《被告人》（*The Defendant*）之后，在一封给《发言人》的信中他为自己辩护道：他使用悖论，不是作为一种文学技巧，而是作为一种理解世界的必要策略，因为"宇宙中确实有一股悖论在涌流"。

64　Alison Milbank, *Chesterton and Tolkien as Theologians: The Fantasy of the Real*, London: Bloomsbury T&T Clark, 2007. 这部专著的问题意识与本书的关注一致，即不仅尝试通过文学的内容，而且尝试通过其形式来说明文学家的思想对文学作品的塑成性影响。

65　Linda C. Dowling, *Language and Decadence in the Victorian Fin de Siècle*, Princeton University Press, 1987.

次，它成为一种死终点，艺术或诗歌变成对一个失落的在场的纪念碑。[66]她认为，切斯特顿的核心目标是建立物体的神奇或超验的现实主义：切斯特顿"分享了唯美主义搅乱知觉的愿望……切斯特顿为此使用陌生化的文学技巧，但最终的目的却不同；切斯特顿不是为了使艺术作品与其自身的物质认同分离，他使对象陌生化是为了使之参与一个神圣的世界。"[67]这句判语就切斯特顿某些具有明确神学的或者形而上指向的怪诞美学实践是适合的。切斯特顿在论述勃朗宁的诗歌时谈到："艺术中的怪诞元素，如同自然中的怪诞元素，主要意味着能量，那自取其形、自顾自行的能量。勃朗宁的诗歌，只要是怪诞的，就不是合成或造作的；它是自然的，在自然的合法传统之中。诗行如同树木一样扩张，如粉尘般舞蹈；如雷雨云一般参差不齐，像毒蘑菇一样头重脚轻。"[68]

米尔班克认为"然而，与什克洛夫斯基不同，……（切斯特顿）的陌生化并没有使之脱离背景环境，而是使之复原，由此，团体因旅行的恢复得以重整。""他的布朗神父侦探故事尤其是奇幻文学中的事物之课（object-lessons），因为每个故事都始于公寓、茶馆或海滨胜地等可信的世界中，接着一个看似无法以常识解释的神秘因素出现，撼动了这种常态的舒适感。"[69]此时只有布朗神父还能继续用常识而不是超自然来看待和分析对象，因此，不论是所谓"上帝之锤"、"金十字架的诅咒"、"带翅膀的匕首"、"达尔纳威家的厄运"，还是"吉迪恩·怀斯的鬼魂"，当无神论者或是国教徒陷入鬼怪的传说中时，是具有超强常识的布朗神父依据丰富的理性识破解开骗局。在《猎犬的预言》中，布朗神父说："不相信天主的第一个结果就是你丢失了你的常识，无法按照事物所是的那样去看待它们。都像噩梦中的风景一样……"

《代号星期四》被一些人称为形而上惊险小说（metaphysic thriller）。它包涵了绝大多数惊险小说的元素：比如主人公与大反派斗智斗勇，双方均身临预料之外的险境；包含暗杀、阴谋、跟踪、骚乱、抓捕、逃跑以及密探的活动等罪案因素；从主人公的视角讲述故事，他时时面临死亡的危险；存在一个处于核心位置的有待揭示的秘密等。类似元素在惊险电影中得到非常普遍运用。但《代号星期四》最独特的地方是它将形而上追问融于惊险小说的

---

66 Alison Milbank, *Chesterton and Tolkien as Theologians: The Fantasy of the Real*, 31.

67 Ibid., 57~58.

68 Chesterton, *Robert Browning*, BiblioLife, 2008, 149

69 Ibid., 46~47.

形式之中，也因此具备了鲜明的切斯特顿特色。小说的形而上特征不仅在人物对白，而且在形象设计，场景描写，情节发展中显示出来。小说的核心故事是身为星期四的塞姆对礼拜天的追寻。

塞姆第一次看见礼拜天的时候，他正和其他几位委员在阳台上举行早餐会，"他看到了以前没见过的东西。他以前确实没见过，因为它大得让人看走眼。最靠近阳台的一个角落，阻挡住大部分视线的是一位男士大山一样的后背。塞姆看见他，第一个想法是他的体重一定能压倒石制的阳台。他的庞大不仅仅在于他高得不正常，而且胖得离奇。这位男士最初的比例就设计得大，就像一座被刻意雕刻成的庞大的雕像，长着白发的头颅从后面看大得离谱，脑袋两旁的耳朵也大得异常。他被惊人地按比例放大，这种庞大的感觉令人震惊，所以当塞姆看见他时，所有人都显得又小又矮。他们仍然戴着花，穿着长礼服坐在那儿，不过此刻那位大块头男士好像正在招待五个孩子喝茶。"[70]

当塞姆被理事成员之一，年迈的教授"星期一"，在雪中噩梦般地跟踪之后，教授亮出了自己的密探身份，"塞姆一度以为宇宙真的颠倒了，所有的树木都朝下生长，所有的星星都位于他的脚底。然而，相反的信念慢慢地浮现了。在过去的二十四个小时里，宇宙真的颠倒了，不过现在颠倒的宇宙又恢复过来了，这个他一整天都在逃避的魔鬼只是一个寻常的老大哥，他在桌子的另一边坐着嘲笑他。这一刻他……只知道一个愉快而愚蠢的事实，那就是，这个以危险的逼人之势追踪他的幽灵，竟是一个企图赶上他的朋友的影子。"[71]

当困惑和愤怒的密探们追踪礼拜天乘坐的热气球来到一处神秘的园子时，他们于树篱掩映之后看见"一座长长的、低低的房子在柔和的日落之光中显得平易近人"，[72]出于某个无法解释的原因，他们都感到这个地方在他们拥有记忆之前便似曾相识。就在这样一个仿佛伊甸园般接近生命源头之处，他们与礼拜天一起出席了盛大的舞会，目睹仙女与邮筒共舞，村姑和月亮为伴……在宴会上他们向礼拜天提出了令他们大惑不解的问题，那就是礼拜天究竟是谁："我们来这儿是要知道这一切的含义。你是谁？你是干什么

70　切斯特顿，《代号星期四》，第52页。

71　同上，第81页。译文根据原文稍有改动。

72　同上，第180页。

的？……"对秘书的一连串问题礼拜天没有正面回答，而是说："你想让我告诉你们，我是干什么的，你们是干什么的，这张桌子存在的意义，这个理事会存在的意义，以及这个世界存在的意义。好吧，我就来扯掉这个难解之谜的面纱。……布尔，你是一个科学家，挖掘那些树的根找出关于它们的真相。塞姆，你是一个诗人，看看那些早晨的云朵。我要告诉你们，你们必须要先找出那最后一棵树和最高的云朵的真相，才能了解我的真相。你们会了解大海，但我仍然是一个谜。你们会了解星星，但不会了解我。世界伊始，所有的人像追捕豺狼一样追捕我——国王和圣贤，诗人和立法者，所有的教会，以及所有的哲学。但我至今从未被捕。我一旦走投无路，天空就会坠落。……"[73]这段告白的内容和气势都直接地指向了《圣经·旧约》《约伯记》中上帝对约伯的回答。

　　关于礼拜天是谁，文中有许多暗示，塞姆在一处承认自己害怕礼拜天，但是"即使天空是他的宝座，地球是他的脚凳，我发誓也要把他拉下来。……因为我怕他，"塞姆道，"任何人都不应该在宇宙中留下他害怕的东西。"[74]在跟踪热气球的时候，塞姆等人探讨各人对礼拜天的看法，布尔医生觉得"他就像一只快乐的气球……像一个巨大的蹦蹦跳跳的婴孩"，尽管很邪恶，却不由自主对他怀着同情。"他那么胖又那么轻，就像一个气球。……中等的力量在暴力中显露出来，而最大的力量则在轻浮中显露出来。……这不是赞美力量，……在这件事情上存在着一种快乐，就好像他会带着某种好消息爆炸。你有没有在春日感受过这种情况？你知道自然也会耍花招，但无论如何，有朝一日会证明它们是善意的花招……"[75]最后，塞姆总结道："你们在你们的叙述中，"他说道，"有没有注意到一个奇怪的现象？你们每个人发现的都是不一样的星期天，然而你们每个人只能把他比作一样东西——宇宙本身。布尔发现他就像春天的大地，果戈理发现他就像正午的太阳。秘书联想到了丑陋的原生质，而巡官想到了未开发的原始森林，教授说他就像不断变化的景致。这很怪异，但更为怪异的是我也有我自己关于星期天的怪异看法，我也发现我对星期天对看法就像我对整个世界对看法。"[76]"当我从后面看他时，

---

73 同上，第160～161页。

74 同上，第84页。

75 同上，第172～173页。

76 同上，第175页。

我肯定他是一头野兽；当我从前面看他时，我明白他是一位神明。"星期天仿佛希腊神话中的潘神（Pan），而同一个词在希腊语中也意味着一切。

礼拜天是这部小说的核心秘密：他亦正亦邪，亦庄亦谐，驾驭众生，任何人都在他面前都恐惧战兢，深感自身的弱小；他是苏格兰场最深处坐在黑屋子里的智者领袖，又将这群他亲自任命的反无政府主义密探以离奇的方式引导成为无政府组织的核心成员，和他们一起吃早餐，他在黑屋子里展示的背面是维持秩序的，而他的正面却是无序和惊人的……关于礼拜天是谁的问题，切斯特顿不止一次被人们问起，他答道：

> "人们问我，我用礼拜天来指谁……我认为，你可以认为它代表了与上帝相区别的自然。巨大、喧闹，充满生命力，用一百条腿跳舞，发散着刺眼的阳光，第一眼看上去，是某种无视我们和我们的欲望的事物。小说的结尾有一句话，是礼拜天说的：'你能饮我饮的杯吗，'似乎意味着礼拜天是上帝。这是书中唯一严肃的一笔，上帝的面容变幻，你撕下自然的面具，发现了上帝。"[77]后来在《自传》中他又说道："人们经常问我，这个畸形的哑剧精怪，那个叫做礼拜天的人，指的是什么……有些人认为，在某种并非不真切的意义上，他是一个创造者的亵渎版……但是整个故事的要点在于一个与事物相关的噩梦……似乎很残暴，暗地里却仁慈的精怪并不那么像上帝，在宗教和非宗教的意义上，而更像泛神论者眼中的自然。"[78]。

两处的回答是近似的，只是《自传》中的更符合基督教正统教义一些。在1908年，切斯特顿对基督教的理解还没有写作《自传》（即皈依天主教之后）时这样中规中矩，而更多是沿着个人的思考和探索得出的结论。小说中至为深刻的一笔是格里高利对礼拜天的诘问："巨大、喧闹、充满生命力，用一百条腿跳舞，发散着刺眼的阳光，第一眼看上去，是某种无视我们和我们的欲望的事物"，这个人类无法逃离却始终难以与之彻底相合的自然，它是对我们的戏弄还是嘲讽？无政府主义哲学就此显示出雄辩的合法性。切斯特顿刻画的古怪的礼拜天形象，正是对这一有力质疑的回答。这个形象则不仅体现了作者的哲学（或者说神学）观念，而且也是他独特的美学理念的集中体现。在切斯特顿看来，上帝真实的本质对于人是幽暗不明的，人的眼睛无法直视上帝

---

77 《伦敦新闻画报》（*Illustrated London News*），1936年6月13日。
78 G.K. Chesterton, *The Autobiography of G.K. Chesterton*, 105.

神秘的神性，但是它展露了的赋予形体的一面——自然，却是善恶参半的。自然一方面昭示了上帝的伟力和智慧，另一方面却又使人的存在多少是异质的，因而不得不寻求自然背后（或者说超自然）的存在理由和原因。造物主和被造物之间正是如同深渊隔绝的鸿沟，无法回避又不能直视，隐约可见而无法把握，在哲学上他是人的一个大写他者，在美学上，则表现为一种无法掌控和归纳的审美体验——怪诞（grotesque）。在认知层面上，他越出纯粹的逻辑之外。他展现了切斯特顿的"悖论"宇宙论。礼拜天回答格里高利的质疑的唯一答案是引用了耶稣受难前夕对门徒说的话，它也指向耶稣被捕之前在客西马尼园中对上帝的祷告："倘若可行，求你叫这杯离开我"，以及"我父啊，这杯若不能离开我，必要我喝，就愿你的意旨成全。"[79]杯代指苦酒，隐喻耶稣的受难事件；喝这杯，即经历受难。上帝降生为人，替人赎罪，这本身就是最大的悖论。这个回答暗示了，只有道成肉身的事件能够回答无政府主义者和哲学家的质问，因为上帝没有超然于他创造的世界之外，而是置身其中受苦。

《代号星期四》透露出一种宇宙性的狂欢。如巴赫金的定义，狂欢是一种精神现象和文化状态。它意味着颠覆现有秩序，使在下的成为在上的。对于切斯特顿来说，这就是他试图揭示的宇宙真相，礼拜天既是这个宇宙的主宰者，也代表了这种宇宙精神，因为他就是他创造的宇宙的精神。这种宇宙精神从某种意义上是无序的，或者说它拥有一种疯狂的秩序，它是浪漫而富有诗意的，但却绝不是一种被驯服的诗意。投身于这样的宇宙意味着被挑战，而不仅仅是去理解和认识，意味着被惊吓、追杀以及疯狂地追捕那位始作俑者。同时作为无政府主义者头目和警察头目的礼拜天，他是意义的设立者，同时也是无序和秩序的建构者，追捕他就是寻找宇宙中最黑暗、巨大、核心的秘密，其真相非人所能揣测和面对。切斯特顿的《代号星期四》因此是一

---

79 《圣经·新约》《马太福音》26:36~42："耶稣同门徒来到一个地方，名叫客西马尼，就对他们说：'你们坐在这里，等我到那边去祷告。'于是带着彼得和西庇太的两个儿子同去，就忧愁起来，极其难过，便对他们说：'我心里甚是忧伤，几乎要死；你们在这里等候，和我一同警醒。'他就稍往前走，俯伏在地祷告说：'我父啊，倘若可行，求你叫这杯离开我；然而，不要照我的意思，只要照你的意思。'来到门徒那里，见他们睡着了，就对彼得说：'怎么样，你们不能同我警醒片时吗？总要警醒祷告，免得入了迷惑。你们心灵固然愿意，肉体却软弱了。'第二次又去祷告说：'我父啊，这杯若不能离开我，必要我喝，就愿你的意旨成全。'"

部别开生面的护教作品。几近狂乱的小说情节透露出的是切斯特顿壮阔、浪漫、诗意的宇宙观，它与一般温情脉脉的人文主义浪漫相区别的是，暴力的威胁在其中无处不在场，一触即发。看似亦正亦邪的礼拜天超越了常人所以为的善恶边界。这样一种宇宙观是切斯特顿天才想象的产物，也是他一切论辩及其论辩方式——悖论——的出发点。

这种宇宙观反对的不仅是现代科学的无神论世界观及其所依赖的逻辑推演，事实上还有被过分理性化或者说僵化的，脱离了时代背景的，尤其是当代人想象的上帝观念。切斯特顿的小说和辩论召唤一位不可思议的上帝出场，他非常清楚诉诸直观经验是带领读者来到真理面前的必须途径，为此他用想象力重构了宇宙，用一部奇异的狂想曲以寓意的方式激发人们的思考。他不仅呈现了这样一个宇宙，而且更重要的是，他展示了这个宇宙引人入胜的一面，主人公惊心动魄的历险将每个生命历程都演变为一场历险，参与其中；这样的宇宙是可能的，而且是有吸引力的，即使作为假说，它也是一种能够与冰冷的科学世界观相对抗的可能性，更勿论这种宇宙假说所触及的非理性层面，或者说诉诸读者的情感和经验之处，具有一定深刻性和说服力。

小说的第四章介绍了塞姆成为密探的过程和原因：因为塞姆比其他人更关注到了无政府主义的危害性。显然，关于艺术的辩论只是一个引子，蕴藏在诗歌等于无序这一理论背后的是一种具有破坏性的时代精神。在小说中，警方某要人认为"科学和艺术世界正无声地被裹挟到一场针对家庭和国家的战争中。因此，他组建了一支特殊的警队。在这里，警察同时也是哲学家。"哲学家警察的工作是"前往艺术家的茶会侦探厌世主义者。……通过一本十四行诗集预测将要发生的罪案。我们要查处那些逼使人们最终迈向理性狂热和高智商犯罪的可怕思想的源头。我们非常及时地避免了一起在哈特勒普的谋杀，那完全归功于我们的维尔克斯先生（一个聪明的年轻人）精通一首八行两韵诗。"[80]这一段话实在不能不说是切斯特顿的狂想曲。显然他不是在写实，而是以他独特的方式表达了走上邪路的思想的危险性以及对这种思想的排查将是一场性命攸关的殊死搏斗。当切斯特顿选择塞姆这位诗人，而不是其他职业作为小说的主人公，也暗示了塞姆是他自己最能够认同的主人公角色。

休·肯纳在《切斯特顿的悖论》（*Paradox in Chesterton*，1948）中说："切斯特顿独特的修辞目的是克服人类心智的惰性，这种心智的惰性往往使他们

80　切斯特顿，《代号星期四》，第 40 页。

习惯待在一个奇怪的困境中，就是既看着一样东西，又没在看它。……一个人对真理的熟识很有可能因听见一个雷霆般明显的谎言受到剧烈震撼，从而被更新。"他的悖论将脑袋从自满状态中揪出来，要么通过活泼地否认一些统治性的错误观点，要么联络看是自相矛盾的词汇，使思路向下游一个相关联的真理开放。[81]除了作为修辞术的"悖论"之外，肯纳认为切斯特顿还有一种形而上悖论，其特征是能够以一种令人惊讶的方式来使人们明白托马斯主义的类比说。根据该学说，具有差异的相似，是一切造物之间，以及造物和造物主之间（作为一个整体）的关系的普遍特征。

另一位学者依福斯·丹尼斯（Yves Denis）在《G·K·切斯特顿：悖论与天主教》（*G. K. Chesterton: Paradoxe et Catholicisme*，1978）[82]一书中将切斯特顿使用的悖论进行了更细致的分类：教学法的，教理的，神秘的和审美的。科内尔称之为修辞的悖论正是丹尼斯称之为教学法的悖论，这两个批评家都认为，这只是切斯特顿的作品当中相对来说不那么有趣的悖论，虽然他们都承认，很难把这种悖论与他们评价更高的悖论模式区分开来，后者肯纳称之为形而上学悖论，而丹尼斯则称之为教义学悖论。丹尼斯认为，有时候切斯特顿的悖论的目标只是教学法意义上的，但有的时候他的目标是最严格意义上的教义学阐释，也就是带领人们与形而上的、甚至更基本的宗教真理相遇。在两种不同情况下，采用的文学技巧是相似的，就是论据的建构或者说服性的谈论突然集中在一个令人震惊的短语上。丹尼斯称之为"启发性的隐喻"（metaphors that initiate），其功用是"促使我们的想像向一个确定的方向移动，这个方向至少在潜意识上预备读者：驳斥一种被接受的观点，动摇读者的心灵，往往通过一种激起宽容的幽默，这幽默来自听见一种不熟悉的愉悦感。但是，只有悖论的结晶自身，以一种特有的敏锐构想，将两个看似互相矛盾的概念带到它们的意义的核心，从而促使读者去重新评估他或她对某些方面的真理的态度，作为新的解释的结果。最后，切斯特顿的散文中具有极富特征的模式，使其教学法和教义学悖论都很典型，总是跟随着意象的回声，提供一些不断发展的提醒，促使心灵回到关注的核心悖论中。"[83]

---

81 Huge Kenne, *Paradox in Chesterton*, 1948, 43.

82 Yves Denis, *G. K. Chesterton: Paradoxe et Catholicisme*, 1978.

83 Ibid., 101~102.

形而上悖论之所以更重要，是因为在切斯特顿手中，它们不只是构成一个风格性的手段来引出某种阅读效果，而是宣告对某种客观现实的定义。切斯特顿在《回到正统》中称之为他的神学的主要真理，是"两种几乎不正常的立场最后相加成为正常健全的"结合体。[84]他希望显现两种看似不相容的现实，彼此在一些软弱之处互相妥协，但却达到它们能量的最高点。根据《回到正统》的论述，使切斯特顿意识到形而上学或教义性悖论的是，他日益发现，唯一恰当的活在此世的态度是一方面对它充满激情的乐观（充满激情地忠诚），同时又充满激情的悲观（充满激情地治疗和改变它）。在他看来，惟有基督教通过复杂的创造、堕落和救赎的教义，使这个组合可能；基督教中不仅容纳了许多悖论，而且包涵着其中"最高级和最神圣的"[85]。因为基督教不像决定论者或者理性主义者一样拒绝悖论，这才是真正有智慧（或者说常识）的思想体系：他在各种类型的写作中无数次通过不同的例子提到和论证这一点。比如最经典的神学悖论"无中生有"、"道成肉身"、"罪人称义"等。在《回到正统》中，他写道，根本性的本体论悖论源自堕落，即"我无论是什么，我都不是自己。"被造的人总是悬置于存在与虚无之间，而当下则处于后堕落状况下，甚至人真正接受的真实存在也会被异常地拥有，异常就是当下的正常。在某种意义上我们永远无法在"正常"这一词的完整意义上认识它。[86]

再回到《代号星期四》中礼拜天是谁的话题。由于小说中（狂野的）逻辑线索导致许多人推论，这个费解的存在是某种对神性的严肃的描绘。但是从文本的表述来看，这一形象在本质上昭示了人与自然的悖论关系。

切斯特顿在《异教徒》说，如果人尝试超越超自然，结果只能是反自然。我们之所以必须学会悖论地看待一切，正是来源于人与自然既依赖又分裂的关系。人的存在似乎彻底地存在于此时此刻的世界上，但人在自然和世上却是如此不由自主地不自然。他的欲望、眼光、思考都无法不超越在世上存在的每一个特定时空，渴求着无限。而同时，由于后堕落的本性，自由对于人是必需的，但人却不能无限地享受它。切斯特顿认为只有超自然可以守护自然，而上帝与人的恩典之约则是最重要的悖论之一："在基督教的外沿，道德

84　切斯特顿，《回到正统》，第 132 页。

85　Chesterton, *Saint Francis of Assisi*, CreateSpace Independent Publishing Platform, 2012, 43.

86　切斯特顿，《回到正统》，第 173～174 页。

上的自我克制连同专业的神职人员严阵以待；但在不和人情的防守里面，你发现人类旧有的生命像孩童般跳舞，像成人般喝酒；因为只有在基督教的框架内，无宗教信仰者才得享自由。现代的哲学恰恰相反；其外沿渗透着艺术和自由的气息，内里却是无边的绝望。"[87]

以类似的精神原则，他在《圣弗朗西斯》传记中写道：圣弗朗西斯眼中的世界是颠倒的，一个悲观的人会说，"什么都不期待的人有福了，因为他不会失望。"而圣弗朗西斯在彻底幸福和充满激情的意义上说，"那什么都不期待的人有福了，因为他将享受一切。"[88]因为"如果一个人眼中的世界是颠倒的，那么他就能够明白依赖的重要性。他将感谢上帝没有让整个宇宙像一块巨大的水晶一样掉落，碎成无数坠落的星辰。""这种巨大的感恩之情和庄严的依靠并不是一个幻想，而是一个事实，我们在每一个细节上都依靠上帝。"[89]切斯特顿认为，这是结合了一种在罪与恩典中的人的存在状况的角度中看待自然的宇宙的方式。既符合他的仙域伦理，又符合他认为看待世界唯一合适的，从某种意义上也最有利于德性的方式。

肯纳认为在教学法和教义学悖论之间的决定性差异在于存在的类比的缄默在场，形上实在论的关键教义就是托马斯主义的版本。"语辞（即修辞的）悖论的目标……是说服，其主要原则是词汇相对思想的不完整性，除非词汇是精心挑选的。但是形而上悖论的原则是某种绝然内在于存在自身的东西，存在于事物之中。"[90]类比的思维解释了悖论在形而上秩序中所定义或描述的。切斯特顿总是反复讲述任何能够使他狂喜和发出赞美直觉的事物，比如一根灯柱，显示出从青少年起他就拥有一种类比的想像，一种习惯性的觉察模式。类比和悖论的常见内容是现实内在固有的类比特征：悖论扎根于存在，而存在根据这一事实，向形而上想象展现自身的精彩绝伦。肯纳写道："任何存在都包裹在自身不可传递的个体性的神秘中，因此一切事物都令人惊异地不同，但是每种存在都付诸存在的实践，这一点使它们彼此相通，那么在那个意义上一切事物都是相似的。这种差异的奇迹和存在的令人惊叹的现实，都由托马斯主义对事物的个体性本质的差异性的描述（依照他们付诸存在行为的比例）得以阐明。"[91]

87 同上，第 173 页。
88 Chesterton, *Saint Francis of Assisi*, 40.
89 Ibid..
90 Huge Kenne, *Paradox in Chesterton*, 17.
91 Ibid., 30.

艾登·尼古拉斯在《神学家切斯特顿》中写道：切斯特顿选择使用悖论，如他在《圣托马斯·阿奎那》中解释，他避免使用正式的中世纪形而上用语，以防读者不适。但是他意识到，使悖论可能的是经院哲学生发出悖论的类比学说，即关键词的非单一性。由于这种自主选择，他抛弃了学院派的技术性词汇，但加上了幽默。幽默在悖论中的重要性在于，它排除了解释性的评论，而这些评论本会减弱本体论的揭示的惊喜效果——恰好是悖论能够带来的，像类比一样。对肯纳，切斯特顿的基督道成肉身主义完成或加冕了进入现实的悖论特征的直觉；对这个现实的哲学解释，他先是隐隐抓住，后来才明确阐释为存在的类比。[92]

切斯特顿的美学只有一小部分在他的小说中显露出来，它更明显的舞台其实是他的散文，他写作并发表在报纸上的论述型文章。事实上，这个数量庞大得多的部分，和他的小说作品加起来，使他对当时的读者，以及后来英国知识分子，尤其是基督教群体产生了持续的影响。

切斯特顿无疑是 20 世纪上半叶最重要的英国基督教知识分子。历史上真实的切斯特顿不是萧伯纳笔下的丑角，而是以 4000 篇报刊文章、200 个短篇故事、5 部小说，数十部优秀的文学评论、传记屹立于 20 世纪上半叶英国知识分子之巅的新闻工作者，用我们的话说，一位具有思想个性、铁肩担道义的不折不扣的公共知识分子。人们遗忘他，是因为他否定唯物主义、科学决定论、道德相对主义、无神论和不可知论，嘲笑进化论是一种伪科学，以及其他流行于思想殿堂上百年的学说。他的辩论有时被认为流于简单鄙俗，因为他撰写报刊文章和小说，以普通人对写作对象，摈弃思想严谨与严肃的外观；但也有人认为，人们忽略切斯特顿，是因为与他争论意味着输……[93]事实上，甚至是西方，人们也在重新发现这位深受他同时代人喜爱和（讨厌）的作家，正如他著名的宿敌萧伯纳曾经说的，"世人对切斯特顿的感激还不够。"[94]20 世纪的英国离我们并不遥远，但我们对切斯特顿的陌生和距离，只能说明国人距离西方一个具有深远影响力和生命力的传统还有很长的路要走。

---

92 Aidan Nichols, *G. K. Chesterton, Theologian*, 105 ~ 106.

93 *G. K. Chesterton: The Apostle of Common Sense*, 12.

94 萧伯纳此语出自他对切斯特顿《爱尔兰印象》的评论，见 D. J. Conlon, ed., *G. K. Chesterton: The Critical Judgments（1900 ~ 1937）*（Anwerp: Antwerp Studies in English Literature, 1976），363.

第二幕 从一战到二战

1914 年 8 月 4 日，英国向德国宣战，参加了第一次世界大战。参战的原因是这一天德国军队击败法国，入侵比利时。一直以来英国外交政策的中心原则之一是保持欧洲大陆的势力平衡。此时英国若不对德宣战，就等于听任德国独霸欧洲。英国虽然取得了一战的胜利，但是这场战争带来的深远影响却是难以估计的。在一战中，75 万英国军人战死，将近 200 万人受伤，几十万人伤重致残，许多人患上了战争带来的精神疾病……残酷的战争长久地留在前线士兵和普通民众的记忆里：泥泞的战壕、吞噬生命的炮火、无畏的牺牲和愚昧的进攻，以及压在人们心头的沉重感受——战争毫无意义。史无前例的现代全面战争带来了前所未有的恐惧，一战的震荡波对许多根深蒂固的英国信仰和制度造成冲击。在欧洲思想和精神史上，一战甚至比二战是更明显的转折点，启蒙时代以来的乐观精神受到了致命打击，进步不再是必然的，人类的天性也不再被天然设定为理性和善良的。

20 年代的英国人生活在一战的梦魇之中，在 30 年代则生活在担心下次大战爆发的恐怖之中。和两次大战同样恐怖、深刻地影响人们心境的是反常的英国经济。1918 年至 1939 年，两次大战之间，英国的经济既有突发的繁荣，也有突现的衰退。罢工、恢复、崩溃、萧条和复苏，一个接一个突如其来。英国国内市场衰落，失业率最高达 18%。英国工业同时还丧失了世界市场的巨大份额。失业、贫困和不平等导致城市贫民的艰难生活，这种不稳定性使社会主义者宣布资本主义已经死亡。在政坛上，英国工党兴起，自由党没落。在战争的阴影和社会的不稳定的影响下，虽然物质和文化的进步是两次大战之间英国的一个基本事实，但这些年间英国人的心态却是幻想破灭的，英国从来没有出现过这样巨大的技术进步，英国人从来没有享受过如此自由和解放的日子，可是在全面进步之下，小说谈论的是虚空，诗歌描述的是绝望。这种矛盾现象始于一战之前，在两次大战之间增强，并延续至今。1923 年 T·S·艾略特发表的《荒原》描述了一个凄凉的、没有灵魂的人世，人们的信仰和自我都支离破碎。在同一时期，D·H·劳伦斯表达了对文明现状的失望，他认为基督教和自由主义理想都已死亡，工业资本主义冷酷无情，人类生活毫无意义，性生活饱受压抑。愤世嫉俗的现代人沉湎于自我的颓唐，或者一种精致的感官主义之中。1922 年詹姆斯·乔伊斯发表《尤利西斯》，1933 年弗吉尼亚·沃尔夫出版《达洛卫夫人》，这些作品颠倒了叙述的年代次序，由无序的意识流组合而成。但是这种隐秘的个人体验完全没有顾及公共的主题和事业，也就不能为减少世界的阴暗提供任何希望所在。

　　30 年代的青年诗人对 20 年代的悲剧气氛所做的反应，是追求所信仰的事业，在 30 年代，英国有法西斯主义者、和平主义者、共产主义者、托洛茨基派、基督教社会主义者、裸体主义者、素食主义者……其中不少投身于左翼的事业。1938 年左翼人士热心地站在西班牙共和派一方，与法西斯的弗朗哥将军进行战斗。但是西班牙战争以及身为共产党员的经验导致了许多英国人幻想的破灭。因此，奥威尔、奥登等人离开西班牙，退出了共产党。这种幻想的破灭一直延续到 19 世纪 30 年代，体现在英国政府面对二战的绥靖政策上。

　　在宗教信仰方面，1900 年以来，去教堂参加宗教仪式的人数便日益减少，1939 年这个数字就不高，而到 1945 年这个数字更低，但是《英国史》的作者认为，信奉上帝的虔诚却并不见得已经衰落。在伦敦城郊进行的民意调查中，男子有三分之二，女子有五分之三，承认自己信奉上帝。与此同时，各色各样的宗教信仰，摩门教、耶和华见证会、印度教、基督教科学派，降神术，无不风行一时，这时真正出现信仰弱化的是人道主义者对人的信心和社会主义者对社会不断进步的信心，两次大战在思想方面的主流是怀疑一切的斯多葛主义。一些历史学家认为，1940 年代末英国传统文化出现了最后一个高峰，这种文化呈现出顽固恋旧的特征，拒绝着眼未来，代表作之一就是伊夫林·沃的《旧地重游》。[1]

　　天主教文学中直接表现一战，并获得了较大成就的文学体裁是诗歌。最有代表性的是 1937 年天主教徒艺术家、诗人大卫·琼斯（David Jones）

---

[1] 克莱顿·罗伯茨，戴维·史伯茨，道格拉斯·R. 比松，《英国史（下册）：1688 年~现在》，第 573 页。

² 出版的一战诗作之一《括号》(*In Parenthesis*)。另外有几位写下了优秀战争诗篇的诗人在晚年皈依罗马。1945 年，伊迪丝·西特韦尔(Edith Sitwell, 1887~1964)写作了《该隐的阴影》(*The Shadow of Cain*)，这是她的原子时代三部曲中的第一部，1947 年出版。这位曾以前卫诗风震惊文坛的女诗人于 1955 年皈依天主教。反思广岛的恐惧也给予了齐格弗里德·沙逊(Siegfried Sassoon, 1886~1967)灵感，1945 年他出版了诗歌《失丧者的连祷》(*The Litany of the Lost*)。他于 1957 年 70 岁的时候皈依天主教。对于他们，天主教成为了一生追问最后的慰藉和终点。

　　一战至二战之间，切斯特顿、贝洛克、诺克斯等人仍在继续写作，他们的思想和作品的影响仍在传播、流行。但是随着时代的精神气质趋于颓唐，在越来越世俗化的社会中，天主教徒的身份危机较前一个时代淡化，切斯特顿等人主打的护教路线此时仅仅是天主教文化在公共领域的表现形态之一，新的表现形态出现了。

　　1908 年克里斯托弗·道森(Christopher Dawson, 1889~1970)来到牛津三一学院，同年他的朋友爱德华·英格拉姆·沃特金(Edward Ingram Watkin, 1888~1981)³成为天主教徒。沃特金和道森在 1909 年复活节假期第一次到罗马，此次旅行影响了道森的皈依："对我来说，反宗教改革的艺术是纯净的喜悦，我喜欢贝尔尼尼(Bernini)⁴和博罗米尼(Borromini)⁵的教堂，就像喜欢古代教堂一样。这反过来带我来到了反宗教改革文学，我

2　大卫·琼斯(David Jones)，1895~1974，英国画家，现代主义诗人之一，1921 年皈依天主教。琼斯在 1939 年初曾经对希特勒的《我的奋斗》感到着迷，直至达西神父(Father D'Arcy)的写作和交谈使他意识到天主教和纳粹并不能相容。在 1930 年代，英国流行"布尔什维克或法西斯"的极端区分，似乎未来的世界只能有极左或极右这两种选择，伊夫林·沃曾对这种简单的贴标签表示愤慨，因为这两种路径都和天主教或者基督教毫无关联。但是 1939 年英国卷入二战之后，英国人普遍放弃了法西斯的道路和立场。

3　爱德华·英格拉姆·沃特金是英国作家，写作了一批与天主教相关的作品，如《神秘主义的哲学》(*The Philosophy of Mysticism*, 1920)、《天主教艺术和文化》(*Catholic Art and Culture*, 1942)，《英国罗马天主教：从宗教改革到 1950 年》(*Roman Catholicism in England from the Reformation to 1950*, 1957)等。

4　吉安·洛伦索·贝尔尼尼(Gian Lorenzo Bernini, 1598~1680)，意大利巴洛克艺术的巨匠。

5　弗朗切斯科·博罗米尼(Francesco Borromini, 1599~1667)，意大利巴洛克建筑的代表人物之一。

开始认识圣特蕾莎和圣十字架上的约翰，和他们相比，就连最伟大的非天主教宗教作家都显得苍白而不真实。"[6]纽曼则是道森终身爱戴的作家。与许多皈依天主教的成年人一样，对道森而言，究竟谁能代表权威是一个重要问题，正是对这一点的困惑导致他放弃了国教信仰（他的父亲曾任布雷肯的国教副主教）。1914 年，道森正式皈依天主教。他最终成为当代英国著名的历史学家和文化哲学家，其与信仰相关的代表作有《神祇时代》（*The Age of Gods*，1928）、《基督教与新时代》（*Christianity and the New Age*，1931）、《中世纪宗教》（*Medieval Religion and Other Essays*，1934）、《西方教育的危机》（*The Crisis of Western Education: With Specific Programs for the Study of Christian Culture*，1961）等。他的著作深刻影响了 T·S·艾略特这一代人。

作家和女演员内奥米·埃莉诺·克莱尔·雅各布（Naomi Eleanor Clare Jacob，1884~1964）于 1902 年皈依天主教，她写作了一系列消遣小说。

诗人、文学批评家和历史学家西奥多·梅纳德（Theodore Maynard，1890~1956）于 1913 年皈依天主教，他出生于国教传教士家庭，写作了 27 部天主教历史书和九卷本诗集。

1947 年，畅销书作家安妮·格林（Anne Green）皈依天主教。她的弟弟，更著名的作家朱利安·格林（Julian Green）在 1915 年已经皈依天主教。

阿诺德·亨利·莫尔·伦恩爵士（Sir Arnold Henry Moore Lunn，1888~1974）1933 年成为天主教徒。他曾经发表作品攻击罗纳德·诺克斯，但是随着对天主教研究的深入，他转变成为"这一代人中最不知疲倦的天主教辩护者"（伊夫林·沃语）。伦恩爵士的转变受到了托马斯主义的影响。自从梵蒂冈一次会议将托马斯主义确定为教会的正统之后，天主教中兴起了新托马斯主义。和切斯特顿一样，伦恩爵士在面对捉摸不定的现代思想的主观主义之时，感到需要客观性，托马斯主义在此显出了其吸引力。他在自传中写道："圣托马斯公正地总结他的论题的主要反驳论据，这对我产生了深刻的印象。汤普森教授……评论了圣托马斯学说和对待那些反对信仰的论据的客观性，将它与对被忽略的反进化论的论据的沉默的含糊其辞的阴谋相比较。比较圣托马斯的自信的理性主义和我们现代先知怯懦的情感主义，是我的书《逃脱理

6　Christina Scott, *A Historian and His World: A Life of Christopher Dawson*, London, 1984, 48. 转引自 Joseph Pearce, *Literary Converts*, 41.

性》的主题。"[7]他继续写道："现代哲学的主要特征是隐含的前提。这些假设事实上否认了任何哲学的有效性。如果要相信马克思主义和弗洛依德，那无论马克思弗洛伊德还是马克思主义都是不能相信的。马克思主义坚持宗教、哲学和艺术都是某个特定时代的经济过程的副产品……但如果这是真的，马克思主义的共产主义也不过是维多利亚时期英国自由主义和功利主义的镜子。它没有客观的有效性。弗洛伊德坚持，人们用来证明自己信仰的理性不过是捏造的合理化，是为了由其环境和性情结强加于他的信仰进行辩护。我们可以蛮有把握地忽略一个人捍卫他的信仰的详尽论据，因为我们会发现通过对他进行精神分析，我们能够知道关于这些信仰所有值得知道的一切。我们还会晓得，通过对弗洛伊德学派的人进行精神分析，我们能知道关于弗洛伊德主义值得知道的一切。这些现代思想家们忙着削掉他们自己坐的树枝。"[8]

和伦恩一样，希望找到解决各种现代社会病症的积极方法，是当时许多皈依基督宗教信仰的作家的动机。二战期间，深受切斯特顿影响的国教徒作家多萝西·赛耶斯（Dorothy L. Sayers，1893～1957）写作了广播剧《那生来做王的人》（*The Man Born to be King*，1941 年 12 月 21 日 1942 年 10 月 18 日在 BBC 播出），重新讲述了福音书中的耶稣的故事。她还用当代人可以理解和欣赏的英语重新翻译了《神曲》。罗纳德·诺克斯重译了《圣经》，希望这个圣经版本能够更贴近普通的英国人。T·S·艾略特出版了《一个基督教社会的理想》（*The Idea of a Christian Society*，1939）和一系列信仰主题的戏剧《大教堂凶杀案》（*Murder in the Cathedral*，1935）、《全家重聚》（*The Family Reunion*，1939）、《鸡尾酒会》（*The Cocktail Party*，1949）和《机要秘书》（*The Confidential Clerk*，1953）。贝洛克继续宣称分产主义，希望反对基于贪婪的物质主义和唯物主义……在二战期间，多萝西·塞耶斯、C·S·路易斯、T·S·艾略特、道森、诺克斯和其他一些基督教作家试图用他们的语言和文字来建立一个具有信仰能量的堡垒，为世界带来更具有建设性的未来。但是，随二战而来的冷战使许多作家都感受到，破坏不过被衰败所接替，而期待中的美丽新世界仍旧是一片精神荒原。

---

7 Arnold Lunn, *Come What May: An Autobiography*, Little, Brown & Company, 1930, 202. 转引自 *Literary Converts*, 177.

8 Arnold Lunn, *Come What May: An Autobiography*, 202～203. 转引自 *Literary Converts*, 178.

1946 年 1 月，T·S·艾略特表示公众场合与私人场合都变得越发不可忍受。虽然盟军胜利了，他仍然感觉到这个世界比战前更加不道德。他认为德国和日本带来了一种疾病，这种疾病感染文明，致使文明达到了一个危机点，德日的崩溃并没有治愈这个疾病，而是让它失控肆虐。在 1946 年的广播中他提出，欧洲需要维持灵性的组织，就好像需要维持欧洲在物质层面的组织一样，否则可能会导致"野蛮的世纪"来临。

伊夫林·沃则在思考欧洲文明的危机时诉诸基督教欧洲的历史文化遗产，他一再重申，如果一个人不理解罗马教会，就无法理解西方；[9]这和艾略特 1948年发表在《关于文化的定义的札记》（ *Notes towards the Definition of Culture* ）中的想法是一致的。他在该札记中写道，该书的核心是文化繁荣依赖于其宗教根基："我们已经发现一种国家文化随着其文化的几个构成元素的繁荣而繁荣，构成元素包括地理的和社会的；但是，它自身也需要是一个更大的文化的组成部分，这个更大的文化所要求的'世界文化'最终理想，也在某个意义上不同于世界—联邦制主义者的分裂中所隐含的意义不同。缺乏一个共同的信仰，一切使各国在文化上接近的努力都只能是一种统一的幻觉。"后来该书以德语的形式出版的时候，艾略特又加上了一段附录："在各种具有独特文化的人们中创造一种共同文化的主导力量，正是宗教……我所谈的是基督教的共同传统，它使欧洲成为其所是；我所谈的还包括这个共同基督教所带来的共同文化因素……我们的艺术正是在基督教中得以发展；直到最近，欧洲的法律正是以基督教为根基。正是在基督教的背景下，我们的所有思想才有了其意义。"就像 T·S·艾略特通过诗剧《鸡尾酒会》（ *The Cocktail Party* ）提出的主张，人们必须向宗教寻求帮助，以维护现世的生命安全，因为现代世界充斥民族主义、怀疑主义和享乐主义，对传统的真理以及维护这些真理的社会精英构成了威胁。

显然，随着英国现代社会进一步世俗化，尤其在共同面对现代社会恐怖战争威胁的时候，天主教和国教的立场不再像过去那样泾渭分明。尤其在二战期间，面临的敌人如此强大、邪恶，天主教作家和国教作家之间没有十分强调彼此的区别。当 C·S·路易斯在广播中讲述后来成书为《返璞归真》（ *Mere Christianity* ）的内容时，他明显受到了切斯特顿的《回到正统》的影响，指向的也是一种接近《回到正统》立场的广义基督教。

9 Martin Stannard, *Evelyn Waugh: No Abiding City*, London, 1992, 235. 转引自 *Literary Converts*, 263.

与此同时，一战至二战期间的英国天主教小说也迎来了其鼎盛时期，代表作家有：格瑞厄姆·格林和伊夫林·沃。前者以人们常说的"天主教小说四部曲"确立了终生推之不去的天主教作家身份，后者则以《故地重游》这部怀旧的文化保守主义回忆录在大西洋两岸掀起了热潮。另一位 7 岁随父母改宗天主教的女作家安东尼娅·怀特（Antonia White），以一部独特的教育小说《五月寒霜》（*Frost in May*, 1933），将独特英国天主教范儿（Catholic chic）表现得淋漓尽致。对这种不合时宜的天主教风范下揭示，隐隐说明，即使在相当保守的英国天主教界，呼唤教会改革的声音也渐渐响起。在布鲁斯·马歇尔（Bruce Marshall，1899～1987）的小说《世界、肉身与史密斯神父》（*The World, the Flesh, and Father Smith*，1944，又名 *All Glorious Within*）中，教会的未来并不属于敬虔、传统而朴素的主人公史密斯神父，而是一位年轻的司各特神父（Father Scott），他在教堂中大声疾呼应当关注社会公义和信徒的良心，而不只是教会现状的延续和信徒狭隘的所谓"灵性"。在这样的背景下，一些新的天主教徒形象在小说中出现，不论是格林笔下自杀的信徒、酗酒的神父、犯了淫邪罪的"女圣徒"，还是伊夫林·沃小说中走向衰微的天主教家庭：抛妻弃子的父亲、狭隘刻板的母亲、毫无生气的长子、酗酒的幼子、通奸的女儿……各种"离经叛道"的天主教信徒乃至神职人员的形象都在挑战天主教会中流传已久的一成不变的经典圣徒故事。在这些故事中，身为天主教徒的正当性已经不是压倒性的主题，天主教的思想、文化与英国的社会和人群产生了更细腻的互动，对天主教会的辩护变得隐晦、曲折，充满了反思。但是，这种"妥协"在为英国天主教小说带来巨大的受众和前所未有的欢迎之时，其社会批判的力度也在减弱。贝洛克和切斯特顿的分产主义设想在二战中遭到了重创。原因是当面对像德国这样的现代国家的大规模军事侵略时，一个国家如果处在分产主义的制度下，将是难以抵御的。那么，天主教信仰的生存空间是什么呢？如果它的理念无法参与现实的制度建设，那是否意味着它只能存在于私人领域或者和怀旧的情绪相连呢？在这个至关重要的问题上，从一战到二战的英国天主教小说的答案是后者。而正是这种巨大的危机导致了 1962 年梵蒂冈二次会议的召开，天主教现代神学的帷幕拉开了。

第一章 "格林国度"的"天主教图案"

格瑞厄姆·格林（1904～1991）是 20 世纪英国天主教文学无法绕开的人物。关于他的研究在汉语学界较为晚起，但在英语世界中他却是一位长期以来受到重点关注的作家，不论其生平掌故、作品的思想和内容，还是小说的艺术特色……可以说都得到了相当详尽的研究。他在长达六十余年的创作生涯留下了一笔丰厚的文学遗产，其中包括十七部小说、九部"消遣"作品、五本短篇小说集、七部戏剧、九个电影剧本[1]、两本游记、三本自传、两本传记、三卷论文集和一本诗集。另一方面，格林同时也是一个话题作家：他曾21 次被提名诺贝尔文学奖，但终未获奖；1926 年 22 岁的格林受洗归入天主教，十余年后他写作了脍炙人口的"宗教四部曲"：《布赖顿棒糖》（*Brighton Rock*，1938）、《权力与荣耀》（*The Power and the Glory*，1940）、《问题的核心》（*The Heart of the Matter*，1948）、《恋情的终结》（*The End of the Affair*，1951）。这些作品普遍被认为是他的小说达到的最高成就，但是在此之后，格林却基本告别了天主教题材小说，竭力回避"天主教作家"的身份符号；他造访冲突中的第三世界国家，50 年代的法属印度支那（即前法属殖民地越南、老挝、柬埔寨），60 年代的刚果和海地，70 年代独裁者统治之下的阿根廷和巴拉圭……但是在接触这一场场真实的政治漩涡时，格林的左翼立场在小说中却又似乎是含糊的。

本书的研究以小说自身是否涉及天主教题材或思想来确认研究范围。格林是一位成年后正式皈依的信徒，他的"天主教四部曲"受到天主教的影响是不言而喻的。但是他的小说究竟和天主教有什么具体的联系，学者们的看

---

1 比如格林担任编剧的电影《第三个人》（*The Third Man*，1948）获得第三届戛纳电影节金棕榈奖，是黑色电影的经典之作。

法却相去甚远。一些评论者对格林另类的"天主教信仰"及其具体表现不满，比如约瑟夫·帕斯（Joseph Pearce）在《皈依的文人们》中写道："或许他持续受欢迎的秘诀在于他在一个怀疑的时代充当一位怀疑的多马。他的天主教成为一个谜团，一个话题，甚至一个噱头。"[2]也有研究者指责格林在神学上有异端倾向，小说中有摩尼教、佩拉纠主义、冉森教派寂静主义或者诺斯替主义等的影子。格林的同时代作家伊夫林·沃曾评论《问题的核心》道："对我而言，为了爱上帝而自愿受绝罚的想法要么就是一种不严谨的诗学表达，或者疯狂的亵渎，因为接受这种牺牲的天主既不公义也不可爱。"格林笔下的天主教角色诚然跨越了正统教义的疆界。许多研究者将他和弗朗索瓦·莫里亚克相比较，认为莫里亚克的作品具有高度的信仰自觉性，而且对于天主教的边界有清晰的意识，尽管他也描写罪人，却能够在叙事上不突破天主教正统的主导逻辑叙事，和格林的写作使一些人连带质疑格林的信仰是否是真诚的，或仅仅是个人的精神创伤的副产品。

除去一些关注格林个人信仰问题的研究，也有一些学者着重分析小说中本身是否受到天主教影响。比如英国批评家伯纳德·伯尔贡齐（Bernard Bergonzi）在《格林研究》（*A Study in Greene*，2006）中认为，《布赖顿棒糖》是一部杰作，他承认其中具有明显的宗教元素，但是他认为这部小说的成功不在于其神学维度，而在于"写作和观察的力度，诗意，富于技巧的文类混合，以及最重要的、核心角色（即宾基——笔者注）字面意义上的非人类力量。"[3]《格林的天主教想象》（*Graham Greene's Catholic Imagination*）一书的作者马克·科薄斯（Mark Bosco）则持截然相反的观点，他认为，"从《布赖顿棒糖》（1938）到《吉可德大主教阁下》（*Monsignor Quixote*，1982），格林持续了一场长达40年的与上帝之间的对话。这场对话强烈颠覆和僭越了正统天主教宗教情感的舒适感，以致信仰、相信、怀疑和献身在他的小说中处于核心位置。"[4]在他看来，如果说天主教主题仅仅在格林的四五部小说中出现，读者可以在格林所有作品中发现这种无法阻挡的宗教意识的印记。

2　*Literary Converts*, 144. 多马是耶稣的十二门徒之一，以多疑为特征，格林受洗时以多马为自己的教名。

3　Bernard Bergonzi, *A Study in Greene*, Oxford University Press, 2006, 101.

4　Mark Bosco, S. J., *Graham Greene's Catholic Imagination*, Oxford University Press, 2005, 17~18.

中年以后的格林是否还持有天主教信仰，或者持有怎样一种离经叛道的天主教信仰，是人们常常提及的话题。但在笔者看来，讨论他是否是一位真正的"天主教作家"并不十分重要，甚至有可能是伪命题。本文需要探讨的是，既然格林至少在"天主教四部曲"中涉及了天主教的人物和思想，我们希望通过这几部作品展示，在格林笔下的天主教与小说的结合创造了什么样独特的文学；这些特点是如何呈现的，以及应当如何评价它们。

格林曾说，"在我的挂毯里确实有一个天主教构成的图案，但是人们必须退后才能看出来。"[5]格林在皈依天主教之后就开始出版小说，但一直到十余年后，他的小说，即 1938 年的《布赖顿棒糖》，才出现了明确的天主教题材，并且以天主教徒为主人公。格林自己的解释是，"到了 1937 年，我使用天主教人物的时机成熟了。熟悉思想领域比熟悉一个国家需要花费更长时间"。[6]格林用了十多年时间整合天主教思想和自己个人的体验与思考，其结果就是"天主教四部曲"。如果联系格林持续一生建构的"格林国度"（Greeneland），笔者以为，这种整合催生了"格林国度"中最具深度和富于力量的部分。

格林出生于一个知识分子家庭，他自述从童年开始，就通过自身的经历和阅读的书籍体会到了罪恶的真实性及其魅力。格林的父亲是寄宿学校的校长，13 岁左右格林成为该校寄宿生。由于校长儿子的特殊身份，他在同学中处境尴尬，他在自传《生活曾经这样》（A Sort of Life，1971）中写道："我远离文明，进入一个蛮荒之地，这儿的风俗习惯诡异陌生，又充斥着无法解释的残暴行为；在这儿，我是个外来者，一举一动招人物议；一定程度上，从字面意义上说，就是一个被人追捕的对象，而且混迹于有问题的人物中间，因此而出名。我父亲不是校长吗？可我更像一个挪威的奎斯林（奎斯林是挪威亲纳粹分子——笔者注）式人物的儿子，某个叛国内奸。兄长雷蒙德是学校的纪律监督生，又是本堂堂主——换言之，当然是我这内奸的同伙之一。我呢，已落入抵抗运动力量的重重包围。要不背叛父亲和兄长，我是不能加入抵抗运动的。"[7]他的同学中有一个恶霸式的男孩："此人看出我在校内的窘境，依此弄出一套天衣无缝的心理刑罚方法。卡特的想象力是成人化的，可以一眼看穿效忠矛盾：一方面

5　转引自 *The Quest for Graham Greene*, W. J. West, St. Martin's Press, 2002, 255.

6　格雷厄姆·格林，《逃避之路》，黄勇民译，上海：上海译文出版社，2014，第 81 页。

7　格雷厄姆·格林，直译《一种生活》，引文来自《生活曾经这样》，陆谷孙译，上海：上海译文出版社，2012，第 62 页。

想效忠于同年龄的学生，一方面又要效忠父亲和哥哥。嘲讽的绰号像一根根嵌进指甲的尖刺"。[8]回顾童年这些经历时格林叹道："善仅仅一次在一具人类躯体中得到了完美的呈现，它永不会再发生，但是邪恶永远能在人类躯体中找到家。人性不是非黑即白，而是非黑即灰。"[9]所谓"善仅仅一次在一具人类躯体中得到了完美的呈现"，指的是耶稣基督道成肉身的基督教教义。

这段经历造成的精神创伤是持续终生的。格林开始频繁逃课，自残，离家出走，在16岁进行了六个月心理治疗，虽然暂时有所回复，但是躁郁症从此伴随他一生。1951年在一篇名为《失落的童年》（The Lost Childhood）的文章中，格林写道，在14岁的时候，他"从图书馆书架上取下了马娇丽·波温（Marjorie Bowen）的《米兰毒蛇》（The Viper of Milan），未来多多少少陡然显现了。从那时起，我开始写作……"《米兰毒蛇》中那位天才的罪犯米兰公爵不仅给格林留下了深刻的印象，而且向他呈现了罪才能够解释可怕的现实世界。在另一本自传《逃避之路》（The Way to Escape，1980）的《序言》中，格林说："我今天能看得一清二楚，我的一次次旅行与我的写作一样，是一次次逃避的方式。正像我在本书某处写的那样：'写作是一种治疗方式；有时我想，所有那些不写书、不作曲或者不绘画的人们是如何能够逃避癫狂、忧郁和恐慌，这些情绪都是人生固有的。'"[10]

在这种阴郁的世界观的影响下，格林的小说中布满了欺骗、仇恨、凶杀和背叛。他的作品似乎只瞩目人生中的阴暗面，既厌恶其丑恶，又流连于这个罪恶王国的魅力。这种始终蔓延在他六十年创作中的阴郁色调，导致人们称他笔下的世界为"格林国度"（Greeneland），该词描绘了格林小说中的存在与宗教地理学：不论小说的故事场景是在非洲、英国，还是河内或者墨西哥，总是具有种乏味的相似性，图景总是一样阴郁、散发着腐臭味；"格林国度"中的主人公是匪帮头目、自杀者、通奸者、间谍乃至双重间谍、酗酒者、杀手……他们行走在各种社会边界，穿行于暴力与背叛之间；在这个"国度"中，人性的阴暗面与社会的罪恶彼此交织，非正常死亡结局是常态。

成年之后的格林开始接触天主教的契机是他爱上了改宗天主教的维维安（Vivien Dayrell-Browning），并与她订了婚。维维安的非主流信仰给他留

8　同上，第69页。

9　Marie-Francoise Allain, *The Other Man: Conversations with Graham Greene*, 134.

10　格雷厄姆·格林，《逃避之路》，《序言》第1页。

下了深刻的印象。他在《生活曾经这样》中写道："我想到自己如果娶个天主教徒，至少要学习一下对方信仰的实质和界限。只是求个公平，因为她知道我信奉什么——超自然的东西什么我也不信。再说，我想学习还能打发时间。"[11]因此他抱着了解而非皈依的态度去接触天主教，跟随神父学习教义的基本内容。但是在这个过程中，格林的态度慢慢发生了转变，他意识到辅导他的神父是"一种无法解释的善的挑战"，[12]他甚至开始期待这种辅导和会面。渐渐地，在智识上最大的障碍出现了："我的头号难题是完全相信上帝。……我相信耶稣——但不相信上帝。如果我可以信服一位至高、全能和全知的力量的存在的微弱可能性，我意识到那么此后就没有什么是看上去不可能的了。我站在一种教条无神论的立场上努力反抗，仿佛在进行一场性命攸关的战斗。"[13]最后格林在智识和逻辑层面接受了天主教的信仰，当他皈依天主教时，不论根据他自己还是他的妻子的回忆，都清楚这是一次"不携带任何情感"的皈依。[14]格林写道："我清楚地记得我走出大教堂时的心情：根本没有任何喜悦，只是有些阴郁的疑惧。我迈出第一步是为将来的婚姻考虑。但是此刻脚下的大地消逝了，我担心海潮会把我卷走。甚至婚姻在我看来也是不确定的。想想要是我发现自己想成为神父，就像特罗洛普神父当年一样……今天，事隔四十多年以后，我方能嗤笑当时的疑惧是多么不现实，可同时又不免伤心怀旧。因为疑惧无可挽回地发生在过去，而我的生活却因此失大于得。"[15]

虽然在青年早期正式皈依天主教，但是中年之后天主教信仰对格林的影响逐渐消退了，以致他的传记作者雪利（Sherry）称 60 年代的格林为"没有天主的天主教徒"。除了《一个自行发完病症的病例》（*A Burnt-Out Case*, 1961）——这部小说从各方面来说都算不上格林的优良之作——天主教不再在格林的小说中占有重要的地位，他的主要注意力显然被政治所吸引，尤其是冷战时期的创作。

---

11 《生活曾经这样》，第 147 页。

12 同上，第 149 页。

13 同上，第 150 页，根据英文版对译文稍有改动。Graham Greene, *A Sort of Life*, 164.

14 Mrs. Graham Greene, interview with the author, Oxford, 20 August 1996. 转引自 *Literary Converts*, 142.

15 《生活曾经这样》，第 152 页，根据英文版对译文稍有改动。Graham Greene, *A Sort of Life*, 166～167.

但即使在写作"天主教小说"的阶段，格林的信仰实践也称不上规范、标准，而像格林小说中表达的宗教观念一样，在大多数时候是失衡的。他与薇薇安育有一儿一女，二人的婚姻在 1948 年前后破裂，永久性分居，但因为天主教徒的身份没有离婚。此后他拥有几任公开的情妇，而不论在殖民地造访妓院，还是在越南吸食鸦片，为政府充当间谍，对他来说都不是需要遮掩的事。因为这些"大罪"是持续性的，而忏悔没有打算停止的罪行并不能领受圣餐，他回避了许多教堂中的信徒义务，与教会渐行渐远。这种疏离不仅表现在他的生活中，也表现在他的作品里。他的"天主教四部曲"的最后一部《恋情的终结》中的女主人公以当时他的情妇凯瑟琳为原型，并公开献给了她。凯瑟琳在认识他时已经结婚，育有 5 个孩子。她在阅读他的作品之后皈依天主教，格林是她的受洗教父和见证人。凯瑟琳在信仰和通奸罪之间的真实挣扎（她在和他维持关系 13 年之后离开了格林）启发了格林的这部小说。当薇薇安和凯瑟琳都离开了格林的生活之后，生活中似乎再没有什么元素能够迫使格林去面对信仰的问题。他也就绕开了这个不能直面又不能抛却的信仰，如他自己所说，在一次次旅行中也是逃避之路中度过余生。格林拜访了战火连天的马来亚，在印度支那乘坐的专机遭炮击，在越南奠边府战役的壕沟目睹法国官兵们的生离死别，在埃及与以色列的炮火下躲在沙丘里，见证了墨西哥、巴拉圭、乌拉圭、海地等国的政治动乱和东欧的政治变革，拜会过胡志明、赫鲁晓夫、卡斯特罗，两任教宗，智利的阿连德总统……一次，一位朋友对他说，现在他可以回到心爱的西非了，因为战争结束了。可是格林的反应是，战争都结束了，为什么还要回去……

由于天主教小说系列是格林的文学成就中最早的突出表现，在文学史上他常被归类为天主教作家。但事实上在中年之后，他更多是一位与世界范围的政治冲突紧密相连的左翼作家。就作为一名作家的身份认同而言，中期以后的格林认为，作家应该成为"国家机器中的沙砾"，1969 年在汉堡大学的一次演说中格林说："作家的天职是在一个天主教社会中成为新教徒，在新教社会中当天主教徒，在共产主义社会中看见资本家的美德，在资本主义政权下发现共产主义者的美德。"这种游移于体制边缘、拒绝归属的自我身份认定，使他成为一位难于归类的作家；尤其在面对天主教这样庞大、系统、严谨的体制建构时，对格林来说，身处其正统的疆界内既困难，又不可思议。但同时，我们还需要留意的是，格林从未在任何正式的意义上"弃教"，他终身维持着天主教徒的身份，即使在疏离教会的时候仍与一位神父维持了几十年的友谊，并在晚年参与了一些弥撒，虽然每当他表达自己信仰的具体内涵时，总有些离经叛道的味道。而在他去世之后，天主教会也履行自己的义务，为他举行了葬礼，认可其信徒的身份。

笔者认为不应当从教义完整性的角度探讨格林小说的"天主教图案"，这样只能误导对他的小说的批评。格林从天主教中获取了他原初世界观中最吻合的部分——对罪恶的关注，并将它融汇于创作中，使他的"天主教四部曲"得以摆脱他的其他娱乐性更强的小说的肤浅与程式化，是一种成功的融合。格林小说的"天主教图案"没有明目张胆地鼓吹信仰，反而常常描写非正统的信徒形象，这对希望将他这位大作家归入天主教阵营的人来说，或许有些难以接受。但文学批评必须跨越这种机械、狭隘的宗派观念，而将宗教信仰视作一种充满动力和张力的创作资源，由此寻找信仰和文学彼此之间的生发关联。在格林的几部"天主教小说"中，尽管彼此存在一定联系，但是天主教元素、不同的主题，和格林的才情相结合，编织出不尽相同的"天主教图案"。

"天主教四部曲"的第一部是《布赖顿棒糖》，这部小说迄今仍被不少批评者认为是格林最杰出的代表作。小说的主要情节为：年仅 17 岁的宾基（Pinkie Brown）为了树立自己在黑帮中的威望，并为已故首领凯特（Kite）报仇，杀死了海尔（Hale）。海尔在意识到生命受威胁之际结识了歌女艾达（Ida Arnold）。海尔死后，艾达认定海尔死于非命，心中正义感勃发，决心要找到凶手。出身贫苦的饭店女招待罗斯（Rose）是艾达唯一能够找到的证明海尔非正常死亡的人。为了防止罗斯道出实情，宾基诱使这个头脑简单、渴望爱情的 16 岁女孩与自己结婚。但是事情远没有结束。团伙内部的勾心斗角和团伙之间的争斗变得越来越复杂，艾达又穷追不舍，宾基受到的压力越来越大。最后宾基计划用夫妇殉情的花招除掉罗斯，但是艾达带着警察及时赶到。宾基反被他准备用来害人的硫酸弄瞎眼睛，从悬崖上摔落致死。幸免于难的罗斯来到教堂中向神父忏悔，她后悔自己没有随同宾基殉情。神父关于宾基之死说了一番不太正统的话，给予了罗斯安慰和盼望。

格林在早年将自己的小说创作区分为"娱乐性的"和"严肃的"。他对《布赖顿棒糖》的定位起初是"娱乐性的"，但是在小说出版之前他就改变了想法。这部小说无疑拥有不少流行小说的元素：罪案与侦破的主题，小说的场景与对白如蒙太奇般变幻；但它同时显然也超越了这些"娱乐"元素。

　　英国批评家伯纳德·伯尔贡齐认为，《布赖顿棒糖》是格林最出色的小说，[16]尤其指出它以貌似现实主义的写作手法烘托出了一个莎士比亚戏剧一般的道德寓言。伯尔贡齐留意到，宾基出场时的描述塑造了不同寻常的氛围："一个十七岁光景的小伙子……带着令人望而生畏的、不自然的傲气"，[17]"非人的"，"他那双蓝灰色的眼睛使人联想到那毁灭一切的永恒的彼岸——他来自那儿，那儿也是他的归宿。"[18]伯尔贡齐认为，这些具有暗示性的外貌描写"不仅预示了宾基暴力而可怕的结局，而且将他呈现为一个不屈从于时间和人类限制的黑暗天使。宾基是一个原型形象，而《布赖顿棒糖》，尽管拥有大量现实维度，只能被作为寓言小说来阅读。"[19]宾基来自贫民窟，自小经历贫困带来的羞辱与绝望，形成了一种反社会人格，他只感激"提拔"了自己的前黑帮头目凯特，甚至对和自己一样出身的妻子罗斯也毫无怜悯之情。就这样的剧情人物设置而言，《布赖顿棒糖》具有现实主义小说的外壳；但是该作品也有"格林喜爱的中世纪道德剧"元素，"其中的人物形象更多体现概念或品格，而非思想或情感。"围绕宾基的各种元素：天才的谋杀行动和行恶能力、习惯性背叛、无来由的残忍、年轻无辜的受害者罗斯、帮派冲突……使他成为"道德剧中的复仇者的继承人，以及伊丽莎白时代所说的马基雅维利，或者邪恶匹配者，蓄意邪恶、狡猾、精力旺盛、残忍，就像马尔罗笔下的巴拉巴斯（Barabas）和莎士比亚的伊阿古（Iago）和埃德蒙（Edmund），韦伯斯特（Webster）的弗拉米尼奥（Flaminio）和博索拉（Bosola）。"[20]小说中另外还通过多处描写烘托了这种类似中世纪道德寓言的氛围，笔者以为最明显的段落是小说临近结尾时，宾基驱车带着罗斯前往悬崖，准备诱哄罗斯"殉情"时的场景。

　　"汽车摇摇晃晃地重新开上了大路，朝着布赖顿开去。一阵非常强烈的激情向他袭来，仿佛是有个什么东西拼命要钻进来——巨大的翅膀狠狠压着窗玻璃。与和平于我等。他抗拒着这股压力，使出他多年来在各种场合郁结起来的力量——在学校的板凳上和水泥操场上，在圣·潘克拉斯车站的候车

16　Bernard Bergonzi, *A Study in Greene*, Oxford University Press, 2006.

17　格雷厄姆·格林，《布赖顿棒糖》，姚锦清译，上海：上海译文出版社，2008，第6～7页。

18　同上，第29页。

19　Bernard Bergonzi, *A Study in Greene*, 87～88.

20　Ibid., 89～90.

室里，当达娄和朱迪私下发泄情欲的时刻，以及他独自徘徊在码头上的那些寒冷、不幸的日子。假如汽车的玻璃被压碎，假如那禽兽——管它是什么——扑了进来，天晓得它会干出什么来。他有一种大难临头的感觉——告解，赎罪，圣礼——心思一点也集中不起来，开着车在雨里盲目冲撞，隔着那布满裂缝和污垢的挡风玻璃，什么也看不见。"

随后他在漆黑的雨夜中随意挑了一处海边悬崖停下，附近"只有三扇窗子亮着灯。一只收音机开着，一个车库里有个男人在摆弄摩托车"，

"他说：'喂，瞧瞧吧，这就是世界。'一扇彩色玻璃门里又亮起了一盏灯，现出门上都铎王朝风格的玫瑰花丛中的笑骑士。他向车外张望了一下，倒仿佛是他应该向那辆摩托车，那些平房的、那条积着雨水的街道永别似的。小伙子立刻响起弥撒中那句话——'居世造世，世莫知之'。"[21]

这是一段对宾基内心斗争的精彩描写，使用了一系列天主教意象："巨大的翅膀"(令人联想到天使的翅膀，乃至曾经如鸽子般降临的圣灵[22]，它象征善的力量，与之相呼应的"强烈的激情"则是对罗斯的怜悯之情——因为罗斯不像他干掉的其他帮派成员，没有罪恶盈身，而且对他忠心耿耿)；最后关头"彩色玻璃门"里的灯和"门上都铎王朝风格的玫瑰花丛中的笑骑士"在漆黑的世界中亮起，指向了天主教堂及其在世间如黑暗中的光明的经典神学隐喻；"与和平于我等"，和"居世造世，世莫知之"原文均为拉丁文，是弥撒仪式中的祷词，都带出了强烈的天主教对世界和天主关系的阐释意味。宾基小时候曾参与教堂唱诗班，因而熟悉弥撒词。天主教对弥撒礼持献祭说，即认为弥撒中使用的葡萄酒和无酵饼在本质上已经是耶稣的血和肉，是向天父上帝献上的真实祭品，具有赦罪的神圣效力，因此能够赐下平安（与和平于我等）；"居世造世，世莫知之"的祷词强烈呼应了《约翰福音》的开头"太初有道，道与神同在，道就是神。这道太初与神同在。万物是借着他造的；凡被造的，没有一样不是借着他造的。生命在他里头，这生命就是人的光。光照在黑暗里，黑暗却不接受光。"[23]依据天主教教义，耶稣是永恒的道，是三一神中的圣子上帝，他和圣父上帝、圣灵上帝一同创造世界，并为了救赎

21 格雷厄姆·格林，《布赖顿棒糖》，第386~7页。
22 《圣经·新约》，《马太翻译》3：16"耶稣受了洗，随即从水里上来。天忽然为他开了，他就看见神的灵仿佛鸽子降下，落在他身上"。
23 《圣经》·新约》，《约翰福音》1：1~5。

世人的罪来到世间，以无罪之身承受人世苦难，偿还世人罪债，却被世人厌弃拒绝。在罗斯和宾基命悬一线的时刻，弥撒祷词在宾基的意识中仿佛电影里断断续续的背景音效，呈断片式浮现，与宾基罪恶的图谋与行径构成了彼此参照的激烈对比，仿佛宾基夭折的宗教教育正在这生死攸关的时刻追逐他。与这一系列宗教意象构成对抗之势的是宾基生活中的黑暗：他孤寂穷困的贫民窟生活，亲眼目睹的人与人之间的冷漠与丑恶的关系，这一切构成他"布满裂缝和污垢的挡风玻璃"，即他看向世界的破碎的有色眼镜，使他"什么也看不见"，顽强地阻挡着教会的恩典与救赎的呼唤。

这部小说具有不少现实主义的元素，如布赖顿的赛马场、贫民生活和帮派倾轧……却像伯尔贡齐所说，更接近一部现代版的道德剧或道德寓言，主人公冷酷残忍，蓄意行恶，罪恶在世上猖獗。小说中的男女主人公虽然都是天主教徒，但在任何意义上都说不上是具有表率作用的敬虔人士。曾经在孩童时期想成为神父的宾基此时连"马蹬子和地面之间的信仰"都已经保不住了。[24]罗斯虽然参加弥撒，包里带着念珠，但是她对天堂和地狱的信仰完全未能阻止她为宾基说谎，追随他违反种种天主教教规，甚至犯下教义中的"重罪"，没有给她带来任何生活的智慧，或者使她能够明辨是非。从这一层来看，这部作品似乎没有褒扬天主教。这部作品对天主教的认同是在另一个较为罕见的层面上——当然在"格林国度"并不罕见，就是通过两个负面的天主教徒形象和他们的故事，合理而深度展示"世人都犯了罪"这一条基本教义。[25]但同时天主教徒的形象在文中并非仅仅是负面的，小说特意设置了一位现代人形象——艾达，与他们形成对比。艾达是一个只承认世俗快乐的人，拥有现代人常见的正义感和判断力，对超自然的信仰仅限于可以随便按照自己的意思解释的占卜板。虽然在小说中她是捎带亮色的一抹——毕竟是她坚持不懈多管闲事，救下了罗斯的命，可是作者的叙事却也没有站在她这一边。容易被自己感动的艾达对只有一面之缘的海尔的追忆和为他留下的眼泪带着廉价的味道，她"匡扶正义"的重要动力来源之一是海尔留下的赛马信息为她赢得了 250 磅。所以当罗斯批评她"什么也不懂"时，并不只是出于自身的幼稚，罗斯从自己的宗教背景出发看穿了艾达传递出的信息，标准的现代价

---

24 此为宾基在小说中对罗斯说的话，意思是在任何时候都有皈依的机会。但是在最后关头，宾基发现为时已晚，他连安心祷告都已经不可能了。

25 《圣经·新约》,《罗马书》3：23 "因为世人都犯了罪，亏缺了神的荣耀"。

值观，只有是非，没有善恶——如果没有绝对的善恶为标准，何来对错？——这是借助一个负面的天主教徒形象对现代社会的价值观和取向发出的批判。在这个意义上，我们可以明白艾达参加海尔葬礼（国教背景）时格林让牧师说了下面这番话，其中含有的浓厚讥讽意味："我们也许不相信中世纪古老传说中的地狱，但这丝毫无损于我们对天国的信仰……我们相信我们的这位弟兄已与上帝同在……他已达到同一境界。我们不知道今天与他同在的主是谁（或是什么）？我们不再抱有那种相信明澈的大海和金色王冠的中世纪古老信念。真就是美。当我们热爱真理的这一代确信我们的弟兄此时此刻重新回到那主宰天地万物的神灵怀抱时，我们也就享受到了更大的美。"[26]这种彻底将宗教信仰视为带来慰藉的精神寄托的做法，恰恰和天主教的核心背道而驰。天主教教义是一整套解释世界的体系，在处理恶的问题上尤其有力。与之相反，世俗化精神悬置了善恶的根本性问题，而基督教虽然对罪恶下了最重的判语，将它视为世人绝对无法逃脱的重负，却也同时给出了光明的希望和解决之途。

　　乔治·奥威尔曾对《布赖顿棒糖》中的信仰内容感到难以忍受："核心情节完全不可信，因为它预设最粗野愚蠢的人具有强大的智识敏锐，仅仅因为他被作为天主教徒抚养长大。火拼的匪徒宾基，是一个撒旦；而他更局促的女友竟然理解、谈论'是非''善恶'之间的区分。"[27]但是，就好像我们不能将《1984》或者《动物农庄》作为现实主义小说来看待一样，《布赖顿棒糖》也指向了具有普遍性的问题。或许是因为缺乏宗教维度，尤其是不理解天主教在当代对世俗思想的批判力度，导致乔治·奥威尔这位杰出的寓言小说家竟没能识别这部文学作品中的深度和寓意。

　　在这部小说中，和四部曲的其他三部一样，当主人公离世之后，出现了一位神父。在这部作品中是罗斯去见一位神父，在《权力与荣耀》中是一位新神父出现在被迫害之地，在《问题的核心》中是斯考比的遗孀去见神父，在《恋情的终结》中是叙事主人公莫里斯·本德里克斯见到了帮助萨拉的神父。在英国天主教小说中，结尾出现主线故事之外的神父形象并不罕见，如巴林的《达芙妮·阿迪恩》。一般来说，这时神父应当代表教会的正统立场，

26　格雷厄姆·格林，《布赖顿棒糖》，第 50 页。

27　George Orwell, 'The Sanctified Sinner', in S. Hynes （ed.）, *Graham Greene*, Englewood Cliffs, 1973, 105～109.

同时代表小说世界中道德或智慧的最高点。但是在格林的作品中，他们的言论却使教会的立场有些模糊，更像格林个人版本的天主教信仰。如在《布赖顿棒糖》中，神父试图安慰罗斯，相对于葬礼上国教牧师的自信和微笑，神父的话语中含着关切和犹豫。他讲述了一个当代法国人的真实故事，大意为天主教信仰（即使是对其教义的反抗和质疑）也使一个人更接近他的良心，而天主的恩泽虽然有时难以把握，人仍然可以行走在祈祷与期盼中。

天主教因素在格林30年代的散文和文学评论中，比在他同期的小说中更明显。在对 J・A・西蒙斯的《寻找科尔伍》（ The Quest for Corvo: An Experiment in Biography ）[28]的批评中，格林对传主（20世纪英国作家弗里德里希・罗尔夫）与天主教的纠结关系表现出很大的兴趣，他写道："最伟大的圣徒是那些对邪恶有超乎寻常的容量的人，最堕落的人有时离圣洁不过毫厘之间。"[29]这一评论非常接近《布赖顿棒糖》中的主人公。在评论 T・S・艾略特的《拜异教之神》（ After Strange Gods, 1934 ）时格林则说，"成为一名大公教会信徒（艾略特先生是一位国教徒）就意味着相信魔鬼，以及为何如果魔鬼存在，它将很难在当代文学中工作……"同样，他在评论"亨利・詹姆斯的宗教维度"（ Henry James: The Religious Aspect ）中对这位非常喜爱的小说家的描述也更适用于自己，即詹姆斯最深的宗教感表现在对邪恶的感受之中。[30]《布赖顿棒糖》发表多年之后，格林在自传《逃避之路》中写道："苹琪（即宾基——笔者注）是真正的彼得・潘——命中注定像个长不大的孩子。他们身上有某种堕落天使的性格，一种曾经属于另一个地方的品德。正义的反叛者心中始终有那种义愤填膺的正义感——他犯罪常常情有可原，然而他遭到'其他人'的追杀。那些'其他人'犯下的罪行更加骇人听闻，而且春风得意。……这个长不大的孩子始终是正义的伟大捍卫者……对……苹琪而言，他们的伤口永远不会愈合。"[31]邪恶对于格林来说具有活生生的魅力，他清楚邪恶的逻辑，它产生的原因，持续的原因，因而他对人不抱幻想，对人性的脆弱的认识也远胜一般人。在两次大战背景下的英国乃至欧洲，这种认识本身并不罕见，就人生观而言，这也远远称不上是全面的认识。然而格林的小说始终能够抓

---

28 J. A. Symons, *The Quest for Corvo: An Experiment in Biography*, Penguin Books, 1934. 该书为描写弗里德里希・罗尔夫的传记，写作方式独特，是一部小经典。

29 Bernard Bergonzi, *A Study in Greene*, 92.

30 Ibid., 92~3.

31 《逃避之路》，第78~9页

住这一认识来创作。他的"娱乐小说"将这种认识与异国情调、惊悚情节相结合，在趋于流行的同时也趋向程式化，而他的天主教系列却能够突破娱乐小说的局限性。笔者以为，究其原因是其中天主教徒主人公和天主教的话题彼此深化，使小说展现的罪行不致流于表面的惊悚。宾基这样的人可以获得救赎吗？持正统天主教观念审核格林小说的人急于说"不"，而非信徒读者对这一点是不关心的。对后者而言，重要的是，这部小说中以一种充满现实感的张力诚实地呈现了对天主教正统教导的追问：信徒身份真的是得救的保证吗？对于那些因为贫穷困顿而放弃善良与正直的人而言，上帝提供的唯一的救赎途径是否是公平的？难道不可以期望上帝的爱能够大过教会的规则，即使明知这种期待是一种僭越，但是期待本身难道不是出于善和公义的需求吗？小说没有因为人物的宗教身份标签就轻易放弃思考，因为生活本身也并非轻易能得到如教理问答般清晰、简明的答案。格林曾经声称一个作家的宗教信念意味着他的人物角色比不信者的深刻、有力许多："比如，我认为E·M·福斯特、弗吉尼亚·沃尔夫或者萨特的人物角色的浅薄，与乔伊斯笔下的布鲁姆、巴尔扎克的《高老头》或者大卫·科波菲尔的惊人活力相比，来自于前者欠缺宗教维度。"[32]这里泛泛的评论显然有些偏颇，但是至少能够说明格林在创作中意识到了，宗教信念有可能帮助信仰者更深地认识和表达人性。

伯尔贡齐承认《布赖顿棒糖》具有明显的宗教元素，但是他却认为这部小说的成功不在于其神学维度，而在于"写作和观察的力度，诗意，富于技巧的文类混合，以及最重要的、核心角色（即宾基——笔者注）字面意义上的非人类力量。"[33]但是如果像伯尔贡齐承认的一样，宗教并非硬塞进这部小说，而是其中有机组成部分，而这个维度却没有为这部小说的成功做出贡献，他的结论是难以成立的。笔者以为，这个结论暴露的是伯尔贡齐对宗教与文学关系的偏见，这也是文学批评者常常抱持的一种偏见。

伯尔贡齐在专著《格林研究》的第六章"一位天主教小说家？"中再次表达了近似观点。在这一章他试图进一步探讨小说与宗教的关系，毕竟对于一部试图全面评述格林的专著而言，这是一个绕不开的话题。他引用了乔治·奥威尔的话："正统的气氛总是会破坏散文，它尤其彻底毁掉小说

---

32 M. F. Allain, *The Other Man*, Harmondsworth, 1984, 161～162.
33 Bernard Bergonzi, *A Study in Greene*, 101.

这种所有文学中最无政府主义的形式。有几个罗马天主教徒是好小说家呢？甚至少数说得上来的也是糟糕的教徒。小说在本质上是一种新教的艺术形式；它是自由心灵、自主个体的产物。"[34]伯尔贡齐认为奥威尔的说法是一种狭隘的新教和英国视角。因为英国天主教小说家不乏善者，而莫里亚克能够充分说明正统与个体的愿望之间的张力充满了创造性。但是伯尔贡齐又（自相矛盾地）认为，奥威尔的观点在哲学上，比在事实上更成立。因为可以置疑"任何一种宗教信仰，不只是天主教，在小说中是否能够自如地存在。作为一种文学形式，小说通常被认为处理此世的、现实的、经验的，处理和我们相似的人，用诺斯罗普·弗莱的术语说是'低级模仿'。它和传奇不一样，不适用于超自然介入；如果宗教（在小说中出现——笔者添加）出现，它更可能是一种社会行为，就像在特罗洛普（Trollope）和J·F·庖尔斯（J. F. Powers）的作品，或者作为一种个体道德信念的源泉。"因此，伯尔贡齐认为，"像贝尔纳诺斯、莫里亚克和格林在最后一部天主教小说（即《恋情的终结》——笔者注）中一样，作者在个别灵魂的生活中考虑恩典和神圣的介入，在某种程度上与这种形式（小说——笔者添加）的理路相悖，即使这种尝试可能是有益的。"[35]但是接下来他提到了陀思妥耶夫斯基具有强烈宗教内涵的小说的卓越成就，以及日本天主教小说家远藤周作的《沉默》，并指出格林的小说没有达到这两位宗教背景的小说作品的高度。这两个例子显然不能为伯尔贡齐的论点辩护，伯尔贡齐出于一位文学评论家的负责任的客观态度提及了它们。他没有处理这两个实例和自己的观点之间的矛盾，而是承认了客观事实可能与自己的观点向左。笔者在这里尝试简单地回应伯尔贡齐的看法：首先，如果采用巴赫金的小说定义，即认为小说实质上是一种复调艺术，而且联系到小说在现实中确实是包罗了最多种多样的体裁形式的文体，那么伯尔贡齐关于小说只是"低级模仿"，因而不能讨论神圣话题的说法不免局促；其次，宗教题材自小说诞生之日起便伴随着它，从圣徒传到艺术家传记，从关注心路历程的灵性笔记到成长小说，基督教文学对欧洲现代小说的影响之深毋庸置疑。如果能够接受宗教除了教义和教堂仪式之外在其他领域的现实影响力，或许能够比较公允地面对宗教和文学乃至文化的关系。

---

34 In Orwell's essay 'Inside the Whale', available in several collections of his work. Cited in Bernard Bergonzi, *A Study in Greene*, 137.
35 Bernard Bergonzi, *A Study in Greene*, 138.

格林厌恶他人称自己为"天主教小说家"，他说自己是"一个偶然皈依了天主教的作家"。他认为亨利·纽曼的《大学的观念》（*The Idea of a University*）中的说法是可信的："如果文学就是用来研究人性的，我们就不可能有基督教文学。试图表现罪孽深重的人的清白无罪的文学，是一种矛盾。我们可以收集到某种比任何文学都更加高尚的素材，但是当我这样做了之后，我们就会发现那根本就不是文学。"[36]格林在和阿兰（Allan）的交谈中更详细地说："我的书仅仅反映了信仰或者信仰的缺乏，以及处于此二者之间的每一种可能的人。纽曼主教的书在我皈依之后深刻影响了我。他只承认一种优越于文学维度的宗教维度的可能性。他写道，书应该首先处理……'处于堕落状态中的人的悲剧命运'。我同意他的观点。我感兴趣的是'人性的因素'，而不是护教学。"[37]从一开始，对于格林来说，天主教就不是规条和教义的体系，或者一个要求赞同或不赞同的群体，而是一个态度和价值观的贮藏所，或者一种观念的来源，在这种观念下他可以限定或戏剧化他关于人类经验的直觉。

随着《布赖顿棒糖》的成功，格林的创作进入了最多产的时期，他写作了一系列探索人类信仰疆界的小说。宾基、威士忌神父、斯考比、萨拉……这些典型的"格林国度"里的背叛者形象，因为加入了天主教信仰的元素，扩充了这些角色的心理和道德之维。

如果说在《布赖顿棒糖》中，格林对天主教的认同还主要是智性上的，那么在下一部小说《权力和荣耀》中，格林却投入了更多情感认同。1938年他奔赴塔巴斯哥政权统治下的墨西哥，这次访问催生了《不法之路》（*The Lawless Roads*，1939）和《权力和荣耀》两部作品。在墨西哥他亲眼目睹了当局对天主教的迫害，信徒冒着各种不便与危险履行宗教义务，参与仪式；神父担负着性命之忧在信徒家中偷偷举行圣礼。尽管出身牛津的格林与墨西哥印第安天主教徒的信仰模式无疑有着极大的差异，但是和受逼迫中的人们一起参与圣礼时，格林感受到了教会团契的真实性。他的《不法之路》记录了这次为期两个月的访问，期间有五周他独自一人穿越丛林，历经艰辛。该书的序言摘自亨利·纽曼的名著《生命之歌》（*Apologia pro vita sua*）第七章："关于这个令人心肺刺痛、困惑不已的事实有什么可说的呢？我只能说，要么没

---

36 引自《逃避之路》，第81页。该文认为引文出自《大学宣道集》。

37 Marie-Françoise Allain, *The Other Man: Conversations with Graham Greene*, London, 1983, 156~7.

有造物主，或者人们生活的现实社会是真的已经被这位造物主抛弃了。……如果有一位上帝，要是真有一位上帝的话，人类必定牵扯于某种原初的灾难之中。"所谓"原初的灾难"指的是人的原罪。这段引文既为该书定下了基调，也是格林一贯想法的表达。《不法之路》愤怒地控诉了当权者对天主教持续数年的迫害。他写道："国家……总是国家。理想主义竟然建构了这样的暴君！……人们设想的是费边主义者和猎人装的萧伯纳先生；但是突然这事儿是真的了——普罗（被墨西哥政府处死的神职人员）在肮脏的小院子里遭到致命一击，没有人可以宣称'国家就是我。'国家不是我们任何人；类似'没有代表就没有税收'的话在这里是无意义的，因为我们都必须纳税，而没有人被代表。或许今天世界上唯一持续地——有时成功地——反对了集权主义政府的团体是天主教会。"[38]格林在墨西哥的经历启发了小说《权力和荣耀》的诞生，不少人视之为他最好的天主教小说，至今读来感人肺腑。由于情感上的认同，这一次格林的叙事视角几乎毫无保留地与小说中的神父认同，他处理了一位非典型（就经典圣徒传而言），然而却更可信（就 20 世纪的普遍人性观念而言）的宗教英雄形象，一位充满瑕疵的殉道者。1961 年苏格兰诗人乔治·布朗（George Mackay Brown）皈依天主教，他在自传中提到："格瑞厄姆·格林的《权力与荣耀》给予了我深刻印象"，"因为这儿有一位被追捕和驱赶的神父，在许多意义上都是毫无用处的，却将信仰保持到了最终一刻，就像其他更出色的殉道者们所做的一样。"[39]

《权力和荣耀》的小说的主要内容是：在墨西哥政府逼迫天主教会时期，一位神父四处躲藏，秘密为信徒举行仪式数年，最终被警察抓捕，关进监狱，执行了死刑。在小说中，为了防止被抓住，神父隐藏身份，甚至尝试回到家乡，但是中尉想出了新办法追捕他。他在每个神父可能经过的村庄中找一个人质，一旦发现神父经过了这个村庄，村中却无人告发，就枪毙这个人质，一位普通的天主教农民因此而死。为了避免无辜的教民再因他而死，这个毒计终于迫使神父决定离开被迫害地区。但是在离开的途中，一位混血儿发现了他的身份，这人为了赏金竭力地跟着他，终于被神父逃脱。可就在神父越过边境来到了安全地区以后，混血儿却再次出现，央求他去为一位即将死去的强盗举行临终仪式，这个强盗也是天主教徒，而且提出了这个要求。神父

38 Graham Greene, *The Lawless Roads*, Penguin Classics, 2006, 52.
39 George Mackay Brown, *For the Islands I Sing*, London, 1997, 54～55.

猜到这是一个圈套，回去的地方必定有警察埋伏，但是作为一名神父，他不能拒绝为信徒举行临终仪式。于是他放弃了逃生，奇怪地带着一种轻松的心情，跟随混血儿再次越过边境，回到迫害之地。果然神父在强盗身边被中尉抓住。这对捉迷藏很久的敌手终于正式见面，他们进行了许多关于信仰的交谈。中尉尽管对神父个人并无成见，但对他代表的信仰深恶痛绝，还是处死了他。这位殉道并忠于职守的神父并非高大全的英雄，相反，他在这些艰难的年间养成了酗酒的习惯，甚至在一次酒后有了一个孩子。他反思自己留下的动机是否是出于骄傲——他这个地区唯一一个还在举行圣礼的神父。他也怀疑自己的行为是否有价值，因为他如果离开这个地方，在其他可以正常举行教会活动的地方能够服务更多灵魂。此外，他还深爱那个因一时过失生下的女儿，虽然为这种偏爱自责，却打心眼里愿意用自己的灵魂去交换她的灵魂进入天堂……在临刑前一天，他为自己失败的人生懊悔不已："过去艰苦无望的八年他觉得只是他履行神职的一种讽刺。他只送了几次圣体，听过几次告解，却永远给人树立了一个很坏的榜样。……人们为他而死，他们值得一位圣人。为什么天主就没有想到给他们派来一位圣人？……他的脑子浮现出那些把他抛弃了的圣人的一张张冷漠的脸。""过不了多久，他自己也不会有谁还记得了，……他一事无成，只能空着手去见天主。"[40]但正是这样一位"失败的"神父，却奇妙地成为对天主的颂扬。他的软弱符合使徒保罗的教导："你们得救是本乎恩，也因着信。这并不是出于自己，乃是神所赐的；也不是出于行为，免得有人自夸。"[41]世人原本不能指望可以依靠自己获得救赎，而是依赖上帝的怜悯和恩典。神父的各种努力虽然看似失败了——甚至最后当他来到垂死的强盗身旁，还是没能让他为自己举行教徒的临终仪式。但是这些失败背后却是他尽管冒着生命危险四处逃亡，却坚持履行圣职长达八年之久。信仰昭示出了对世俗的追求、险恶的环境、甚至信仰者的软弱的超越。

　　格林说《权力和荣耀》是他"唯一一本按一个主题创作的小说"。[42]这部小说的维度之一是对走向疯狂的世俗乌托邦政治的揭露。格林厌恶世俗的理想主义，在他的笔下，理想主义者总是站在道德较低的立场上，比如《权力

---

40 格瑞厄姆·格林，《荣耀与权力》，傅惟慈译，上海：上海译文出版社，2012，第308～310页。

41 《圣经·新约》《以弗所书》2：8～9。

42 《逃避之路》，第93页。

与荣耀》中全力追捕神父的中尉，胸怀为孩子们创造美好未来的伟大梦想，认为将神父及其所代表的宗教迷信赶尽杀绝是这场伟大创造的一个组成部分："他要从他们的童年中消除一切他自己尝到的苦难，消除一切贫穷、迷信和腐败的事物。他们这一代至少不该再被虚伪欺骗，他们有权利得到一个空旷的宇宙空间，一个变得冷却的世界，有权选择任何活得幸福的方式。为了这些孩子，他不惜屠杀一批人，首先是教会的人，然后是外国佬，再以后是那些政客——甚至他自己的顶头上司早晚有一天也得除掉。他要同他们一起重新开始建立一个世界，在沙漠中建造。"[43]就像格林所说，这部小说将"从最良好的动机出发扼杀生命的理想主义警官"与"让生活继续下去的酗酒神父"相对照。虽然威士忌神父代表的教会有种种弱点，但是尝试驱逐教会的替代品却是一个更可怕的存在。在格林的眼中，世俗的理想主义者不仅浅薄无知，缺乏基本的自我认知和反思能力，而且没能拥有人性中最真实、可怕的洞见——人之恶。他笔下类似的角色还有《伊斯坦布尔列车》(*Stamboul Train*，1932) 里的中欧社会主义者钦纳医生 (Dr. Czinner)；《喜剧演员们》(*The Comedians,* 1966) 中邪恶、残忍的史密斯先生，思考"伟大的概念……比如人类、正义、追求幸福"，梦想在贫瘠的海地建立一个蔬菜中心。格林承认他并没有在墨西哥见到一个和小说中描绘的警官相似的人物原型："在我现实中遇见的警察和枪手中间，我没有发现《权力与荣耀》一书中那位警察中尉所具有的理想主义或刚正不阿——我不得不塑造一位使之成为腐败失职神父的对立面"。[44]小说中的三个主要人物都没有名字，他们的代指就是他们的身份：神父，警察中尉，混血儿。因此这些人物形象也具有更直接的指代意味。不论神父还是警察，他们之间对话、互动的深度，显然远远超过了普通的神父和警察之间的对话和互动。警察中尉不是一个通常意义上的恶人。他出身贫穷，对穷人怀着无限的怜悯，曾经施舍身无分文的神父五个比索，以为他是个无力养活自己的老农。但是他为了彻底清除教会的影响却能杀死无辜的人质。这个格林虚构的、用于和神父构成对手戏的警察，其实是世俗乌托邦政权的化身，世俗乌托邦政权以最大程度实现人们的此世幸福为目的。而一旦它将自身的目标神圣化，从而赋予自身行动神圣性，却转而将它的敌人视作罪不可赦的障碍。警察中尉的梦想和弱点代表的是这种政权的梦想和

---

43 格雷厄姆，《荣耀与权力》，第 84 页。

44 《逃避之路》，第 94 页。

弱点。它因着对人性的完全肯定，对自身产生了过高期望，沉醉在实现崇高理念的虚幻愿景中，以致根本看不见自己畸形的现实行为——对平民权利的扼杀、剥夺，以及生命的戕害——在本质上是邪恶的。世俗乌托邦政权是人类自恃过高的产物，可能导向更可怕的社会现实图景，在这一点上，格林的观察是深刻的，他的批判路径与天主教的思想是一致的，真正能够配称为神圣者只在彼岸存在。这也是《权力和荣耀》（*The Power and the Glory*）这部小说的名字的意义所在。《圣经·新约》《马太福音》第 6 章中记载耶稣教导门徒如何祷告，最末一句为"不叫我们遇见试探。救我们脱离凶恶。因为国度、权柄、荣耀，全是你的，直到永远。阿们。""权柄、荣耀"在英文中为"the power, and the glory"。[45]墨西哥政府手中握有权柄，它以此追逐自己的荣耀；但是真正的权柄和荣耀却"全是你（即天父上帝）的"。虽然在此世只有一位卑微软弱、死于暴力的神父，他的行为和信仰却是对上帝的"权柄和荣耀"的证明，即使是一种看似微弱的证明。神父假借中尉之手死于国家机器，他似乎是输了，丢掉了性命。但这生命是他主动交付的，是他将自己捆缚于神父的职责之中，决定为一名罪行累累的强盗举行临终涂油仪式，从而拯救这名强盗的灵魂，放弃了自己逃生、重获安逸生活的机会。也就是说，他选择了他人的生（永生）和自己的死，从而也超越了自我、暴力、生死和人们一般的善恶判断。而警察所代表的政权，似乎是希望给予民众幸福，却在事实上剥夺他们的生命。正是在这种截然相反的状况中，神父代表了真正的"权柄和荣耀"之所在。仍然是在《马太福音》中，耶稣说："那杀身体不能杀灵魂的，不要怕他们；惟有能把身体和灵魂都灭在地狱里的，正要怕他。"[46]按照耶稣的教导，神父所敬畏的是真正有权柄者，即"能把身体和灵魂都灭在地狱里的"的上帝，这从他的行为所遵循的原则可以看出来。他依教会的原则行事，因为他相信上帝是真正有权柄的那一位。而政府正是"杀身体不能杀灵魂的"，只在地上有权柄。

小说中另一个可以看出真正的权力在哪里的细节是小男孩的情节。中尉喜欢他，因为小男孩代表着他梦想护卫的未来。小男孩也一度羡慕神气地配着枪的中尉，而对父母的天主教信仰教导不感兴趣。但是在知道中尉杀死了这位"身上有股怪味的"神父之后，他开始厌恶中尉，并主动亲吻了神父的

---

45 《圣经·新约》，《马太福音》6：13。英文为 KJV，即詹姆士钦定版。

46 同上，《马太福音》10：28。

后继者。真正的荣耀必须与一种正义的力量相连。神父的殉道之路含有中尉的追捕之路所缺乏的正义。所有的殉道士在本质上都跟随了受难的耶稣基督的道路，这是一条正义成于仁慈与自我牺牲的道路，

格林与天主教的认同在《荣耀与权力》中走得最远，他此后天主教作品中的天主教徒都不如这一部正面。这部小说的力量来自格林亲眼目睹的逼迫，他在其中亲身感受到了信仰的力量。而这种力量之所以能够在小说中传递出来，主要是借助了他塑造的人物形象，尤其是主人公。这样一位充满弱点的主人公远比一位正统的殉道者更贴近20世纪的读者。严格地说，这部小说并没有探讨信仰的内部问题。神父质疑过自身行为是否合理，但他从未质疑过其信仰的真实性。小说的张力在情节上来自追捕与逃跑，在人物形象上来自神父对在迫害之地上使命的坚持和他自身的软弱。在这部小说中，不是罪，而是人性的软弱，融合在格林一贯对人的看法之中。将这一看法融入一个殉道者的身上，而且表现地相当有说服力，是格林这部小说成功的原因之一。

小说出版之后，一些教会人士对于将一个劣迹斑斑者描写为殉道士感到难以接受，格林一方面因为它获得了欧洲天主教小说奖，另一方面却被一位红衣主教传唤，遭到私下的批评。面对一些教会人士的不解，伊夫林·沃感到义愤填膺，竭力为这部小说辩解声援。他将格林视为通过文学弘扬天主教的同道，更重要的是，身为一名优秀的作家，他能够解读这部作品在文学和信仰上的双重诉求和价值。

下一部天主教小说《问题的核心》写于1948年，曾获得詹姆斯·泰特·布莱克纪念奖，为格林赢得了国际声誉。《问题的核心》的背景是英国在西非的一个殖民地。正直的警察局长斯考比（Scobie）少校无法成为下一任专员。他为了安抚妻子露易斯（Louise），决定让她去南非生活。为此斯考比被迫向商人尤塞夫（Yusef）借钱以支付旅费。露易斯离开之后，斯考比出于怜悯与从海难中生还的青年寡妇海伦（Helen）发生了私情。斯考比写给海伦的情书落到尤塞夫手里，由此被迫帮助他走私钻石。露易斯回来后，他无法告诉她自己出轨，只能和她一起履行教会仪式，内心感到对不起上帝。随后，为了自保，他又纵容尤塞夫杀死自己的仆人，陷入更深的罪恶之中。为了求得解脱，他最终犯下了教义上不可饶恕的重罪——自杀。

《问题的核心》（*The Heart of the Matter*）的标题具有强烈的暗示，它来自一句英文谚语 "The Heart of the matter is the matter of the heart." 即问题

的核心是心的问题。格林说，这部小说的关键词是"怜悯与责任"，展示了善良的斯考比如何被一系列的道德危机引到绝境中。将斯考比逼入绝境的，是他对他人的过分承担。他怜悯绝望痛苦的妻子，可怜新婚不久丈夫就遇难的海伦，带罪领圣体又令他愧对天主，终于走向自戕。在小说的结尾，露易斯发现斯考比有可能是自杀，带着对他灵魂去向的担忧去找神父，因为按照天主教会的规定，自杀者不得赦免。但是这位神父却说，关于谁能得救谁不能得救这样的问题，切莫以为凡人能够猜中上帝旨意的万分之一。

斯考比曾经说："我相信我要永世沉沦在地狱里——除非有奇迹发生。"显然，按照格林的非正统观点看来，只有善良的人的内心才蕴藏着谴责自己应罚入地狱的能力。斯考比心中的那种悲悯正是上帝特有的精神，他因悲悯他人而背弃上帝，同时又因此靠近了圣洁之光。就像小说中的神父所说："教会什么规矩都知道，就是不知道一个人心里想的是什么。"[47]言下之意是，不能根据教会的规则来判定一个人的行为的善恶与否。

在这部小说中，格林其实提出了一个令人困惑的问题，按照基督教的教义，善行不能带来救恩，但是一个人如菩萨般的行善愿望如果并无与之相匹配的行善能力，如果这人最后情愿牺牲受绝罚也不愿继续伤害他人，其愚蠢的自戕是否能被教会接纳呢？这个问题的背后是另一个更深层次的问题，即教义的正义性是否真的基于教会宣扬的仁爱。天主之爱可曾到达这位愚蠢的自行了断者，或者像宾基那样自幼被贫困冷漠伤害的人？

《问题的核心》出版之后，天主教界反应不一。马丁代尔神父（Father C.C. Martindale）赞扬道："这是一部杰作，在神学上是正确的，由一位'对人性竭尽人所能识的'平信徒写就。……我认识一位明智的人因为读这本书获得了他那几天需要的皈依的最后激励，还有许多人像我一样，将继续通过重新阅读它汲取对苦难慌乱的人性和天主更深沉的爱。"[48]而伊夫林·沃则一开始反对这部小说的立场，他给格林写信说，小说的主人公斯考比被当做一个圣徒，这是不对的。因为他通奸，亵渎，间接杀人并自杀，并且亵渎圣体……另一位神父约翰·摩非（John Murphy）评论道："斯考比是一个极度敏感和具有很深洞察力的天主教徒，他软弱的意志导致他通奸、亵渎圣体、对一起谋杀负责……以及自杀。他害怕女人甚于害怕天主……你如何解释这个事实呢，即

---

47 格瑞厄姆·格林，《问题的核心》，傅惟慈译，译林出版社，2008，第329页。
48 Norman Sherry, *The Life of Graham Greene: Volume Two*, London, 1992, 298~299.

一个人自杀的愿意之一是为了避免继续亵渎圣体？而答案很明显：因为他在应该忏悔之处却失望了。"[49]格林在给伊夫林·沃的信中回应道，他的意图是很正统的："我没有将斯考比当作圣徒，而……是试图表现，一个充满良好意愿的心灵一旦越轨，有可能会变得多么混乱。"[50]伊夫林·沃向来热心地将格林视为同道，在后来的回信中改变了对这部小说不赞同的态度。但是这个小插曲足见格林小说中的"天主教形象"是多么引起人们的置疑。

1961年格林出版《一个自行发完病毒的病例》（A Burnt Out Case），书中描述了一位失去天主教信仰的信徒奎里，这部作品被大多数人当作作者失去信仰的证明。沃写信给格林说明了自己拒绝评论这部作品的原因，格林回信道，他总是发现自己的观点有悖于时下流行的天主教刊物的读者们；这部小说试图"表达信仰或不信的各种状态或情绪"。小说主人公奎里的角色表现的是"一位稳定而自在的无神论者"。[51]沃回信道："我认为你无法谴责读这本书的人把它当成对信仰的放弃。在我心里，'稳定而自在的无神论主义'的表述毫无意义，一位无神论者否认了他作为人的整个目的——爱与服侍天主。只有在最肤浅的层面上无神论者可以表现得'稳定而自在'。对我来说，他们的荒原比《宇宙》的郊区'更陌生。"[52]

而格林继续对人身上（包括他自己）的阴暗面着迷，并且坚持将它们转化到他的小说人物身上。在他眼中，人不是"非黑即白"，而是"非黑即灰"。格林继续去主日弥撒，但是不再领取圣体，如他所说，"信仰已经退至背景之中，但是它还在"。

许多后期采访和格林的文章显示，格林仍然对天主教的社会方面的教导和后梵二会议神学文献有兴趣。格林在皈依早期阅读了大量天主教历史，受到多米尼克修士、学者贝德·贾勒特（Bede Jarrett）的影响，此人当时为格林夫妇的密友。贾勒特的历史研究著作《中世纪共产主义》（Mediaeval Socialism，1930）和《中世纪的社会理论：1200～1500》（Social Theories of the Middle Ages 1200～1500，1926）对格林的政治观点形成了重要影响，使他可以将社会主

---

49 Ibid..

50 Ibid., 299.

51 Ed. Mark Amory, *The Letters of Evelyn Waugh*, 557. Cited in *Literary Converts*, 415～416.

52 Ibid., 559～569. 转引自 *Literary Converts*, 416. 《宇宙》（The Universe）是天主教刊物名。

义或者共产主义容纳在天主教的范畴之内。从 1930 年代到 1950 年代，格林的朋友中包括英国耶稣会士马丁·达西（Martin D'Arcy）和马丁代尔（C. C. Martindale），他经常就自己的小说和戏剧创作与他们通信。他是英国重要的天主教期刊（*The Tablet*）的发行人汤姆·彭斯（Tom Burns）的好友，在 1930 年代晚期，格林在（*The Tablet*）和《观察者》（*The Spectator*）上的文学评论表达和艾略特相近的立场，他认为文学批评应该"从一种确定的道德、神学立场"出发。[53] 当格林 1966 年离开英国定居法国之后，他继续与天主教神学家们通信，其中最著名的是天主教的自由神学家汉斯·昆，此人为梵二会议文献的设计和成型做出了很大贡献。在他生命的最后几十年中，格林与西班牙神父利奥波德·杜兰（Leopoldo Duran）建立了亲密的友谊，他还支持多位来自中美洲的神父，维持与他们的友谊。关于格林为何在后期很少再在小说中直接处理天主教问题，原因之一是他的信仰探索在中期以后进入了相对停滞的状态，因为一种不断寻求真理和真相的信仰探索并不能与人当下的处境相隔离，而是催促信仰者必须将它付诸实践，在与薇薇安以及凯瑟琳的关系衰退之后，格林显然缺少了将信仰付诸实践的动力。他的思考更多从自我转向外在世界。另一个原因是他一直以来对政治和现世生活有着浓厚的兴趣，天主教对世界的解释虽然自成体系，但在面对具体事件的时候多少有些超然，尤其对发达的资本主义国家的天主教徒更是如此。格林的足迹遍布第三世界国家，他对帝国政治和殖民的反思力度远远超过了绝大多数英国人，其中也包括天主教徒。与生活在第三世界的人相比，二战之后的英国人享有富足、自满的生活。而格林对这些不同区域的国家的人们的生存处境幸福与否及其是否获得了公义、公平的对待，具有真实的兴趣。正是因为这样，他认为作家应该在资本主义政权中成为一名社会主义者，在社会主义国家中成为一名资本主义者，对现实进行批判和揭露，在格林的社会良心看来，这是作家，或者说自己的天职。与现实的社会政治相比，天主教似乎更多关注彼岸的、超越当下时空的问题，因此格林的兴趣转移了，他试图表现更具体的背叛和政治乱象。因此，他笔下描写的世界常常有许多相似性。某个第三世界国家的地名往往只提供了读者想象的背景，小说中常常没有真正的异国情调出现。第三世界国家的贫穷、肮脏和混乱符合西方读者的期待视野地出现。弥漫他

---

53 Mark Bosco, S. J., *Graham Greene's Catholic Imagination*, Oxford University Press, 2005, 25.

的各部小说中的是一种统一的"格林国度"情愫，混乱、不安、苦涩，情绪化的人物形象，具有耸动效果的情节和大多数时候以失败告终的结局。这些作品无疑能够对英国读者构成一定冲击，它们一方面提供一些令安逸的读者不安的政治危机和正义危机的符号，一方面又在一定程度上满足了他们的窥视和猎奇的心理。

不少学者认真地探讨过格林的小说和天主教的关系，其中最为详尽、系统的应该是 2005 年牛津出版的《格瑞厄姆·格林的天主教想象》（*Graham Greene's Catholic Imagination*），作者为马克·博斯科（Mark Bosco）。科博斯先生是一位耶稣会士，芝加哥罗耀拉大学的教授，在英语天主教文学研究界享有盛誉，尤其擅长弗兰纳瑞·奥康纳和格林研究。博斯科这部专著不单单探讨了格林，而且尝试通过这位天主教徒作家的个例来拓展神学与文学互动的区域范围。就这一目标而言，与本书作者是一致的。该书对格林的"天主教文学"问题的探讨就笔者所读最为详尽，而且许多述评相当精准，因此下面简单介绍这部专著的主要观点，并略加点评。

《格瑞厄姆·格林的天主教想象》一书的第一章为"天主教：格瑞厄姆·格林地毯上的图案"。第二章处理《权力和荣耀》和《恋情的终结》，分析格林对 20 世纪上半叶的天主教复兴的适应；第三章讨论梵二会议的神学内容和发展，尤其涉及它如何改变了许多天主教小说的经典特征。第四、五章对格林的后期小说进行细读，认为这些小说在想象的层面上回应了后梵二的天主教和宗教思考。在最后第六章将格林作为一个后梵二、后现代世界的天主教想象的典范。

在这部专著中，作者引用了当代美国天主教神学家大卫·特雷西（David Tracy）关于"天主教想象"的说法。想象不仅仅是智力活动的一个方面，大卫·特雷西认为天主教拥有"类比的想象"，并不意味着否定"辩论的想象"，而认为"类比的想象"在后现代语境中能够推动宗教传统作为一种重要的资源，进入神学和文学之间，宗教和世俗意识形态之间的对话。博斯科认为应当拓宽神学或者宗教一词的范围，承认与教义性辩驳不同的想象性辩驳的存在与意义；在这种观念的支持下，博斯科的研究不仅涉及格林几部公认的"天主教小说"，而是全面论述了格林一生小说创作和天主教之间的关系。科博斯在书中还提及保罗·蒂利希（Paul Tillich）[54]关于宗教是人的终极关怀的看法，

---

54 保罗·蒂利希（Paul Tillich），1886～1965，德裔美国基督教哲学家和神学家。

以之为格林辩护。他认为不应当从格林笔下人物的言行举止或者故事情节的发展是否符合教义正统出发，判断他的文学的"天主教"特征，而更倾向从蒂里希所说的"宗教感"来探讨这一点。他在文中写道："19世纪文学中残留的'宗教感'只能通过乔治·艾略特和查尔斯·狄更斯的道德寓言，或者许多英国浪漫主义诗人中用诗性哲学替换了宗教感来加以表达。在维多利亚时期哀悼资产阶级文化中的意义的丧失以及隐含的宗教信仰的失落的挽歌中，宗教在英国文化中失去了力量的印象被加强了。"他提及1922年艾略特的《荒原》成为20世纪早期的主题，表达了仍然受到一战影响的使一代艺术家备受折磨的幻灭、惶惑与表面上的无序。一些作家坚持为宗教在文化创造中的传统角色提供替代品："H·G·威尔斯信仰科学和机器；萧伯纳信仰乐观的世俗人文主义；D·H·劳伦斯则是失落的性活力的原初迸发；W·H·奥登、C·代——路易斯（C. Day-Lewis）和斯蒂芬·斯本德（Stephan Spender）亲近一种能够抵挡没有人情味的现代政府的负面影响的英国社会主义。在20世纪3、40年代许多知识分子转向国教的正统宗教信仰，最著名的有T·S·艾略特、C·S·路易斯，多萝西·塞耶斯和后来的奥登。令人惊奇的是，在一战之后，有组织的宗教获得了一些文化声望，对许多寻求对抗身边的无序、暴力和无意义的英国知识分子成为一种流行的选项。因此在20世纪早期，基督教及其对手马克思主义和精神分析，都在知识分子争论的文化舞台上找到了自己的一席之地。"[55]这段思想史的描述使科博斯对格林的"天主教问题"获得了较为广阔的文化视野和合理定位的可能性。

马可·科博斯认为，格林的小说其实表现出了更多的梵二会议精神，即不单纯执着于教义是否正统，而是更注重面向世俗世界，呈现出一种"跟上时代"和多元化的后梵二趋势。

科博斯指出，纽曼对格林影响很深，纽曼的观点在"格林国度"中无处不在，格林和纽曼二人都接受邪恶的本体论和形而上存在，即恶的实存性。所谓"原初的灾难"正是格林国度的表征，这个国度充斥着孤独、可怜，有时狠毒的角色。伊格尔顿说失败是格林小说中具有合法性的胜利形式。科博斯认为，"虽然伊格尔顿有夸张之嫌，格林的宗教图景中始终贯彻的主要宗教洞见就是"幸运的罪过"（felix cupla）这个基督教教义，它作为上帝的恩典在道成肉身中向个人或群体彰显的主要原因。人物角色发现他们的罪或者苦难

---

55 Mark Bosco, S. J., *Graham Greene's Catholic Imagination*, 4.

带领他们来到与一位在基督里受苦的天主道成肉身的类比关系，道成肉身就此得以解释。即使在格林最不宗教的小说中，他的主人公也经历这样一种彰显，或者乔伊斯式的'显现'。他不情愿的、常常是堕落的主人公通过在天主或者那些他们承诺委身的人们面前认识到和面对自己的失败和（或者）无用的方式显得高贵。这就是为什么在格林的宗教想象中总是有一股辩论的张力，一种对格林认为身处的新教遗产的最大缺陷的批判回应：否认这种损害了一切人类最高贵的抱负的原初灾难。"[56]

博科斯对格林的研究在许多方面都很有见地，他对格林与宗教想象之间的关系的一些描绘相当准确。比如下面这一段：

"格林的宗教想象固定在信与不信的张力之中，他的小说处处反映了他的时代的认识论和存在论困境。由此可见他是启蒙运动和自由建制的产物，将怀疑作为人类的首要美德，宣称'怀疑像意识一样内在于人性……或许它们是同一样东西'，正统或者'正确的信仰总是对怀疑开放的，因为从来不是只有一种理解真理的视角，真理不可避免地向神秘开放。当然，格林颠覆性地将这种表面上世俗的美德用于一种天主教感受力中。他在许多小说中的结语中常常强调怀疑的美德，一个神父对主人公或者非传统英雄获得救赎的可能性进行评论。这种评论通常以建制教会赋予的天主教式的自满的确信为代价，结果给予了怀疑更广阔的神圣临在与恩典的空间。……怀疑是格林的人物角色的一把双刃剑：它可以允许信仰的无法形容的神秘工作得到识别和获得尊敬，或者它可以导致一种走向'人性的因素'的理性主义和最终怀疑主义的例子。"[57]

笔者以为，如果求全责备的话，科博斯的研究存在主要问题在于：他提出当代两位当代重量级神学家大卫·特雷西和保罗·蒂里希的两个著名观点，即"天主教想象"和"终极关怀"，但是未能将二者结合格林的小说本身加以延伸，将这两个宗教哲学的概念转化为有说服力的文学批评手段或者批评方法。在这个意义上，科博斯的研究虽然极有雄心，尝试在神学或者宗教哲学的框架下全面论述格林的作品，但是跨学科研究常常出现的问题也是最大的障碍之一在这里仍然未能得到理想的处理，那就是究竟采用哪一种学科的方法和理论来统一跨学科研究。天主教小说无疑是比较文学的跨学科研究的对

---

56 Ibid., 26.
57 Ibid., 26~27.

象，但是在研究的时候，往往只能限于主题的探讨，其中涉及的命题是宗教性的。此时文学成为宗教探讨的素材。但是小说毕竟是虚构性的，它有自身的审美诉求，即使探讨了问题，也不是以宗教哲学的方式进行的。在具体的分析中需要将小说的宗教主题与其审美诉求，比如独特的艺术形式相结合。这一点，科博斯在细节分析中常常可以做到。"天主教想象"和"终极关怀"这两种提法方便博科斯将格林作品的宗教维度扩展到他所有的作品之中。这两个概念本身便具有跨学科性质（跨越了神学和哲学），而且也有扩展至文学研究领域的可能性，却未能转化成有力的文本阐释方法，依然停留在其原来的领域之中。

第二章 伊夫林·沃的文化保守主义[1]

在 20 世纪英国天主教文学中，伊夫林·沃（Evelyn Waugh，1903～1966）是不可忽视的一位，他被认为是"英国文学史上最具摧毁力和最有成果的讽刺作家之一"，和格瑞厄姆·格林构成了 20 世纪中叶英国天主教文学最耀眼的双子星。伊夫林·沃的小说不论在内容、形式，还是影响模式上，都在英国天主教小说中颇具代表性。在内容上，伊夫林·沃关注伦理和罪性的探讨；在叙事手法上，他很少使用象征、意识流等现代主义的标志性手法，叙事手段传统，故事情节戏剧化，文风流畅；再如，他的作品受众广泛，不仅受到学院派批评家的重视，而且是 20 世纪英美最受欢迎的小说之一，和格林一样，他的所有代表作都拍成影视作品，有些还不只翻拍一次。[2]

1930 年 9 月，伊夫林·沃正式加入天主教会，这一行动震惊了他的家人和朋友。早年他曾经脱离英国国教，表现出对宗教信仰的叛逆态度。中学时期，伊夫林·沃在自由派国教老师的影响下动摇了幼年起拥有的国教信仰，他在日记中写道："他的不可知论主义首次瓦解了我童年的信仰。"[3]1921 年 6

1　本节及下节部分内容曾以《伊夫林·沃的天主教叙事》为标题发表于《文化与诗学》，2014 年。

2　以下为伊夫林·沃小说的影视剧改编的不完全统计：《荣誉之剑》（电视连续剧），1967，BBC；《旧地重游》（电视连续剧），1982，Granada Television，该剧在英美影响广泛，评价很高；《一把尘土》（电影），1988；《邪恶的躯体》（电影），2003，更名为《聪明的年轻人》（*Bright Young Things*）；《旧地重游》（电影），2008。

3　Selina Hastings, *Evelyn Waugh: A Biography*, London, 1994, 38. 伊夫林·沃的自由派国教老师之一是罗林森先生（Rawlinson）。罗林森正是罗纳德·诺克斯撰写《一些不牢靠的石头》（*Some Loose Stones*）反对的牛津现代主义神学家之一，他后来成为德比郡的国教主教。

月 13 日沃在日记中说："在最近几周我已经不再是基督徒（感觉关闭了！）我意识到至少在最近两个学期，我已经是一个彻底的无神论者，只是还没有勇气对自己承认这一点。"[4] 1922 年沃来到牛津，很快就加入了校园中臭名昭著的饮酒俱乐部，沉湎于酒精和享乐中，经常酩酊大醉数日，直至 1927 年被开除。但即使在 1925 年，他已经对自己这种颓废的生活方式感到难以忍受，在日记中记录了饮酒晚会上不可忍受的性混乱和自己欲拔而不能的状况。离开牛津后，一文不名的沃必须自谋生路，他受聘在一所中学担任老师，在极度不适应中一度试图自杀。他在自传《一知半解》（*A Little Learning*）中记载了自己企图自杀的过程：他在月夜想要自沉海中，但是由于海中布满刺人的水母，又游回了岸边。从伊夫林·沃 20 年代的日记可以看出，此时他已经开始关注宗教问题，会定期去教堂或者拜访信徒。在这段时间，沃受到了 1925 年皈依天主教的朋友奥利维娅·格林（Olivia Plunket-Greene）的影响。沃后来甚至提到，自己的皈依是因为奥利维娅的"恐吓"。正是奥利维娅将马丁·达西神父介绍给沃，同马丁·达西的交往使沃最终在智性上接受了宗教启示的真实性。

1926 年初沃开始贪婪地阅读 T·S·艾略特的诗作，他的小说《一把尘土》（*A Handful Dust*，1934）的标题即来自《荒原》。沃从亲身体验中感受到了现代社会精神世界的荒芜。和诺克斯一样，沃对前拉斐尔派的喜爱是带领他走向天主教教堂的路径之一。当他沉浸在对前拉斐尔派的研究时，前拉斐尔派已经不再流行了，此时风头正健的布鲁斯伯里集团对前拉斐尔派是不屑一顾的。在审美趣味上，沃越来越和更前卫的文学艺术群体拉开了距离。两年后，他的传记作品《罗塞蒂的生平和作品》（*Rossetti: His Life and Works*，1928）出版。1956 年罗伯特·本森的小说《隐士理查德·雷纳尔》（*Richard Raynal: Solitary*）再版的时候，沃在序言中评价本森说："他表面上是一个唯美主义者，但是天主教教会对他并无审美吸引力……他在教堂中寻求和找到的是权威和大公性。一个国家教会，不论帝国多么广阔……都无法以普世的权威来发言，因为它是地方性的，所以必然是狭隘的，为可耻的教义偏差留下空间，但永远无法容纳广阔的多元化的人性。"[5] 这一评论也同样适合沃自己，前拉斐尔派吸引知识分子来到天主教会，而天主教会则带领知识分子吸收、超越审美的阶段，投身对教会真理的信仰之中。

4 Ed. Michael Davie, *The Diaries of Evelyn Waugh*, London, 1978, 127. 转引自 *Literary Converts*, 149.
5 Robert Hugh Benson, *Richard Raynal: Solitary*, Chicago, 1956, Introduction.

1930 年伊夫林·沃皈依天主教之前，他已经是一位成名作家。他的第一部长篇小说也是他的成名作《衰落》（*Decline and Fall*，1928），根据沃在牛津读书和后来任教的经历写成。小说的主人公保罗·潘尼费色（Paul Pennyfeather）是一个不谙世事的青年，在大学中参加饮酒俱乐部的活动，遭陷害被开除。保罗来到一个中学任教，与一群半疯的教师为伍。一位学生的单身母亲看上了保罗，可是就在他即将和这位贵妇结婚之际，却被关进了监狱。因为他的未婚妻的财富来自在南美的高级妓院，保罗在不知情中帮了她的忙。最后"未婚妻"改嫁官员，并安排保罗假死，离开监狱，重回大学。通过保罗荒唐的经历，小说展示了大学、中学、上流社会和监狱各自一角，以及各种扭曲变形的人物形象。罪恶、虚伪、卑鄙和荒诞无处不在，现代人的生活虚无、荒谬，而青年在其间难以逃脱沉沦的结局。

在小说的开篇，饮酒俱乐部的成员庆祝每年一度的狂欢。沃用冷峻的笔调展示了青年们的胡闹："三年前的聚会上，有人把一只狐狸装在笼子里带进来，被大伙用香槟瓶子活活砸死……这是一个迷人的晚上。他们砸碎了奥斯丁先生的大钢琴，把伦丁勋爵的雪茄扔到地毯上踩碎，摔碎他收藏的瓷器，把帕特里奇先生的床单撕成条条，把马蒂斯的画扔进水缸里。桑德斯先生屋里除了窗户没什么可以打碎的，但他们找到了他为纽约迪吉特诗歌奖准备的手稿，尽兴乐了一番。"[6]青年们破坏性的举动只是为了一时寻欢作乐，源自他们毫无目标和精神追求的生活状况。青年时期的沃亲身经历了这种沉浸于酒精的生活，以自我的名义行事，却在放荡的行为中迷失了自我，这种无秩序的混乱使他逐渐认识到，生活"如果没有了上帝，将变得不可理解、无法忍受"。[7]

最终使沃决绝地与过去告别的事件是他第一次婚姻的失败。1928 年 6 月伊夫林和伊夫琳·加德纳（Evelyn Gardner）结婚。第二年 7 月，当伊夫林正在写作第二部小说《邪恶的躯体》（*Vile Bodies*，1930）时，伊夫琳承认自己出轨，而且对象是他们共同的朋友。伊夫林尝试复合失败，两人于当年九月离婚。这件事使伊夫林深受打击，内心久久不能愈合。

沃在 1930 年重归教会的怀抱，而且选择了相对其他自由教派而言教规教义最为传统、保守的天主教。他的皈依是典型的浪子回头，饮尽放纵之杯，

6　伊夫林·沃，《衰落》，高继海译，南京：译林出版社，2003，第 1~3 页。
7　同上。

品尽其中之痛，回归了最传统的价值标准。在 1930 年代的欧洲，皈依罗马几乎形成了一个潮流，在这十年间，英格兰几乎每年都有大约 12000 皈依者。欧洲也出现了大批的文人皈依者，其中赫赫有名的包括弗朗索瓦·莫里亚克，格特鲁德·冯·勒·福特（Gerturd von le Fort）[8]和西格丽德·温塞特（Sigrid Undset）[9]。

1930 年 10 月 20 日沃在《每日快讯》（*Daily Express*）上发表了《皈依罗马：为何这事发生在我身上》（Converted to Rome: Why It Has Happened to Me），在其中写到：

> 在我看来，在欧洲史的当下阶段，最根本的问题不再介于天主教和新教之间，而是基督教和混乱之间……

我们今天看见，西方文化正在全方位地积极否定它自身所代表的一切。文明——我指的并非电影和罐头食品，甚至外科手术和卫生房屋，而是欧洲的整个道德和艺术组织——已经失去了存活下去的力量。西方文化通过基督教形成，没有基督教，它就没有要求忠诚的意义或力量。基督教信仰丧失了，于是对道德和社会标准的信心的丧失接踵而至，这些已经在一种物质主义的、机械化的状态中得到了具体的呈现……不可能……既接受文明的益处，又同时否认这种文明所基于的超自然根基。"这里陈述的是沃对基督教整体的看法。这也是沃后来一再重复的观点：基督教是欧洲文化之根，砍去根部的枝干必然枯萎。

接下来是伊夫林·沃对天主教的辩护："基督教最完整和有生命力的形式是罗马天主教。"因为"前后一致的、有持续性的"教导是"一个宗教实体的完整性和生命力的必要标志"。"另一个人们寻求的基本标志是足以胜任的组织和纪律。对上级的服从和习惯性地使个人特质服从于官方的要求，这似乎是一个真正的圣职的确定标志。"[10]天主教以其统一性和悠久的历史传统在沃眼中获得了权威性。他认同天主教的秩序和对生命的深刻关注，以之对抗他自己经历的、亲眼目睹的现代人无序、肤浅的生活。

---

8 格特鲁德·冯·勒·福特（Gerturd von le Fort），1876～1971，德国小说家、诗人。

9 西格丽德·温塞特（Sigrid Undset），1882－1949，挪威语小说家，1928 年诺贝尔文学奖获得者。

10 转引自 *Literary Converts*, 166～167.

　　伊夫林·沃为人常被认为势利眼，喜欢趋炎附势，生活奢侈而且极为挑剔、自我中心。他怀疑、拒绝现代社会的许多新鲜事物，甚至多年拒绝在家中使用无线电设备。但是沃的天主教信仰的真挚程度却是毋庸置疑的。这不仅表现为他许多公开的声明、文章，各种私下信件中，以及对教堂礼仪的履行，尤其值得注意的是，在他皈依之际，他以为只要前妻活着，自己将无法再婚，因为天主教认为婚礼是圣礼，即使在法律上已经解除的婚姻也具有同样的有效性。尽管沃非常渴望婚姻和亲密关系，但他直到皈依之后一段时间才意识到可以向罗马教廷申请废除他的第一次婚姻。终身不再有婚姻对于仅二十余岁的沃来说是一个非常惨淡的前景，但即使如此他还是选择了正式皈依天主教，并竭力按照天主教的程序要求行事，足见他皈依决心之巨。在申请提出三年之后，教廷宣告其第一次婚姻无效，沃再度结婚。

　　在《衰落》的结尾，沃借小说人物之口讲述了没有上帝的生活是什么样子的：人生就像一个轮盘，"你越接近轮盘的中心，转动的速度就越慢，你就越容易呆在那……大多数人只是喜欢爬上去，再被摔下去，再往上爬，觉得好玩。他们尖叫，咯咯地笑！还有一些人，像马格特那样，坐得尽可能靠中心近些，尽量坐稳，享受生活……人们不明白当他们说生活的时候他们有两层意思。他们可能指单纯的生活，生理上的成长和有机体的变化。他们逃脱不掉——即使死了也逃脱不掉，但因为这是不可避免的，他们认为生活的另一层意思也是不可避免的——往轮盘上爬，那种刺激和兴奋，那种冲撞，想往中间挤，而你真的到了中间，就像根本没有开始一样。很奇怪。"[11]轮盘是中世纪基督教常用的图像隐喻。在这种轮盘图像中，婴儿和老人处于轮盘的低点，而盛年时期的人处于最高点。轮盘是对每个人人生的比喻，象征着没有彼岸希望的人，生活不过是单调而无意义的循环。伊夫林·沃对轮盘的描写拓展了这个基督教常用的图像语言，但是在寓意上没有根本差异，而是延续了这一基本寓意，即人的生活是是单调的毫无意义的循环。

　　在《衰落》中，伊夫林·沃小说中一些具有特征性的因素已经初现端倪。比如反传统主人公形象，有些天真，有些软弱——这种主人公形象的好处是像儿童视角一样，因其被动和无知，比较容易成为一面反映社会光怪陆离现象的镜子。小说中保罗的姓是潘尼费色（Pennyfeather），由便士（penny）和羽毛（feather）组合而成，突出了他的无足轻重和无根漂浮状态。另一个具有

11　伊夫林·沃，《衰落》，第199~200页。

沃特色的便是他隐忍冷峻的讽刺笔调。与以弗吉尼亚·沃尔夫为代表的布鲁斯伯里集团不同，他极少采用主人公内聚焦的叙事角度，不太关注人物的情绪变化，而是将笔致用于表现人物的外在言行。在他不动声色的描绘中，形形色色的人物形象毫无逻辑的语言和行动铺陈于纸上。

《邪恶的躯体》是沃的第二部小说，也是第一次为他带来了商业上的成功的作品。它被认为和《了不起的盖茨比》一样，几乎总结并界定了一个时代。《邪恶的躯体》写到一半的时候正逢沃的婚姻出现危机，因此小说的后半部情节益发阴郁。在小说中，"妖艳的青年们"在焦虑不安的社会氛围中随波逐流，重复着喧嚣浮躁、无聊烦闷的生活。青年们相继死去，仿佛他们的出生就是为了等待死亡，就像轮盘图上画的一样。如《衰落》一样，无望的情绪围绕着小说的结局。

在沃看来，天主教的精神实质正从脱离天主教根基的英国社会中消散。他的早期创作将现代社会表现为一种脱离根基的精神空虚。但是 1944 年开始，他不仅用天主教来描绘现代社会的危机和问题，而且试图将天主教的视角和教义作为一种解决这些危机的解药。《旧地重游》（*Brideshead Revisited*，1945）就是这样一部作品。

在伊夫林·沃的代表作中，《旧地重游》是最具天主教特征的一部。作者在立意上设定了其天主教文学的特征，在小说的自序中，作者声明这部作品的主题是"天恩眷顾各种不同而又密切联系着的人物"；[12]在写作的时候，沃着急得到一本《布朗神父探案集》，因为他想到了切斯特顿的说法：像布朗神父一样，罗马天主教有一种独一无二的能力，可以对曾经属于它的人的灵魂产生遥远的控制，仿佛渔夫允许鱼儿存有在水中自由活动的幻想，但是仍然用钩子拉住它，在渔夫自己的时间表中，线上的一扯总会把鱼拉到岸上去。[13]

在中国的外国文学研究领域，具有明确宗教标签的作品往往位于国内学者视域的边缘。深受西方人文主义和学院精英传统的影响，我们往往自觉或不自觉地侧重西方文学史中更具精英人文主义特征的文学作品。因此，伊夫

---

12 伊夫林·沃，《旧地重游》，赵隆勷译，南京：译林出版社，2009，再版序言，第375 页。

13 切斯特顿，《布朗神父探案集》（上），第 57 页。语出《奇怪的脚步声》，布朗神父说"上帝让我也做渔夫，不过钓的不是鱼而是人。""我抓住了，不过用的是看不见的钩和线，线长得足以可使他浪迹天涯海角，但是我一抖动线即可把他拉回来。"

林・沃和格林等人具有明显宗教色彩的作品或者译介较晚，或译介之后也没有引起重视。这种偏好有可能使我们对英国当代文学的复杂性认识不足，难以构建真实而完整的文学图景。所幸最近十年左右，格林和沃的代表作都相继翻译成中文出版。

英国天主教小说往往具有较强的跨"界"特征，它们像通俗小说一样受欢迎，读者广泛，却无法归入一般意义上的通俗小说的类别，如侦探、言情、恐怖小说等，因为它探讨人生、罪性等严肃主题，因此有别于一般消遣性的类型化作品；所以它们往往在文学史上有一席之地，可以归入严肃文学，但同时，它们又和20世纪西方文学史上的"主流"作品有一定距离，因为天主教文学一般来说通俗易懂，不尝试颠覆现有的文学体裁模式，或是极端挑战读者的思考能力和文学接受能力，并没有出现一篇所谓现代文学流派中"划时代"的作品或者说代表一种新文学形式的作品。依据天主教小说的这种特征，面对伊夫林・沃这位具有鲜明文风的作家，笔者希望通过对伊夫林・沃的现代性的讨论，给予他，同时也是20世纪天主教小说在广义的文学（即包括通俗文学在内，比一般文学史范围更广的文学）格局中更清晰的定位。

20世纪的天主教小说的意义是什么？显然，在这个"世俗化"的世纪，宗教文学与社会的关系，和中世纪无论如何都不会一样。但是，仅仅因为小说问世的时间是20世纪，就认为它们是"现代"小说，具有当代价值，并不能说明它们的独特性。对这个问题的探讨和长期以来对伊夫林・沃的现代性的讨论很相似。关于伊夫林・沃是否现代的问题有两种截然相反的说法。有不少人认为，沃不现代，他的作品主题是传统的，叙事形式也是传统的，加上作者在日常生活、话里话外总是尽量渲染自己的好古癖，刻意将自己竖立成"反现代"的姿态，也使得人们容易得出伊夫林・沃的小说缺乏现代性的结论；与这种观点对立的代表学者是乔治・麦卡特尼，他在专著《伊夫林・沃与现代传统》(*Evelyn Waugh and the Modern Tradition*)[14]中从思想倾向、人物形象、艺术手法等几个角度，涉及沃各阶段的代表作，全面论证了伊夫林・沃的现代特征，该书首版于1987年，再版于2004年，较有影响力。笔者以为，麦卡特尼的论述澄清了一个问题，沃的作品虽然看似"传统"，但不等于他没

---

14 George McCartney, *Evelyn Waugh and the Modern Tradition*, New Jersey: Transaction Publishers, 2004.

有现代特征，因为"现代传统"或现代性不等于"现代主义"。作为一位 20
世纪英国作家，沃的主题、思想倾向、表现手法都与前现代、甚至 19 世纪有
明显区别。但是如果将"现代传统"等同于"现代主义"，尽管沃与伍尔夫几
乎同时在创作，两人的主要作品都于 20 年代到 40 年代之间问世，区别却很
大。沃自己曾不只一次明确表示对所谓现代主义文学不满，在他的作品中也
刻意使用与之截然有别的文学手法。因此，更好的方式不是将伊夫林认定为
一位"传统"作家，而是将他置于现代传统的大背景下，放在与现代主义竞
争、相抗衡的另一现代文学谱系，即天主教小说的传统中。

　　麦卡特尼没有特别考察沃的现代天主教特征，这是我们将要做的，即讨
论他如何在 20 世纪中叶书写一种"现代的"而非"现代主义的"天主教文学，
由于西方近代基督教地位的巨大变迁，这种叙事无疑拥有明显的时代烙印。

　　《故地重游》在 1945 年出版，此时距完稿已有一年多时间。小说中弥漫
着一个消逝中的文明的废墟感受与战后的悲观焦虑情绪，《时代周刊》依据这
部小说认为，沃是同时代小说家中无与伦比的文体作家。但是因为小说中表
达的政治和宗教立场，也遭到了一些反对。首先它被认为是政治不正确的，
因为它为一个正在迅速消逝的贵族生活方式的鸣唱了天鹅之歌，沃因此被认
为是一个反动作家。也有评论家批评了小说中的宗教维度，比如爱德蒙德·威
尔森（Edmund Wilson），沃的回复是："他发现上帝被放进了我的小说里，因
而十分愤慨（根据他的标准是很合法的态度）。我认为你只能通过让你的角色
彻底抽象来把上帝排除在外。"现代小说家们，沃继续说："尝试将整个人类
的心灵都表现出来，但是却忽略它的决定性的角色，既作为上帝的存在物，
具有一个确定的目标。在我以后的书中会有两件事使它们变得不受欢迎，对
风格的执着，以及尝试更完整地表现人，这对我来说只意味着一件事，就是
这个人和上帝的关系。"

　　《旧地重游》以倒叙的方式描写"我"（画家赖德）与一个没落中的天主
教侯爵家庭的种种纠葛。故事开场是二战后期，"我"在后方停滞、无序的军
队中度日，偶然驻扎在大学好友塞巴斯蒂安的故居——布莱登堡，这唤醒了
"我"一段历时十余年的回忆，这段回忆构成了小说的主体部分："我"与这
个天主教家庭中的小儿子塞巴斯蒂安有同性倾向的友谊，以及十年后与这个
家中的长女朱莉娅的婚外情，两者均无果而终，留下"我"（二战后期的当下）
在人去楼空的古老府邸中独自追忆。

伊夫林·沃在小说再版序中这样评价《旧地重游》给他带来的影响："它使我失去了我一度在同时代人中享有的重视，并把我引进一个收到大批书迷来信和受到报刊摄影记者包围的陌生世界。"[15]在这部小说中，沃前期创作中杰出的讽刺才能大为收敛，取而代之的是一股怀旧情绪，令许多对沃的讽刺艺术评价很高的批评者非常失望；但同时，这部小说也使沃在读者中名声大震，确立了他作为天主教作家的身份标签。

首先需要介绍这部小说的一些背景。天主教贵族家庭在英国中是一个有效的文化标签。自1529年英国实行宗教改革以来，除了玛丽女王在位的五年时间，英国的正统宗教信仰是英国国教。在被迫脱离教廷的三百年多中，英国的天主教徒主要由两群人构成。一是绵延不绝的爱尔兰移民，他们在英国社会中一般处于中下层，甚至主要属于下层，在文化方面的影响很小；二是英国贵族。由于改教期间英国政府对天主教徒课以重税，即使中等收入家庭也会因为沉重的税收负担在数年之内迅速破产，因此只有拥有大片采邑的天主教贵族才能生存下来。贵族属于知识和精英阶层，在无法接受梵蒂冈直接领导，没有系统的教阶体系和教会管理的情况下，在文化、财力、权势方面均占有优势的贵族很自然地成为英国天主教群体的领袖和旗帜。

在19世纪中期以前，天主教徒在经济、政治、教育等方面均受到十分严重的限制。时至今日，虽然各种禁令已然废除，但英国天主教徒始终是少数人的群体。但令人们惊讶的是，在20世纪，人数不多的英国天主教徒在文学上的影响力远胜新教，前者构成了绵延整个世纪的文学谱系，代表作家层出不穷，而后者是否存在都是一个问题。这说明虽然同为基督教的不同支派，天主教和新教在英国现代社会中扮演了十分不同的角色。一般来说，国教徒作为主流人群，秉持了新教的现世精神和理性色彩，具有比较突出的实用倾向，这也导致他们在思想和行为上"与时俱进"，对信仰淡漠乃至放弃，与现代社会合流，导致宗教身份不明；而天主教徒在层层重压下拒绝放弃天主教，在整整三个世纪被排斥在主流群体之外，使天主教徒的身份标识异常鲜明，被普通英国公众视为"不合时宜的他者"，与此同时，他们也形成了一系列具有自己独特特征的信仰和生活模式。

经济、政治、教育等一系列长期针对天主教的排斥政策，世世代代为信仰付出的巨大代价，使天主教徒非常关注保持自己的宗教身份，这同时使天

15 伊夫林·沃，《旧地重游》，再版序言，第375页。

主教徒与国教徒始终有着较深的隔阂，再加上英国贵族和平民的生活圈子原本难有交集，因此，在英国，一系列的标签，如"非理性的"或"神秘的"、爱尔兰（民族）或贵族（阶级）、"传统"乃至"中世纪"（时间）等等，时至20 世纪中叶仍然存留于主流人群对天主教徒的想象中。天主教贵族"不合时宜"的"中世纪式"的信仰，或者说傲慢的固执，已是民众的一种成见。伊夫林的这部小说在叙事策略上可以说充分迎合了这种民众"想象"。

小说以"我"——一位与这个家庭不同成员有深度接触的旁观者——的回忆的形式展开。"我"开始是一名牛津的学生，后来成为有名的画家，身份为白人上层男性，"我"对信仰始终采取一种不置可否的态度，这种身份和态度比较容易受到主流读者的认同。但同时，在"我"的眼中，这个家族魅力四射：俊美异常的塞巴斯蒂安和朱莉娅，富丽奢华的布莱登堡，以及他们相信的"我"始终难以理解的神秘信仰。不论是我的追忆、惊叹还是迷恋，都带着读者进入了一个令人憧憬的异己环境中。"我"的职业是画家，因此这部小说也是一位艺术家的独白，充满了情感和感性特征，为整部小说增添了绚丽而浪漫的色彩。无独有偶，格林在同时期另一部极受欢迎的天主教小说《恋情的终结》（ The End of the Affair，1951 ）中采用了完全相似的叙事策略："我"是一位没有宗教信仰的英国男性白人作家，与一位女性发生了婚外情，对她突然爆发的天主教信仰以及随后决然分手的行为，我始终无法理解或不愿接受；小说的主体部分同样是主角充满情感色彩的回忆。采取外位的身份叙述天主教徒的故事，使故事充满情感的，或者说非理性的色彩，证明是一种非常有效的叙事策略。

不少评论家批评《旧地重游》充分暴露了伊夫林·沃的"势利眼"，认为小说对这个古老的天主教贵族家庭的描写将他对贵族的羡艳暴露无遗。但是很显然，一味恭维古老的天主教贵族家庭，如果不依托于某种时代情绪，没能够满足读者的深层需求，不可能成为一部畅销书。何况这部小说问世时正逢二战末期，在纸张限制的情况下，竟能广受欢迎。

笔者以为，这就是小说的第二条叙事策略起到的决定性作用：怀旧。正是这一点把握住了时代的情绪。这个由画家追述的故事充满了艺术和感性的气氛。布莱登堡里画着古典神祇和英雄像的拱形天花板大厅，布置着青铜圣器的小教堂，索恩式图书室，中国式或庞贝式客厅，彩色壁纸和奇彭代尔的精工细雕的木器家具，挂着壁毯的大走廊，喷泉，葡萄酒窖，还有和塞巴斯蒂安一起度过的威尼斯假期——令人眼花缭乱。小说的辅助线索是主人公赖德逐渐走向绘画的职业生涯，因而其中穿插了不少作画的过程，他从布莱登堡开始描摹古老宅邸，最后发展成他的职业，在世界各地画即将消逝的古老府邸。侯爵之家的酒色财气，以及竭尽渲染的对已逝青春的喟叹，使小说缔造了一幅既绚烂又极易受到认同的旧日图景。通过这些，在二战末期写作与出版的《旧地重游》牢牢把握历经浩劫的英国人的情愫，与战争相比，战前的生活无疑如黄金般宝贵，美梦般易逝。一种时代精神般的伤逝感，使承受了无数轰炸的英国人的伤痛得以表达，并得到慰藉：在噩梦般的现状面前，"过去"呈现为一个带着光晕的美好世界。

"怀旧"描写"曾经美好的过去"，此时，过去被表现为一个封闭的整体世界，这个纷繁多变但具有某种统一性和完整性的世界，天然地带来审美的愉悦感。在这个意义上，《旧地重游》深植于浪漫主义的文学传统中，与现代主义形成鲜明的对比。在浪漫主义传统中，文学是抒情的工具，小说中不时闪现的青春挽歌，是浪漫主义美学兴起之后形成的主流读者群最熟悉的文学形式。相比较而言，现代主义往往反对缔造使读者忘记现实处境的梦境，而是不断催促读者反思对自身和现实世界，从而击碎这种梦境或幻象。与这样的诉求相应，英国现代主义文学常常将重点放置在瞬间或非常短的片段中，而不是长时段的完整故事，如《尤利西斯》、《到灯塔去》。因为对于"顿悟"而言，"当下"的认识和体验是最重要的，相对来说，"怀旧"或者"曾经美好的过去"却必须是一个完整的时空，因为关注延续的时空或者说有一定长度的人生经验才可能追问意义。

浪漫主义的文学传统在给其文本世界着色的同时，也输出一种相应的世界观：以抒情为主的生命感受，通过赋予人生经验完整性和美感，从而肯定生命的价值。但是如果读者在现实社会中缺少坚实的立足点，浪漫主义有可能蜕变为审美主义，将文本世界等同于真实世界，因为文本世界不具备开放性，所以无法帮助解决具有开放性的现实问题，过分沉湎其中可能导致与现实世界的格格不入，这也是浪漫主义发展的畸变之一。

与理性主义不同，浪漫主义肯定人生命中的非理性因素，比如情感、经验，并通过描绘这些共通的情感和经验建构读者的认同。在《旧地重游》中，作者将怀旧的审美经验和非理性的宗教实践融合在一起：小说的叙事不尝试合理化侯爵一家的天主教信仰，而是刻意将它表现得非理性，缺乏现实依据。

从表面上看，天主教信仰没有为这一家人带来任何好处，它未能使侯爵夫人免于自负和虚荣，她没能以正确的方式教育孩子，导致了年轻一代的悲剧；它也没能使塞巴斯蒂安停止酗酒，或是令朱莉娅拥有幸福的家庭生活。囿于特定的视角，作者刻意回避描写这些信徒内心的信仰体验——这本可以成为对天主教信仰的正面表达，以及证明信仰合理性的内在证据。相反，作者蓄意从他者的视角突出了这种信仰的"非理性"特征。因为在一般人眼中，英国天主教应该呈现为现代主导的"理性"、"实用"或"现实"逻辑的对立面；信仰生活看似穿插于现代社会之中，实质上游离其外，自成体系。这召唤普通读者暂时脱离自身的环境，带着一种猎奇心态阅读这部小说构筑的既切近又陌生的世界。因此，小说的叙事刻意突出了这种信仰的"非功利"色彩，在为天主教蒙上一层神秘的面纱的同时，也迎合了读者对天主教的想象。不过这种过分神秘的天主教信仰也可能在一定意义上缺乏现实根基。实质上，在这部小说中，"非理性"信仰更像一层表面，而浪漫主义的审美体验却是其本质。

需要留意的是，"我"带着几分唯美色彩的青春与激情的追忆，同时也融合了天主教的历史文化遗产。布莱登堡就是一个具体而微的巴洛克艺术殿堂，这一点唤醒并加强了读者对天主教极富历史意味的文化的印象。但直到目前的分析为止，沃更多利用的并非"当代"天主教的独特资源，在叙事上并没有脱离浪漫主义的窠臼。因此，我们现在还不能说沃是现代的。

浪漫主义作为理性主义的对立面出现，它有一项诉求却和理性主义相似，即都同样尝试探求个人的本真性伦理[16]，这种本真性伦理的发现建立在对个体经验的反思之上，现代主义文学延续了浪漫主义的此项诉求，比如《达洛卫夫人》结尾处女主人公对人生的顿悟就是这种发现的典范。因此，意识流小说试图建构读者心理世界的镜像，在叙事手法上表现为极端内聚焦。但伊夫林·沃却在本质上怀疑这种本真性伦理的"真实性"。在他的作品中，情节推进的动力并不是主人公的自我发现。现代主义寻求与社会相对分离的个体，因而极度关注人物的内心，而伊夫林·沃关心行为正确与否，他的小说的重

---

16 查尔斯·泰勒，《本真性伦理》，上海：上海三联书店，2012。本真性伦理的追求：人可以通过不断认识社会、他人和自我，尤其是自我反思，更接近人存在的真相，并使自己在一定程度上超越环境，这个伦理学属于中包含对人的肯定。泰勒对"本真性伦理"持赞成态度，笔者的立场接近泰勒，只是认为现代主义过于关注个体之"真"，需要与将个人感受等于"真"的极端个人主义区分开来。

点是描画外在言行，从他的第一部小说《衰落》(*Decline and Fall*，1928)，直到《荣誉之剑》三部曲，主人公都不十分突出，和意识流小说形成了非常鲜明的对比。沃在《衰落》中评价主人公道："保罗·潘尼费瑟根本当不成小说的主人公，他存在的意义只是把一连串的事件联结起来，而他的影子是这些事件的见证人。"[17]反英雄主人公游历于周遭令人惊异的各种荒唐人事中，在叙事手法上表现为主人公外聚焦，这种主人公形象和叙事手法比较接近传统的流浪汉小说。因此很多评论者认为沃真正继承了英国的讽刺小说传统，虽然沃否认自己写作的是讽刺文学，他的理由是"(讽刺)在稳定的社会状况中才能繁荣，它预设一致的道德标准……通过极度夸大貌似文雅的残忍和愚蠢，暴露它们的本质。讽刺制造羞愧感。在这个平民世纪，邪恶甚至不再说德行是好的，讽刺已经没有用武之地。"[18]沃的评论对论证他的小说是否是讽刺文学并没有太大帮助，但是在这里我们看到，对现代社会中道德标准的衰微，沃深以为忧。巴赫金在研究梅尼普讽刺体时曾指出：讽刺是一种双声语。在讽刺文学中，隐形叙事者往往不动声色地描写反常之事，使主人公的内心视角相对隐退，导致的效果是读者比较难深度认同主人公，从而使读者倾向认同约定俗成的常识。这种常识实质上是读者已经内在化的一些观念。沃非常擅长通过文本的各种不连贯，如言行的反差，前后逻辑的不一致等唤醒读者内在的这些观念。

沃在小说中采用的手法与巴赫金的这一观点非常接近。在讽刺小说的双声语中，一种声音是主人公眼中的他人言行"表象"(往往不追究背后动机)，另一种声音是隐匿于读者心中的常识。相对于现代主义文学，沃的小说更关注的不是本真性伦理中的"真"，而是作为公众良知的善，即道德常识(或者用沃的话说"一致的道德标准")的声音。真可以是一种认识，但善仅仅在人际关系间存在。个体是否能够寻求到与他者无关的自我真相？如果忽视社会的统一道德标准，个体依据什么评价自己？正是在这个意义上，沃始终质疑伍尔夫与乔伊斯等现代主义小说中的极度精英意识和唯我主义倾向。

因此，在这部小说中，不是富丽堂皇的古老城堡，也不是陈词滥调的青春追忆，是伊夫林·沃对伦理的一贯重视为《旧地重游》的情节奠定了最终的现实基础。这是这部小说的叙事策略之三，讲述一个"衰落"的故事。尽

---

17 伊夫林·沃，《衰落》，第 118 页。

18 "Fan-Fare," life, 8 April 1946, collected in *The Essays, Articles, and Reviews of Evelyn Waugh*, ed. Donat Gallagher Methuen, London: Little Brown & Co, 1984, 304.

管讽刺的力度远远不及沃的其他小说，但小说仍然清晰地显示，侯爵一家的衰落是因为他们刻板、浮华，远离普通人的义务和责任，和现代社会脱节。在这个意义上，小说中与贵族之家式微同步消逝的青春，也隐喻了所有生命美好体验消亡的必然性，因为人本质上的德性缺陷，使之无法阻挡衰亡的来临。但在这里就出现了一个问题，讲述一个天主教家庭"衰落"的故事，如何体现"天恩眷顾各种不同而又密切联系着的人物"的主题？有趣的是，写作"反圣徒"，却是20世纪欧美天主教小说最主要的叙事策略。

第三章　新"圣徒"故事

　　在天主教中，圣徒扮演着非常重要的角色。美国学者兼神父安德鲁·格瑞雷说："天主教想象陶醉于作为节日的故事和作为故事的节日之中。教堂，不论大小，并非是天主之爱的故事在时间、空间中具体讲述之所。但却是故事的宝藏贮存和流溢之处。"[1]这些故事，一大部分就由圣徒故事构成。圣徒传可谓天主教徒最熟悉的故事（耶稣的故事之外）。在近代西方文学的发展过程中，圣徒文学的影响很大，许多非宗教文学明显有圣徒传的痕迹，如《十日谈》中的一些小故事，可以看作是反圣徒传（如第一天的第一个故事"歹徒升天"），或者"世俗"圣徒传（如第十天的第十个故事"贤达的克丽雪达"）。

　　但是，在当代，传统圣徒传出现了严重的危机。圣徒传的问题是程式化，圣徒的言行处处显出神性的标志，生平故事充满神话因素，圣徒从纯洁走向圣洁，似乎永远不会失败或犯错。在20世纪，天主教的圣徒传统依据深入人心，但同时，在这个世纪，人们对人性的看法因为现代心理学、存在主义等非理性思潮的影响，已经有了重大改变，所以苍白而刻板的圣徒形象显得越来越缺乏真实性。与此同时，20世纪一些最重要的天主教作家纷纷在作品中缔造"负面"主人公，他们的写作可以称之为"反圣徒传"，普普通通的有缺陷的平信徒或神父替代了天主教的传统主流文学叙述。如获得诺贝尔文学奖的温塞特（挪威）的《劳伦斯之女克里斯汀》；莫里亚克（法）的《腹蛇结》；贝尔纳诺斯（法）的《乡村教士日记》；格林的《权力与荣耀》和《恋情的终结》，以及尼诺·里奇（加）的《圣徒传》等等。《蝮蛇结》的主人公是一个

1　*The Catholic Imagination*, Andrew Greeley, London: University of California Press, 2000, 52.

极度自尊又自卑的嗜金者，《黛莱丝·台斯盖鲁》的同名女主人公是投毒犯；《乡村教士日记》记叙了一位从娘胎里便酒精中毒的教士；此外还有美国小说家拉尔夫·麦金托什的罪案小说；南方女作家弗兰纳瑞·奥康纳对道德和外形畸形的人物的偏好……暴力、犯罪、婚外情，替代了千篇一律的圣徒传，几乎构成了20世纪最为人们所知的"天主教文学"。

比如，为格林带来"天主教作家"盛名的《权力与荣耀》中明确包含着圣徒传和反圣徒传。小说的主线讲述墨西哥宗教迫害时期的一位酗酒神父，其间穿插了一位笃信天主教的母亲为孩子们诵读圣徒传的支线情节。

> "'小胡安[2]，'母亲读道，'从很小的时候起就是个恭顺、虔敬的好孩子，……总是尊奉基督教的训诫，一边脸挨了打还把另一边脸也递过去。……'"

这位小圣徒的完美形象令听众之一——家里的小男孩极不耐烦，打起了哈欠。他的厌倦和反感来自这位殉教的胡安与身边见过的神父的差距：在宗教迫害中叛教结婚的何塞神父，"身上有一股味儿"的威士忌神父。[3]这些完美的殉道者和真实的神父距离太远了，显得极不真实，因此，他说：

> "这些话我一个字也不信，'男孩子气呼呼地说，'没有一句是真的。'"因为"没有这样的傻瓜。""那个叫胡安的人，……他的事太不近情理了。"这个男孩崇拜迫害天主教的墨西哥政府军，崇拜手里握着象征力量的枪的警察。[4]

在圣徒传中，胡安在殉难前夜"跪着祈祷……态度安详，甚至显得有些高兴。看见警察局长一行，他笑着问，是不是带他去赴宴。"这种态度甚至感动了"迫害过不少无辜人民"的警察局长……枪决后他的脸上挂着"幸福笑容"。[5]

"威士忌神父"在临刑前一天则在思考："过去艰苦无望的八年他觉得只是他履行神职的一种讽刺。他只送了几次圣体，听过几次告解，却永远给人树立了一个很坏的榜样。……人们为他而死，他们值得一位圣人。为什么天主就没有想到给他们派来一位圣人？……他的脑子浮现出那些把他抛弃了的圣人的一张张冷漠的脸。""过不了多久，他自己也不会有谁还记得了，……

2　胡安是当代墨西哥宗教迫害中的殉道者之一。
3　格雷厄姆·格林，《荣耀与权力》，第33～35页。
4　同上，第70～74页。
5　同上，第323～327页。

他一事无成，只能空着手去见天主。"[6] 他的心中充满了悔恨，毫无平安幸福可言。

临刑时，"威士忌神父""双臂突然抽动了几下。他想说一句什么。临死前人们习惯会喊一句什么话？但也许他的嘴太干，发不出声音来了。他含混不清地似乎只说了一个词，听去像是'原谅'。"虽然到了小男孩的母亲嘴里又成了另一幅圣徒景象，在这位神父殉道后，天主教徒又开始传颂关于他的"英勇事迹"：

> "'他喊没喊"基督王万岁"？'男孩子问。
>
> '喊了。他是个信仰坚定的英雄。'"

但正是这个一身酒味的神父的殉道，使小男孩感受到了一种英雄主义，并开始厌恶诉诸暴力的政府军，他的宗教信仰就此建立起来，在小说的结尾，他热诚地亲吻了下一位偷渡到迫害之地的神父。

正像《天主教想象》一书中所说，天主教"为烛光、圣徒像、念珠串所围绕"，圣徒故事是天主教信仰非常重要的组成部分，他们是神圣教会的见证者。今天的天主教和《权力与荣耀》中的母亲一样，仍然依赖圣徒故事教导会众。但天主教作家却普遍感受到圣徒传的虚伪和危害。传统圣徒传距离人们的真实生活经历如此遥远，以致浅薄的信众只能单纯地崇拜圣徒和圣徒代表的教会，无法将这种超凡脱俗的信仰与自己的生活实践结合。将善与恶的斗争简单化，使他们很容易陷入程式化的自我标签，而对生活体验缺乏洞察和反思能力。格林的"威士忌神父"软弱却真实，感人肺腑。和格林一样，沃的小说以攻击当代所谓"敬虔者"出名，几乎先天地质疑所谓体面和天真。近观《故地重游》中的马奇梅因侯爵一家，实在乏善可陈。小说细细描述了这一家人几乎无法阻挡的堕落过程：侯爵大半生抛妻弃子，与情妇在威尼斯享乐；侯爵夫人出生天主教世家，独自抚养四个孩子长大，但她刻板、虚荣的抚养模式却毁掉了孩子们；长子想当神父的愿望被扼杀，生命力也为之夭折，只知墨守贵族和宗教的成规，为人冷漠之至；长女朱莉娅误嫁政治掮客，与赖德陷入婚外情，但最终为了宗教信仰放弃了在尘世追求幸福的希望；幼子塞巴斯蒂安是同性恋和无可救药的酒鬼；幼女科蒂莉娅做了修女，年纪轻轻就丧失了青春活力……

在《旧地重游》中赖德和成为了修女的科蒂莉娅这样谈起了侯爵夫人：

6　同上，第308~310页。

　　"'你并不喜欢她。我有时觉得，当人们要恨上帝的时候，就恨妈妈。'

　　'你这话是什么意思，科迪莉娅？'

　　'喏，你看，她像圣徒一样，可是她并不是圣徒。谁也不能真的恨一个圣徒，能够吗？他们也不能真的恨上帝。当他们想要恨他和他的圣徒的时候，他们就不得不找到和他相似的东西，假托这就是上帝，然后加以仇恨。……'" 7

在小说中，马奇梅因夫人终身以体面、敬虔的天主教徒自居，这种模仿圣徒的、自以为是的信仰与侯爵放荡的行为合力毁了他们孩子的生活。

　　在大学课堂中，20 世纪西方文学被描写为一部着力挖掘人的非理性侧面的文本历史，或者说，在这里，对非理性的表达本身构成了西方现代文学存在的合理性，而天主教小说，或者说反圣徒传书写同样反启蒙式的理性，反英雄主人公，深度关注日常生活中无处不在的罪性，这与非理性探求趋同，使之在一定程度上能够融入由所谓严肃文学组成的文学史中。但是，这二者对人的缺陷的关注重点非常不同，相比较而言，现代主义文学论证人的非理性，因此专注于描述现象，偏重提供人内心的镜像，回旋于感性、纷陈的心理表层，将善恶评价的根基的问题一再延后。天主教小说则探究这种非理性的源头，同时依据一些"古老的"道德律令对它们评头论足。他们首先批评的对象是天主教徒，这种严苛地判定对错的态度，不依不饶地追究善恶，是天主教关注普通人生活的方式。对于普通读者来说，现代主义构成认识上的挑战，期待他们突破日常生活的幻象，而天主教小说则将他们带回熟悉的日常生活里，在这个领域，伦理，或者说关于善恶对错无处不在，而且这些作家在指出问题的同时暗示着答案。在某种意义上，可以说现代主义文学具有较强的反思性，较具精英色彩，而天主教小说则相对平民化，因为它的主题贴近人们的日常问题，毕竟普通人更直接面对的不是认识问题，而是现实抉择。因为天主教小说关注的重点不在于更新认知，所以它在形式上对读者的挑战比较小。但另一方面，背后潜伏的价值观的系统性，使它在一定程度上能够作为非主流或者说有一定异质性的声音，在文学格局中在场。这种价值观不仅表现在对伦理的关注上，而且表现在揭示道德缺陷及其根源的同时，天主教小说总是尝试隐约地指向"天恩"。

7　伊夫林·沃，《旧地重游》，第 237～238 页。

依据沃的用意，尽管马奇梅因侯爵一家自身的行为乏善可陈，但是所谓"天恩"也就是在此处显现。上帝的恩典不因人性的堕落和罪恶而拒绝降临在人的身上，因为这种恩典是异质的，不与人性挂钩。换句话说，正是罪性才显出了恩典，因为不是信徒的好行为赚得的。这种信仰逻辑在这部小说中因为堕落的人们多多少少得以"善终"得到一定表达：朱莉娅和妹妹一道投身服务他人的事业，马奇梅因侯爵回到家中接受了临终傅油，塞巴斯蒂安勉强寄身于修道院……但是，另一位以描写暴力著名的美国天主教作家弗兰纳瑞·奥康纳的小说，却更干脆利落地在文本中表现出堕落的人与"天恩"之间的断裂。她解释道："在任何时代，试图描写人与上帝相遇的小说家都会面临一个问题：如何使读者理解、相信这种既自然又超自然的经验。今天，这个难题几乎无法逾越。因为今天读者的宗教情感，即使没有萎缩，也是滥情。"[8]既然读者是冷漠的，甚至连信徒的宗教情感都已经萎缩或变质，在公共语言中，语言指向天主的途径已经折断，文学难以再次成为赤裸裸的"我的告白"（忏悔录的另一种译法），因此只能生成隐形的"辩护"。天主必须在文本中隐匿，因为世人否认他。于是在许多天主教小说中，对上帝恩典的叙事如草蛇灰线，若隐若现，但却承载着作者强烈的寄寓。

伊夫林·沃在一封写给乔治·奥威尔的信中说，他非常喜欢《1984》，但是"我认为你的形而上学是错误的。"他认为男主人公温斯顿·史密斯否认了灵魂的现实性，事实上是预先向其统治政府的非人性思想投降。[9]在小说的结尾处，温斯顿在面对最恐惧之物"老鼠"时在人性上的妥协，使《1984》的世界显得绝望无比，这事实上是该小说对人性的放弃这一预设的必然逻辑结果。但是沃认为，《1984》中对人性阴暗的预设，并非是人全部的真实面貌，因为"人是不会投降的，会战斗到底。"这就是沃所谓灵魂的现实性。即使出卖了最亲密的爱人，暴露了人性最丑陋的部分，如果是一部具有天主教关怀的小说，这恰好是主人公获得新生的机会，因为他直面了人性无可否认的弱点和人类的渺小，他还可以忏悔，这也是走向绝对他者的开端。《1984》中"老大哥"不过是企图扮演上帝角色的赝品，只要人是有灵性的，自由就始终是人心无法磨灭的渴望，"老大哥"就无法彻底实施其精神统治。在天主教信仰

---

8 *Mystery and Manners: Occasional Prose*, Flannery O'Connor, selected & edited by Sally and Robert Fitzgerald, New York: Rarrar, Straus & Giroux, 1979, 161.

9 Evelyn Waugh, *The Letter of Evelyn Waugh*, ed. Mark Amory, New York: Tichknor &Fields, 1980, 302.

看来，虽然人是堕落的，但人身上总有一个部分，任何其他现实的人都无法支配；上帝并不支配，因为是他赐下了自由的意志。

在莫里亚克的代表作《蝮蛇结》的结尾处，心怀怨恨度过一生的孤独老人最终也窥见了"天恩"："我不知道是什么东西或是什么人让我变得超脱……是什么力量在牵引着我？是一股盲目的力量？是一种爱？可能是一种爱……"[10] 莫里亚克的另一部代表作《黛莱丝·德克罗》的开头也提及了圣徒的问题，显然，圣徒传的影响和颠覆传统圣徒模式的天主教徒形象的问题一直萦绕在莫里亚克的笔尖：

> "我居然能臆想出一个比我其他作品中的主人公都更丑恶的人物，许多人都会对此感到惊讶，难道我曾经对那些德行昭著、善良高尚的人谈过些什么吗？那些'善良高尚'的人，故事并不生动，而我对那些感情深蕴并糅合在污秽的躯壳里的人的故事，却是异常熟悉。
>
> 黛莱丝，我真愿你伴着痛苦去见上帝。我也曾久久地希望你配得上圣女洛居斯特[11]的芳名。可是有些人会叫嚷道这是亵渎神明，虽说他们自己是相信灵魂的堕落和赎救劫难中的灵魂的。"[12]

和莫里亚克相似，沃的创作不遗余力地揭露所谓体面的天主教徒，戳穿信徒虚假的自我想象，为的是探寻救赎的可能途径。格林的另一部天主教小说《恋情的终结》被批评为"通奸走向成圣之路"，因为小说塑造了一位楚楚动人的通奸者，她去世之后竟然发生了两件符合天主教封圣条件的神迹。如果说圣徒是纯洁、神圣的，从不怀疑，永远胜利，是完美天主教徒乃至完美人性的代表，那么，在 20 世纪天主教小说中，主人公（不论信徒还是神父）是罪恶、堕落的，始终挣扎不已，几乎注定是失败者，但却回应了更真实的人性经验和信仰体验。

天主教作品不约而同地书写堕落，颠覆传统的圣徒传，首先因为这是在非信仰环境中的叙事策略：就像奥康纳说的，在怀疑的年代，天主教小说家必须思考，如何在一群不相信超自然存在的人面前讲述上帝。但另一方面，所谓信徒也不过是在信与不信中彷徨的人，对于信徒来讲，在自己的生命中

---

10 莫里亚克，《蝮蛇结》，王晓郡译，重庆：重庆出版社，1987，第 104 页。

11 据说洛居斯特曾在暴君尼禄的食物中下毒。

12 莫里亚克，《黛莱丝·德克罗》，周国强译，南京：江苏人民出版社，1981，第 2 页。

触及天主，是一生的追寻，所以，当天主教文学借助伦理的维度，而不是像中世纪那样以超自然存在为想当然的方式，切入对信仰的探讨，它是尝试在人的生命体验中找到超自然的链接点：以罪为信仰在个人生命中的起点，结论会自然地导向只有在人性中引入灵性的空间才能获得平衡和更健全的发展。不同的哲学诉求使天主教文学和非天主教文学明显有别。因为天主教文学的最终目的不是在文本中建立审美共同体，总是指向自身文本之外，指向终极。教皇格里高利曾经为圣像画辩护，说它是"穷人的圣经"，同样，今天，天主教文学在某种意义上是"怀疑者的圣经"。由于承载了这种独特的教化功能，天主教文学在主题、叙事上才产生了一系列具有相当辨识度的特征。

从重视教化功能这一点来说，天主教文学与许多现代文学的诉求显然有相当区别。这也在一定程度上导致我们无法仅仅采用主流的文学批评方法处理这种特殊的文学类比。法国文论家托多洛夫在《个体在艺术中的诞生》一书中这样讨论近代西方绘画艺术："人们可以倾向于接受中世纪那种使可见事物受制于心智的观点，也可以像许多现代阐释者那样，只停留在画面表层，而不关心其寓意，抑或像众多现代画家那样拒绝表现本身。不过，人们也可以接受这种（即15、16世纪的西方绘画——笔者注）对世界的赞美和对绘画表现艺术中固有的个体表现的赞美，并从中品味作品的思想。"[13]批评方法在一定程度上需要和批评对象匹配，才可能最大限度发掘文本的价值，对于天主教文学，完全忽视它开启的灵性维度恐怕不仅会导致难以正确理解它，而且会使我们难以评价其优劣。下面的结论或许令人诧异，但在笔者看来却是实情，即许多宗教文学写得不好，不是出于其他原因，而是因为在神学上落后，换句话说，小说的思考是否跟上了当代复杂的信仰认知，小说的探寻到达了神学探寻的深度？"反圣徒"的出现，说明了基督教信仰在当代一个重大变革。与新教相比，天主教向来更注重传统和权威，倾向于从正面（不论理性、圣徒还是教会）证明信仰，但是天主教作家笔下反圣徒传普遍出现，却说明信徒的个人经验在信仰中正在起到越来越重要的作用，因而可能挑战外在威权式的传统。我们或许还记得，在但丁的《神曲》中，最活灵活现的人物形象总是待在地狱里，他们是不可救赎的罪人，但充满了个性，有丰沛的情感和个人理想。不论炼狱多么有益于道德，天堂多么美轮美奂，但丁未

---

13 茨维坦·托多洛夫、罗贝尔·勒格罗、贝尔纳·福克鲁尔，《个体在艺术中的诞生》，鲁京明译，北京：中国人民大学出版社，2007，第22～23页。

能避免其中人物的刻板、模式化，读者或许对这些处所心生向往，却不见得亲近那些没有自己喜乐哀愁的"一张张冷漠的脸"。但"反圣徒传"或许会一劳永逸地改变这种状况。

有必要指出的是，在一战到二战之间的天主教文学，其实并非没有相对传统的圣徒形象，其中塑造最成功的，要数布鲁斯·马歇尔（Bruce Marshall，1899～1987）的《世界、肉身与史密斯神父》（*The World, the Flesh, and Father Smith*，1944），又名《一切荣耀尽在其中》（*All Glorious Within*）。布鲁斯·马歇尔是一位苏格兰小说家，1919年受洗归入天主教。他的大多数小说都与宗教，尤其是天主教信仰相关，几部小说的主人公就是神职人员。如他第一部引起广泛注意的小说《马拉奇神父的神迹》（*Father Malachy's Miracle*，1931），《希拉里神父的假期》（*Father Hilary's Holiday*，1965），《主教》（*The Bishop*，1970）等。他笔下常常出现传统、谦卑的苏格兰神父形象，史密斯神父是其中具有代表性的一位。史密斯神父生活在20世纪上半叶的苏格兰教区。小说以他的个人服侍为核心描写了他从1903年至二战期间的生活与神职服侍。小说的开始史密斯还很年轻，因而受命成为一战的随军神父，战后他回去供职，直至二战，在敌机的轰炸中去世。与格林笔下的"威士忌神父"截然相反，史密斯神父的灵性经历道路简朴单纯，不论环境如何，他从没有过分激烈的个人面对人的罪性的挣扎，各种现实的困境（大多来自信徒的生活）会触动他，却从未冲击他坚定的信仰本身。但是史密斯神父这一形象如同古老的圣徒故事的现代翻版，令人景仰，但是最大的问题是，他活在天主教的旧传统之中，而对于脱离史密斯神父的生活背景的读者而言，很难与该形象感同身受，这样一种质朴、单纯的信仰在20世纪的中叶，仿佛是书中的童话，无法转换为现实生活。

第四章 "天主教范儿"：建构与突围

　　20 世纪英国主教文学无疑存在着一系列易于识别的特征，在《忠信的小说：英国文学中的天主教小说》中，托马斯·伍德曼用了整整一章"天主教'差异性'"(the Catholic 'difference')来探讨这个问题，该章下设两个小节"陌生的土地"(This alien land)和"天主教范儿"(Catholic chic)。在其中，伍德曼没有总结它们的特征，而是描述了一系列作家。笔者以为，所谓天主教范儿，指天主教文学中一些模式化的内容、情节或人物形象，这些内容、情节或人物形象在 20 世纪英国天主教小说中反复出现，因其离奇（或者说与一般人的选择有很大差异）而具有某种耸动效果。比如《故地重游》中茱莉亚为了不违反教会的规定，突然放弃了幸福美满的再婚前景；又如《恋情的终结》中萨拉束缚于对上帝的承诺，放弃了爱情。两位女主人公突如其来、无法预测，似乎完全非理性，同时又是完全自主的牺牲式选择，使天主教信仰呈现出谜一般的特征，即显得吊诡，又富于吸引力。又如，执着于罪恶和罪人的主题，以此布置情节、设立人物；以及对现代社会主导的唯物主义的隐形批判等。

　　这些构成"天主教'差异'"的"范儿"在大多数小说家的笔下时隐时现，实际上是一种围绕天主教信仰而生的亚文化的表现。在安东尼娅·怀特的小说《五月寒霜》(Frost in May, 1933)中，这种亚文化得到了前所未有的表现，以其相对于主流文化的异质性，较为深入地表现了天主教会的特点与矛盾。

　　安东尼娅·怀特，原名艾琳·柏廷(Eirine Botting, 1899~1980)，出生于国教家庭，她的父亲克里斯丁·柏廷(Christine Botting)是一位古典学教师，在 35 岁改宗天主教，时年 7 岁的怀特也随同改宗。克里斯丁热心新信仰，而且极为重视独生女儿的教育，便将她送入天主教女修道院接受教育。修道院中的女同学绝大多数出身于天主教世家（部分来自欧洲其他国家）和上流社会，艾琳·柏廷一方面努力接受修道院的传统天主教女生教育，另一方面作为一名平民改宗者，她也在身份、地位和家庭传统方面有强烈的不适感。在15岁的时候，她尝试写作一部小说，设想最后大多数角色都奇迹般改宗天主教，并将它作为送给父亲的礼物，可是在小说尚未完成，正在描写这些角色的世俗罪恶生活时就被修女发现，无论修道院还是她的父亲都完全无法接受这部未完成之作的现有内容，她被赶出了修道院，从此出现了严重的写作障碍。直到约20年后，她的父亲去世，她才开始重新写作小说，她的成名作，也是她最重要和具有代表性的作品《五月寒霜》就在修道院的这一段生活为素材。当年幼的南达（Nanda）进入修院时，她和父亲一样怀着强烈的皈依之初的热忱，愿意全盘接受在他们看来是最好的教育。修女们用培养修女的方式来教导女学生们，一边用崇高的道德理想鼓励她们达到各种标准，一边又责备达到标准的学生太过骄傲；为了让她们成为克己奉献、毫无私欲的人，不允许她们缔结友谊或者施展自己的真实天赋和才华；为了使女学生纯净敬虔，严密监视学生的言行举止和精神状态，蓄意折服学生的个人意愿，不仅不允许她们阅读任何非天主教的书籍，而且也不允许她们有任何非天主教的思想；为她们立下形形色色的规定，甚至包括睡觉的姿势……这种纠察精神和行为的每一个细节的信仰培育方式，最终走向了灵修道路的反面。

此处有必要简要介绍梵二改革之前的天主教修道院。天主教具有深厚的灵修传统，从早期教会的沙漠教父时期起，就开始建立一种系统的修道院模式，创始者为圣本笃。他建立的本笃修会是对沙漠灵修经验的继承、总结和发展，最重要的发展之一是，他将荒野中纯自发、依赖个人灵性的苦修，转化成一种可以规模化的具有彼此制约机制，可复制的集体修道。中世纪是修道院模式发展的高潮。各种各样的修道院纷纷建立，除去一些相同的基本条件，如必须发三愿：贞洁、守贫、顺服，各自有不同的使命和特点。比如，圣弗朗西斯建立的小弟兄会，特征为托钵僧，行乞传福音；耶稣会建立之始以规劝新教徒回归天主教为目标；多米尼克修会则注重专研学问。但是不论哪个修会，灵性的修习都是不可或缺的重要组成部分。因为修会任何目标的实现，都以修士或修女们内在生命与三位一体的上帝的链接为前提条件。从古代、中世纪直到现代，天主教拥有众多灵修大师，并留下了许多灵修文学名著，如奥古斯丁的《忏悔录》、圣波纳文图拉的《心向上帝的旅程》、大德兰（又名圣特雷莎）的《七宝楼台》、十字架的约翰的《灵歌》、托马斯·肯培的《效法基督》、小德兰的《上帝的一朵小白花》（中译名《灵心小史》）、托马斯·默顿的《七重山》等等。这些作品在各种修道院中流传，是修士修女们最重要的读物。这些圣徒的榜样，以及他们的著作所树立的标杆自然就是怀特的老师，修女们效法的对象。灵修是一种活泼的心路历程，它是指信徒在一定的向导下，即以三位一体的天主为核心、路径和方向，走向成圣的过程。每位灵修者都经由既个人性化又具有共性的途径。事实上，历史上每位灵修大师都各不相同，极具个人特色。所以伟大的灵修神学和文学都具有很强的人文主义特征。因此当《忏悔录》等作品中描述的个人化的非常鲜活的心灵轨迹被当时固定模式加以效法的时候，就不可避免地走向极端和僵化。修女们极端强调克制自身，禁戒一切私欲乃至个人愿望的修道模式无疑对天主教灵修传统一种刻板的模仿，并企图依靠外力彻底否定任何灵修者的个体性的"灵修"方式，这不仅不可能达到目的，反而有可能引发个人意志的极端反弹，而在怀特的例子中就是如此。

艾琳共写作了四部小说，大致前后相续，讲述了女主人公——在第一部小说《五月寒霜》中是南达，在后三部《迷失的旅者》（ The Lost Traveller，1950 ）、《糖果屋》（ The Sugar House，1952 ）、《穿越镜子》（ Beyond the Glass，1954 ）中更名为克拉拉（ Clara ）。《迷失的旅者》描写离开修道院后，克拉拉在家中与父亲、母亲和祖母生活至 20 岁，然后离家谋生。《糖果屋》则是 21 岁的克拉拉尝试在剧院和广告界工作，在经历了一次失败的恋情之后，嫁给世袭天主教徒阿尔奇（ Archie ），但二人仅三个月的婚姻事实上只是名义上的，克拉拉终于决定以婚姻从未真正完成为理由，向教会提交离婚申请。《超越镜子》记录克拉拉回到父母家中，起初挣扎在痛苦的离婚申请过程中，不久与军人斯蒂芬陷入恋情，但好景不长，她爆发了一场持续一年的精神疾病，被送进公立精神病院接受治疗。待她痊愈回家，发现物是人非，斯蒂芬已经皈依了天主教，并与旧情人——也是一名天主教徒结婚了。四部小说全部以怀特的自身经历为素材，只有一些时间、人物和故事的细节稍有出入之。

但《五月寒霜》始终是怀特最受关注的作品。就表现形式而言，它未必有后来的三部小说成熟。但是人们一般公认《五月寒霜》是怀特的代表作。它之所以无法为作者后来的作品超越，最主要的原因是它独特的内容：不论此前还是此后，这是英国小说史上唯一一部完整表现了女修道院对少女的教育的小说。这一鲜为人知的内容，经怀特之手，第一次曝光在世人眼光中。在 20 世纪上半叶，这样极端、保守，同时又不无魅力的教育模式，无疑令读者同时感到新奇和惊诧。英国天主教小说一向以天主教徒与众不同（乃至有些怪异）的价值观、世界观、行为方式、思考模式，或者说某种"天主教范儿"吸引着读者，而怀特的代表作《五月寒霜》恐怕是最淋漓尽致地展现了这一点的作品。

需要留意的是，怀特在小说中刻意修改了克拉拉的信仰状况。由于修道院写作事件的打击，怀特本人不久就放弃了信仰，在《五月寒霜》出版 7 年之后才重归天主教。在这 15 年期间，她走得是一条对天主教而言离经叛道的路——试图当演员，而且结了三次婚。也就是说，具有浓厚天主教色彩的《五月寒霜》是在她放弃天主教信仰期间写成的，而另外三部作品虽然是重归天主教期间写成的，故事原型发生的时间也是怀特丧失信仰的时候。总体而言，这四部小说在面对天主教时都表现出一种复杂的态度。

一方面，怀特深受天主教信仰的影响，即使在选择离开教会的时候也是如此。另一方面，她在面对和教会的关系时长期挣扎，即使在重归信仰之后，一些信仰问题也没有得到最终解决。这些纠结的内心冲突在她的书信集《猎犬与鹰隼：重归天主教信仰的故事》（ *The Hound and the Falcon: The Story of a Reconversion to Catholic Faith*，1965）[1]中表露无疑。

1　该书信集为安东尼娅·怀特写给一位年长她 20 来岁的天主教徒、前见习修士彼得（非真名，而是安东尼娅按其意愿对他的称呼）的书信。彼得出生于天主教家庭，曾经进入耶稣会成为见习修士，在被确认没有天主的呼召后离开，结婚并且成为一名成功的职业人生。他约有 30 年时间放弃了天主教信仰，但与怀特通信时已经重归教会，并希望能够帮助其他有类似经历的人重获信仰。在阅读了《五月寒霜》之后，他在 1940 年秋天给怀特写了第一封信，二人在接下来的一年中开始了密集的通信。怀特在此期间重归天主教，她写给彼得的信中前所未有地揭示了她关于天主教和信仰的一系列看法。两人一生从未谋面。怀特的书信记述了她回归天主教的过程。在刚刚与彼得开始通信时她对信仰的态度仍处于挣扎与困惑之中。当年圣诞节前她突然去天主教堂，遇见了一位开明而单纯的神父，对方认为她无需签署一系列文件，使她重归教会的途径在技术上变得简单可行。她阅读的书籍，与彼得的通信，使她初回教会生活的重重疑虑也渐渐打消。对于怀特来说，这些书信是天主对她的"追捕"的证明。她刻意为这部书信集取名《猎犬与鹰隼》，正是使用了英国天主教诗人汤普森的著名典故，表达从前令她感到恐惧的天主的追捕，在她重归教会之后，却有甜蜜之感。

除了极少数例外，如贝洛克，绝大多数 20 世纪英国天主教作家都是成年之后的皈依者，在小说创作的领域中更是如此。相对他们而言，安东尼娅·怀特更为特殊。她不是"摇篮天主教徒"，但是在 7 岁时随同父亲皈依，使她有机会在女修道院中接受切斯特顿、伊夫林·沃或者格林根本没有实质性接触的传统天主教教育（尤其是针对女性的部分）。在接受教育过程中的巨大挫折，即 15 岁时被认为写作诲淫海盗的作品而被赶出修道院，使她一生对天主教都处于矛盾态度之中。一方面，浸淫其中的经历使她深刻体验到了传统天主教的魅力，尤其是梵二会议之前天主教强烈的反世俗和神秘倾向；另一方面，这种教育中的偏执、反理性，甚至势利（修女们对改宗者和家庭条件并不优越的女孩明显态度较差），又令她终生无法释怀。对于切斯特顿等人而言，独立的智性思考常常是他们走向天主教的主要途径。但是，在 1914 年左右，年仅 15 岁就被赶出天主教修道院的怀特尚不具备独立的智性思考能力。这不仅是因为她接受的天主教女修道院教育不鼓励独立思考，而且因为在当时社会的大文化范围中，除了像弗吉尼亚·伍尔夫这样出身世俗文化精英家庭的女性，怀特自身的家庭背景和所属社会阶层都没有给予一个普通的中产阶级少女太多自由思考与独立行事的空间。虽然父亲对怀特的学术视野怀有很高期待，但是她没有考上大学，在父亲去世之前没能重新进行小说的创作，她选择了父亲和教会都不赞成的事业和婚姻，15 年后在一个类似父亲形象的信徒的帮助下重归教会，这些都说明了她的智性独立探索能力在一定程度上欠缺，而她面对信仰的情感十分复杂，带有浓重的创伤经验和依恋情绪。在她的书信中，我们可以看见她虽然尝试反抗教会，却往往表现得很不自信，如："教会非常缺乏'包容性'对它自身而言是有利的……我仍然觉得教会要求人们牺牲类似的智力上的诚实……但是昨天晚上我突然想到，她要求的不是牺牲智力上的诚实，而是智力上的骄傲。"[2]以及"有时我因为痛苦、迟疑和可怕而持久的恐惧而备受折磨，即我担心如果我看不见，那是因为我自己的问题，我是彻底堕落的。"[3]如果说切斯特顿和伊夫林·沃捍卫的是他们经过独立的智性思考、重新建构的带有一定理想色彩的天主教，怀特则面对着天主教会的各种更真实的状况，更深地挣扎在它在理想和现实之间的矛盾，以及它与现代社会之间的冲突之中。

2　Antonia White, *The Hound and the Falcon: The Story of a Reconversion to Catholic Faith*, Cox & Wyman Ltd, Reading, Berks, 1980, Introduction, x.

3　Ibid., Introduction, xi.

令怀特纠结的具体问题是什么呢？比如教会对性的极端保守态度。天主教会反对任何人工手段的避孕，在怀特所受的极端的修道院教育中，甚至任何不以生育为目的的性生活，都是一种罪恶。她在信中写到："我认为教会的婚姻观当然是良好正确的（对教义规定禁止避孕略有保留），但是它是否能够在不能和不适合结婚的人那儿稍微宽松一点儿呢……我总觉得该给个人的良心留点地方……肯定有重新阐释的微小空间。"[4]相对于切斯特顿等人广博的社会关怀，怀特并不关心社会政治，因此没有清晰地表达过天主教批判社会思潮的优势，但是她却明确表达了教会有可能剥夺个人的智性自由："笼统而言，她（即教会——本文作者注）总是比人有智慧，但是我不认为在细节上也是如此。我确信，唯一使她的尊荣不受玷污的途径是承认错误，而不是否认它们。如果她是真理之城，她就必须在真理之光中，在平常的事物中得到检验。"[5] 而这正是切斯特顿竭力反驳的说法，因为在他看来，天主教会正代表着理性、智性和情感的融合。

怀特在信中写道："对于一个作为天主教徒被抚养长大，多年对其信条确信无疑而且怀着一定热忱实践的人来说，教会的吸引力是很大的。它仿佛母语，即使一个人被剥夺了国籍，也不能阻止他重新回到它那儿，甚至用它的词汇来思考。我发现自己仍然自动地采取天主教的观点，捍卫天主教的立场，在思考和发言中本能地使用它的意象和词汇。实在称得上爱恨交织。我常常想重新拥抱它——甚至实践它，而不逐字逐句地相信它——如果这是可能的。但是我发现这是无法实现的。回归，再度全心拥抱它，可能只是因为智力和情感上的软弱，对安全感的渴望——重获过去的本能，这种本能随着年岁增长日益强烈。继续与之断裂，继续怀疑和彷徨，可能是——在天主教徒看来肯定是——拒绝恩典，以及灵性骄傲的盲目执着。

教会如此之多的现实机制及其极度偏狭的态度压迫着我，但是这些与它本质上的美丽与真理相比，却是微不足道的。如今，我认为对教会（或者不如说对天主教）的敬虔感是一种人类经验的壮美的记录，以及一种处理个人生活的方式，而非对超自然的一种字面意义上的启示。但是我担心这种态度太过异端，不能使它的持有者被教会的生活接纳。

……

4　Ibid., Introduction, x.
5　Ibid..

我告诉自己，我不会因为恐惧回归；我只会因为爱而回归。但一定是从一个人的整体本性生发的爱。我知道理性不能走多远，但是仍然应当使用这个虚弱的娘娘腔的理性的小小部分，不向一种情绪的牵引力和旧关系投降，即使它意味着生活中失去许多丰盛和魔力。不，我不觉得失去了它。年纪越大，整个的图景在我看来都更卓绝、美丽。天主教会是其中一个方面，但是我恨恶与其他部分断绝。自然的世界充满神秘和美丽，如果能证明宇宙对人是漠不关心的，至少人拥有思索它的奇异和宝贵的能力。"[6]

怀特在修道院上学的时候，修女们常常向她推荐切斯特顿的作品。她承认切斯特顿的文字充满了机智，但是她始终怀疑他的雄辩有时有欠公允。对于自己的对手，切斯特顿的刻画往往是简单化和脸谱化的，否认对方存在任何合理性。这与切斯特顿论辩展开的大环境相关。在20世纪初的大英帝国环境中，多元化还不是一个倍加推崇的词汇。切斯特顿的信仰宣告带有一定独断论色彩，部分也是因为它们是在和各种时代思想（自有其合理性）更多处于对抗，而非对话的情形下形成的，从而具有片面的深刻性。但是随着英国的国际经济政治地位渐渐受到挑战，世界越来越呈多元化发展，这样的立场和姿态都渐渐变得不受欢迎，或者说不合时宜。更何况，随着英国国内宗教的多元化发展，天主教的身份也逐渐不像过去那样难以见容于主流，或者显得那么标新立异。

怀特曾经在信中写道："我不认为我对罗汉普顿（Roehampton）[7]的处理是不公平的。我显然试图公正，并尽可能超然地描绘一幅图景，其中既包涵它独具一格的魅力，也囊括了它奇怪的狭隘和严苛。"[8]《五月寒霜》中甜蜜和可怕的回忆表现了天主教会复杂的现实状况。这是一位试图在现代完全依照教会的教导去生活的人真实经历的艰难处境，这种困境不只是来自教会的外部，也来自教会自身。

因此，梵二会议并非凭空而来。在梵蒂冈第一次会议（简称梵一会议）之后，天主教选择的立场是对抗各种现代潮流，趋向保守。天主教会抱持

---

6 Antonia White, *The Hound and the Falcon: The Story of a Reconversion to Catholic Faith*, 5～6. Letter written on 23, November 1940.

7 罗汉普顿是伦敦的圣心修道院，彼得认出罗汉普顿是《五月寒霜》中的修道院礼平顿（Lippington）的原型。

8 Antonia White, *The Hound and the Falcon: The Story of a Reconversion to Catholic Faith*, 1～2. Letter written on 10, November 1940.

守旧，对任何新思想观念都持怀疑乃至敌视态度。这充分表现在1870年的教宗无误论，以及1908年庇护十世将现代主义作为异端的宣言。这就是艾琳7至15岁时（1908~1914）所受的修道院教育背后的总体教会氛围。同时，20世纪上半叶也是天主教会感受到自由与保守之间持久张力的时期。最后，正是教会与世界越来越脱节的感受，以及教会对世界越来越缺乏真实影响力的担忧，促使旷日持久但改革步伐巨大的梵二会议召开。而英国天主教由于重新正式设立不久，而且有长期为其身份抗争的历史，因此相对美国等地的天主教会而言，是非常保守的。《五月寒霜》中有一位来自德国的女孩利奥尼（Léonie），她出身于上流天主教家庭，原型是怀特的一位同学。彼得在信中说这个女孩对信仰的态度是可取的，言下之意是她的信仰非常自然。但是怀特在回信中写到，也许她的态度是可取的，但是英国天主教徒可不行，小众的他们不可能有那么放松的心态。"我们太自觉，处于防御状态，无法像大陆的天主教徒一样自然、简单，几乎漫不经心地对待我们的信仰。"[9]但这种英国天主教独有的小众心态在梵二会议之后也遭到不小的挑战。

在1944年出版的《世界、肉身与史密斯神父》中，传统天主教会的改革呼声也已经频繁出现。在史密斯神父生活的晚年，一位年轻的神父出现并被教会委以重任，他在讲台上大声呼吁教会不应当对教会之外的生活充耳不闻，不仅仅关注信徒抽象的灵魂；谴责剥削，因为剥削自身有违正义，所以即使履行教会的各种诫命仪式，也必须将教会对正义、公平的关注真正贯彻到日常社会之中，推动社会的改革和进步，改善人们的生活（不论他们是否天主教徒）。而这也使我们联想到20世纪初弗里德里希·罗尔夫写作的《哈德良七世》（1904），其中罗尔夫在英国天主教小说中最先表达了教会改革的迫切需要。这些发自虚构的文学作品中的改教呼声，事实上在相当大程度上反映了现实的需求。教会不能仅仅为了维护自身的"纯洁"和"权威"，而不顾与社会的脱节，仅仅关注信徒抽象的得救问题。

梵二之前的天主教神学基本上是一种解释的、经验的神学，强调道德规训和礼仪上的义务，以及个人在天主面前的地位。20世纪早期的托马斯主义的复兴，也称新托马斯主义，开始有意识地在教会和现代文化之间开始对话，

---

9 Antonia White, *The Hound and the Falcon: The Story of a Reconversion to Catholic Faith*, Cox & Wyman Ltd, Reading, Berks, 1980, 3. Letter written on 10, November 1940.

尽管大多为对抗和批判性立场,而且此时的教会认为自身的神学和哲学在社会的政治和文化方面具有重要的作用。梵二会议(1962～1965)的到来,在神学重点上发生了剧烈的改变,在许多重要的方面影响了天主教信仰的实践和态度。

梵二会议强调一种"自下而上"的神学,突出天主教的恩典在人们与教会之间的关系(无论这人是否内在或外在于教会)中彰显。肉身和灵魂的二元论倾向遭到拒斥,而道成肉身的教义和教会在世界中的圣礼性得到强调。基督人性的一面得到强调,教会的社会教导中着重群体性的公义而非以往的仁慈的个人行为。梵二会议的文献,尤其《现代世界中的教会》,反映出了宗教人类学方向的变化。圣礼的功能得到了拓展,"天主的恩典不仅仅介入神职人员的功能,而且也在教会团体的所有受洗成员中扩散。一切与世界互动的形式都有可能成为圣礼,即天主不可见现实的可见标记。"同样,梵二神学强调了人的尊严和身体,呼吁对人的物质、精神需求的公平。梵二的精神是入世的。它一方面通过淡化教阶层级的权威,推进平信徒参与服侍,简化礼仪,礼仪用语民族化等手段,活跃平信徒;另一方面积极与多种思想、宗教对话,承认其中合理的部分,展现出前所未有的包容性。这种改革极大地更新了天主教会的面貌,在教会内部也掀起了改革的浪潮。一方面激进的改革派希望进一步推进教会的变革,而另一方面梵二改革对天主教中较保守的人群也带来了很大的挑战。可以想见,像伊夫林·沃这样依恋旧日图景的信徒,天主教礼仪的简化、与现代思想的正面交流,简直就是一场灾难。他在《又来了,拜托!》(The Same again, Please)中针对梵二会议发起的改革写道:

> "我认为,绝大多数说英语的人相信'庄重的'意味着'古老的',这不只是一个词源学上的混淆。在人们的心目中,崇拜与古老直接有着很深的勾连。但是新时尚是某种明亮、嘈杂和实用的东西。专注思考第二世纪仪式的考古学家,和希望赋予教会我们自己可悲时代特征的现代主义者之间,建立了一种奇怪的联盟。他们联合称呼自己为'礼仪主义者'。
>
> ……上层的一个派别希望弥撒发生肤浅但惊人的改变,以使之得到更加广泛的理解。弥撒的本质如此深奥神秘,甚至连最敏锐、神圣的人都在不断发现其更精微的重要意义。并非罗马教会如此独

特，导致在祭坛上发生的一切在不同程度上对大多数崇拜者显得难
以理解。这事实上是一切历史的、使徒的教会的标志。在一些教会
中，仪式用语是一种像吉兹语或古叙利亚语一样死去的语言；在其
他希腊拜占庭或斯拉夫教堂中，仪式用语则与人们现在说的话有很
大区别。

……我很怀疑是否一般去教堂的人需要或者渴望完全理解、听
懂其中的话。他是来崇拜的，这往往沉默而有效。历史上大多数教
堂中，献祭都发生在幔子或者门后面。人群环绕神父观看一切，这
种想法在当时极为陌生。不可能有这样纯粹的巧合，即如此多独立
的个体全都慢慢变成同样的方式。敬畏是祈祷的自然倾向。当年轻
的神学家们像这样将圣餐作为'一种社交食物'来谈论的时候，他
们在受训不多的弟兄们心中找不到什么回应。

无疑在有些神职人员看来，平信徒在弥撒时的表现太过缺乏约
束。我们聚集是为了服从教会的律令。神父严格遵守规定来执行其
功能。但是我们——针对我们的规定是什么呢？有些人熟练地翻着
弥撒用书，从入祭文到附加段，默念所有仪式主义者希望我们异口
同声大声念出的东西。一些人在颂玫瑰经。一些人努力让不听话的
孩子安静下来。一些人专注地祈祷。一些人在想着各种毫不相干的
事，间歇响起的铃声让他们重新有注意力。不存在显而易见的'一
起'，只有在天上我们才被认为是一个统一的身体。很容易理解为何
一些神职人员希望我们对他人有更多自觉，表现出更多参与一种'社
会活动'的证据。他们在观念上是正确的，但这预设了一种更深层
次的私人灵性生活，是我们当中大多数人未能拥有的。"[10]

这篇文章大致可以代表伊夫林对梵蒂冈二次会议发起的改革的态度。从中我
们可以一瞥伊夫林心目中的天主教究竟是什么样子，从而也能够帮助我们理
解他的小说和天主教的关系。

显然，伊夫林属于保守派，他尤其反对的是礼仪的简化、平信徒地位的
提升，以及本地话的使用。他反对的理由可以简单归纳为以下：1、在礼仪改
革的形式方面，试图去除弥撒的神秘感，增加仪式的可理解性和亲和度是不
对的，因为这种神秘感使信徒产生敬畏感，而理解弥撒是一项对普通信徒来

---

10 Joseph Pearce, *Literary Converts*, 606～9.

说过分专业的要求；2、在礼仪改革的初衷方面，他承认出发点是为了增强平信徒的参与度，使之更加敬虔，但在他看来，在凡俗世界中生存的人不可能做到这一点。总体而言，伊夫林维护严格的圣俗分别和教阶体制，而这恰好是梵二会议改革试图改变的变化。在这场改革运动中，天主教会希望其仪式可以发展，跟上时代。正如伊夫林承认的，神秘庄重的弥撒仪式是发展而来的，如果这种仪式是中世纪基督教在西方社会重要地位的恰当表达，那么，在二战之后面对平民化和多元化社会时，天主教会希望改变这一可以发展变化的部分，以更好地亲近民众——其牧养的对象，这显然是充足的理由。

伊夫林拒斥现代社会中的许多改变，赞成精英式的政治治理和文化传承，对消逝之中的英伦文化中较古老的部分无限缅怀。天主教作为一种前现代的保存良好的文化，伊夫林拥抱它显然并不令人意外。但是，如果说伊夫林仅仅将天主教作为他投射乡愁之处，却是不准确的。如上文所示，伊夫林皈依之前生活中经历的混乱，以及他在当时的小说中描写的现代人们生活的状况——贫瘠的精神世界和无序的物质世界，都说明了他为何极度珍视天主教的保守性。因为天主教的教义在他看来是理性的、系统性的解释。不论世界看上去多么混乱，天主教系统化的世界观使他感到人即使如空中的风筝，却有挣不脱的几乎不可见的线在牵引，这也是他在认为是自己"巨著"的《故地重游》中力图表达的。其次，天主教强调神圣的文化及其表现形式和他身处的现代社会的发展趋势形成鲜明的对比，因此他非常渴望这种高妙的礼仪的稳定性。在这篇文章中，他为自己的论点举了不少例子，但很容易就可以看见其中大多是过于极端和个别的现象。这些都显示出他与梵二会议精神的差异。因此，尽管他的见解看似有些偏激，他并不是站在教会的立场反对全人类，而是站在自己的立场上来面对现代社会中他反对的部分，而且事实上绝大多数现代社会的组成部分都在其反对之列。我们并不认为伊夫林的立场可以说明天主教是文化保守主义者的庇护阵营，根据一位作家的倾向得出这一结论过于简单仓促。但是可以比较保险的说，天主教作为现代社会问题和文化的批判者和参照者，这一立场和身份在伊夫林身上得到了延续。考虑到当时大多数英国天主教作家面对梵二改革时立场都接近伊夫林，尤其其中较年长者，那么可以说，天主教文化仍然延续了它在英国文化中的保守角色。而梵二会议推进的改革无疑使这种保守身份开始变得可疑，含糊不清了。这一变化在 20 世纪下半叶的天主教小说中得到了清晰的表现。与此同时的是，随着"英国特色"的"天主教范儿"逐渐衰退，下一阶段的天主教小说也越来越呈现多元化的倾向：小说中圣俗两届的分别渐渐模糊，主人公不再一定是天主教徒，故事情节也不再以正统与否为界。作家们在探索天主教信仰新的生存方式的同时，开创了更自由、灵活、多样化的叙事。

第三幕　多元化时代

在二战结束时几乎没有人能够预测大英帝国的崩溃，1947 年英国还统治着世界近四分之一的人口；但短短 21 年之后，英国就将最后一批海外驻军撤回国内，除了香港、直布罗陀几个小岛和少数象征性的驻外部队之外，帝国已经不复存在，此时的英国只是延续其自古以来的地位，成为欧洲列强之一。英国文学界默然接受了这种地位的丧失，帝国心态不再，文学中的救世主形象也消失了。

1950 年代的英国是富足而实用主义的，充满了自我满足的享乐主义和保守主义。但是 1960 年甲壳虫乐队的崛起，表达了这一代青年的愤怒。而在多姿多彩的 1960 年代后面的远不只是愤怒，他们比 50 年代奋斗的年轻人更加愉悦地享受生活、经济富足和社会自由。在 1960 年代，英国十几岁的少年大多数都能过不错的生活，他们在娱乐方面的开支远远超过了前一代。对十几岁的少年和成年人来说，科技进步带来一个享乐主义时代。1959 年议会准许卖淫业经营，1967 年，议会宣布彼此同意的成年人同性恋关系为合法，1960 年停止了对剧目的审查，舞台上开始出现裸体男女，伦敦成为了一个自由城市。

《英国史》中写道：20 世纪英国最大的悖论是，虽然大多数英国人从来不曾享受过这样多的富裕、自由和平等，科技进步和健康长寿，获得过这样多的世界知识，追求到如此各色各样的美，他们却不感到满足，小说家、诗人、剧作家和画家的作品都证明了这一点，社会统计资料亦然。到 70 年代，教会信徒和做礼拜的人数都在减少，每十人中只有一人正常参加教堂活动，这些人分属 670 万英国国教教徒中的 120 万人和 350 万天主教教徒中的 130 万人。这是一个怀疑的各种信仰杂陈的时代，信仰对象包括瑜伽、禅宗、科学家和高僧。13 世纪重视信仰教条，18 世纪崇尚自由法则，以及 19 世纪强调道德观点的维多利亚时代一去不复返，取而代之的是物质主义和互相攀比，以及越来越高的期望，1976 年社会学家马克·艾布拉姆斯（Mark Abrams）评价说："大多数人的价值观体系都牢固地建立在物质主义之上。"他表示这也是一种"染上了嫉妒的色彩"的平均主义。[1]

在这半个世纪中，英国天主教小说的创作仍在继续。皮尔斯·保罗·里德（Piers Paul Read，1941 ~ ），小说家、传记作者，母亲为改宗的天主教徒。自幼跟随母亲信仰天主教，是一位实践的天主教徒，担任英国与威尔士天主教作家行会的副主席（the Catholic Writers' Guild of England and Wales）。从 1966 年《与图斯·马克斯的天堂游戏》（*Game in Heaven with Tussy Marx*）至 2010 年的《厌女者》（*The Misogynist*），一共发表了 16 部小说，其中大多数具有明显的天主教思想和内容。如《道森修士》（*Monk Dawson*，1969），《教皇之死》（*The Death of a Pope*，2009）。前者以梵二之后的改革为背景，讲述道森修士放弃修道，希望通过帮助他人的方式实现自我价值，却在尘世中屡屡碰壁，最后发现问题出现在自己身上，于是重归修院。后者以新任教皇大选为背景，探讨激进的世俗主义和貌似保守的天主教信仰在生死、价值取向等问题上的交锋。他的作品大多采用现实主义叙事框架，以当代西方为背景，有时带有惊险小说的情节，关注罪与救赎的主题。

另一位国内学界比较熟悉的作家是大卫·洛奇（David Lodge，1935 ~ ），英国当代作家、文学批评家。洛奇在英国伯明翰大学担任英语系教授直至 1987 年。他的的小说主要有两个主题，学院生活和天主教徒的生活。在国内他主要以学院三部曲（《换位》、《小世界》和《好工作》），以及文学批评闻名，但他还写了几部天主教题材的作品，包括他的第一部小说《影迷》（*The Picturegoers*，1960）、《大英博物馆在倒塌》（*The British Museum Is Falling Down*，1965）、《你能走多远?》（*How Far Can You Go?*，1980）、《天堂消息》（*Paradise News*，1991）和《治疗》（*Therapy*，1995）。他的代表作《小世界》中的帕斯（Persse McGarrigle）也是一位天主教徒，整个情节模仿了中世纪骑士寻找圣杯的故事，尤其是斯宾塞的《仙后》，主人公的名字以戏仿的形式指向纯洁的圣杯骑士帕西瓦尔（Percival）。

---

1 转引自克莱顿·罗伯茨，戴维·史伯茨，道格拉斯·R·比松著，《英国史：1688 年~现在》，第 581 页。

关于大卫·洛奇的宗教观念以及这种观念对他的作品的渗透，2010 年中国学者欧荣对大卫·洛奇的采访曾以英文发表在《牛津研究期刊》(*Journal of Cambridge Studies*)上，从中我们可以看见一些相关的话题。

欧荣："你的宗教身份是什么？在你看来，宗教或基督教的最终价值与意义是什么？"

大卫·洛奇："这是一个很难回答的问题，尤其是在很短的时间内。基本上如果你按照年代顺序阅读我的小说，显然我开始是一个非常正统的天主教徒，有信念，有实践。这是我受到的教育，我和一位天主教徒结婚这一事实也加强了这一点。但是在知识和神学层面，相较青年时期，我已经彻底改变了，我不再在字面意义上相信教义。在这方面如同很多受过教育的天主教徒，我和他们一样仍然属于天主教社群，我参加弥撒，虽然不是每个礼拜，像以前那样当作一种义务。基本上，我不认为基督教或任何一种其他伟大的世界宗教有真正的坚实的认识论的基础，他们只是尝试解释或者尝试表达某些根本性的问题，我们为什么在这里？以及这是在干什么？在个人意义上，我不想将自己与天主教的大传统切断。在我看来，宗教是一种人类思想的记录，有时是非常诗意的思想，比如《圣经》，以及关于生活的根本问题，关于什么时候什么东西可能发生的神秘的问题。这就是我相当模糊的立场，在某种意义上，我觉得它是自相矛盾的。

我不认为排斥所有的宗教、排斥上帝的观念的那些人真的直面了这个立场的涵义。他们没有面对这一事实，就是成百上千的人在这个世界上并没有舒适的生活，甚或过着悲惨的生活，对他们来说，如果你否认了宗教观念的合法性，就毫无希望可言。对于我，希望已经取代了信仰。你希望在死亡之上存在着什么东西，可以纠正这个世界明显的恶与不公义。但这只是希望，没有真实的依据。这就是我现在的立场。在我年轻的时候人们教我，天主教信仰是唯一真实的信仰。而现在人们教导天主教徒要尊重其他信仰的合法性。如果有针对同一问题的不同合法途径，基督教、伊斯兰教或无论什么，那么很明显它们都是文化的产物。这就是各种文化对一些同样的基本问题的回应。

我对宗教很有兴趣，但是我观察到，西方世界的超自然信仰正在逐渐衰退。我无法赞成狂热的和原教旨主义的宗教，他们对他们的圣书上所说的按照字面意思来介绍。而事实上它们是对无限的阐释开放的。传统宗教的整个宇宙论，现在在我看来，是孩子气的和神话式的。但是这对我来说很容易接受，对其他人并不容易，简单的人们需要简单的安慰。"

欧荣："因此在你的《你能走多远》这部书中，你似乎持有双重的意识，仿佛自相矛盾。一方面，你并不相信字面意义上的奇迹的超自然的东西，另一方面你确实相信，人们的生活是有一些希望的。"

大卫·洛奇："格瑞厄姆·格林年老时说了一些有趣的话，因为他的信仰和我一样从相当正统过渡到不可知论，他称自己为天主教不可知论者。我不太确定他确切的意思，但是他确实说了类似这样的话，'我认为关于我们的存在，我们的宇宙存在某种神秘性，即使是教会也无法解释。'我认为这是对的，比如上帝的观念。宇宙如何拥有其特质这一问题似乎具有真正科学的神秘性，宇宙竟然是偶然发生的，这似乎不太可能。这些可能鼓励关于上帝的观念。但是在可见的宇宙后面存在着什么像我们一样的东西，这个假设明显是神话。无论科学还是宗教都无法解释这种神秘。"

欧荣："人们称你为不可知天主教徒或者天主教不可知论者时，你是怎么想的？"

大卫·洛奇："我自称不可知论天主教徒，当然这不是一个教会承认的分类。作为整体的宗教场景是令人困惑的。在不同教会内部和教会之间有许多的争论。这些不同经常是关于性、同性恋、妇女否可以成为神父，关于神父是否可以结婚。这些问题在神学上是不重要的，但是他们确实在撕裂基督教会，而且再次暗示了宗教是一种文化产物。"[2]

洛奇在访谈中还提及在过去 30 年中，英国天主教徒参与弥撒的人减少了40%。虽然，相对于其他基督教会的比例还是挺高的，但是英国的整体官方教会的出席率和成员都在急速减少。

从大卫·洛奇的作品中可以看出，正如他在访谈中自述的，他与天主教是一种渐行渐远的关系。他认为自己在文学创作上主要是一个现实主义或者反现代主义作家，具有一些后现代创作技巧。他的天主教主题的小说也是如此。洛奇第一部以天主教徒和他们的问题为核心的小说《大英博物馆在倒塌……》（*The British Museum Is Falling Down*，1965）中主人公是一位和洛奇身份近似的年轻学者天主教徒；在《你能走多远？》（*How Far Can You Go?*，1980）中是一群历经梵二改革的天主教徒，从大学生到中年的生活历程；在《天堂消息》（*Paradise News*，1991）中是还俗的神父；在《治疗》（*Therapy*，

---

2 "An Interview with David Lodge at Cambridge", *Journal of Cambridge Studies*, 2010
（2），134～136.

1995）中是一位从未相信天主教的成功人士，他仰慕丹麦基督教宗教哲学家祁克果，最后和初恋女友，一位天主教徒重归于好。

"性"是大卫·洛奇的小说主题中相当重要的主题，不论在天主教小说还是学院小说中。他对于"希望"的重视尤其可以从小说的结尾部分看出。至少有三部他的小说，最后主人公命运突转，免于悲剧或凄凉的情景，都是因为得到了意外之财：《大英博物馆在倒塌……》、《好工作》和《天堂消息》。

尽管大卫·洛奇与天主教传统信仰渐行渐远。但他无疑认真地关注了英国天主教社群的变化与发展。而且虽然这些小说大致以喜剧的方式呈现，他的探索却无疑是非常严肃的。

《你能走多远？》是一部二战后英国天主教群体演变的小史诗。小说以一群大学生天主教徒为主人公，从他们 20 岁左右，即 50 年代开始写起。描写了他们恋爱、婚姻、生子、事业各方面的发展和变迁，以及信仰在他们生活中的作用和影响。梵二会议曾长期争论关于是否允许避孕的问题，导致信徒们蠢蠢欲动，有人偷偷地开始尝试使用人工避孕手段，因为感到教会有可能会首肯这些手段。而最后大会的决议《生命宣言》事实上采取了最保守的立场，小说写到，信徒们因为无法继续遵守禁止使用人工节育手段的教会训诫，开始自行其是，不再亦步亦趋地遵行教会的命令，而终于到了 60 年代的某一天，"天堂"和"地狱"的观念从人们心目中消失了。最后，辅导这群大学生的神父还俗结婚，这群天主教徒经历婚姻、事业、人生的各种变化和困境，在迷茫之中并不知道该何去何从，如果还在坚持信仰，有时也不过像一种惯性……那信仰的意义是什么呢？

洛奇在下一部天主教题材的小说《治疗》中，以他娴熟的喜剧手法呈现了一位当代成功人士，知名编剧劳伦斯·帕斯摩尔（Laurence Passmore），他驾驶豪车、住豪宅，看似事业有成、家庭幸福，却患上了抑郁症，不仅饱受失眠、焦虑等精神疾病之苦，而且膝盖机能紊乱，不时巨疼，日复一日周转在各种心理、生理治疗中，却得不到治愈。他习惯性地沉浸在自我之中，为一个不重要的场合带什么领带的问题能纠结半个小时，却常常听不见身边人对他说的话。终于一天，忍无可忍的妻子提出了离婚，他的精神遂全面失控，上演了一出又一出闹剧。在这个备受煎熬的过程中，他通过祁克果的著作和生平识别了自己的问题，尝试回到自我被异化的开端，于是他开始找寻被自己无辜抛弃的初恋女友莫琳。莫琳是一位虔诚的天主教徒，曾经因为教会的教导拒绝让劳伦斯爱抚自己的身体，被劳伦斯抛弃。劳伦斯找到了在西班牙参加为期三个月的圣地亚哥步行朝圣的莫琳，陪同她完成了朝圣之旅。这次旅行对于莫琳是一次精神治疗，因为她五年前因为乳腺手术失去了一个乳房，而她的长子半年前因意外辞世。在朝圣之旅的尽头，莫琳与劳伦斯重归于好。因为这段单纯、真挚情感的复归，劳伦斯的抑郁症及其症状消失了，莫琳的心灵也得到了复苏。在故事的结尾中，原本死板恪守教会规定的莫琳变得"灵活"了，她的先生在她失去乳房之后不再和她发生性关系；在重遇劳伦斯之后，虽然她因为教会的规定没有离婚，但是她和劳伦斯保持了情人的关系，并且不再在这件事上因为信仰的良心而纠结。劳伦斯当年因为自私抛弃了莫琳，如今也终于从外界的纸醉金迷的诱惑中退回到淳朴真挚的关系之中。在这部喜剧的结尾，不再死板的信徒和不再一味眷恋世俗的非宗教徒亲密地缔结了稳定的非公开的关系，于是一切问题都解决了。这部作品不仅立场鲜明地调侃了追逐自我的世俗主义者，而且将天主教信仰呈现为一种温情脉脉的吸引力。曾经被许多英国作家写过的无宗教信仰者爱上虔诚女天主教徒的故事，因为双方都不再固守原来的阵地，第一次有了一个相对完满的结局。大致而言，洛奇的小说传递了他对天主教信仰的思考、焦虑和解脱之道：即一方面首肯天主教信仰对精神层面的重视，而这正是现代世俗文化严重缺失的部分，另一方面又对教会的墨守成规不满，同时对它尝试现代化的步伐存疑。

　　本章以下的主要内容围绕两位天主教小说家：现代奇幻文学的大师牛津学院派 J·R·R·托尔金；以及爱尔兰裔女作家缪丽尔·斯帕克，她擅长写作冷峻犀利的极具个人风格的小说。

第一章　托尔金的童话与诗学

　　约翰·罗纳德·鲁埃尔·托尔金（John Ronald Reuel Tolkien，1894～1974）无疑是近二十年最受瞩目的当代英国作家之一。他的代表作《指环王》发表在二战之后不久，随后经历了一个"慢热"的过程。2001～2003 年，彼得·杰克逊执导的同名电影在全球激起了对托尔金的兴趣。此后，每年都有十几部乃至几十部托尔金研究出现，至今没有衰退的迹象。

　　1892 年 J·R·R·托尔金出生于当时还是大英帝国殖民地的南非布隆方丹，父亲是英国在当地银行的分行经理。4 年后父亲在殖民地去世，母亲梅布尔（Mabel）带着两个儿子回到英国，住在伯明翰郊区的一间乡村小屋，生活贫困。1900 年梅布尔皈依天主教，此举令她几乎众叛亲离。1904 年，母亲因病去世，她的好友和信仰导师弗朗西斯·摩根神父（Fr. Francis Xavier Morgan）成为兄弟俩的监护人，同时也是他们精神上的父亲。1909 年，16 岁的托尔金认识了和他一样是孤儿的伊迪丝·布莱克，二人开始了恋情。摩根神父坚持托尔金此时应当以学业为重，要求他等待三年，直到成年后再继续这段恋情。托尔金听从了劝告，将注意力集中在通过牛津大学的入学考试上，因为他已经考试失利过一次，这是他能够进入牛津，拥有一个好前程的最后机会。1910 年秋天托尔金通过了入学考试，获得奖学金，进入牛津大学学习，开始在古典文学系，后来转到英国语言文学系。1913 年，已满 21 周岁的托尔金和伊迪丝重新联系谈论婚事。次年 1 月，伊迪丝为了和托尔金结婚，皈依了天主教。1916 年 7 月托尔金奔赴前线参加战争，在战争中屡次受伤、生病，并失去了两位挚友。正是在一战的壕沟中得知好友去世的消息后，托尔金开始了自己的童话创作。1917 年他写作了《冈多的陷落》（*The Fall of Gonodolin*）和《胡林的儿女们》（*The Children of Húrin*），后者部分参考了芬兰史诗《卡勒瓦拉》中的故事。一战结束后托尔金继续学业，毕业后从事一些和学术相关的工作。1924 年他成为利兹大学的英国语言学教授，1925 年成为牛津大学盎格鲁——撒克逊语教授，一直到退休。这一年夏天他结识了同事 C·S·路易斯，两人成为挚友。1933 年以 C·S·路易斯为首的淡墨会（Inkling）的聚会开始，托尔金是其中主要成员之一。在这个爱好前现代文学的聚会中，他们朗读自己写作的幻想故事，然后相互提意见。《魔戒》中不少部分最初就在这些聚会上为人所知。1937 年 7 月，经亲友的鼓励，托尔金的长篇童话《霍比特人》（*The Hobbit*）在英国出版，受到好评。《霍比特人》是一部儿童读物，托尔金在其中创造了自己的人物：霍比特人比尔博在巫师甘道夫的怂恿下，加入了一群小矮人的冒险历程，路遇巨人怪、半兽人、精灵……最后和一条龙斗智斗勇；比尔博凭借好运、机智和勇气，协助小矮人们完成了使命，满载而归。该书销路不错，出版社鼓励他写一部续作，当年 12 月托尔金开始创作《魔戒》。但是直到 1954 年《魔戒》的第一部《魔戒再现》才出版，11 月《双塔奇兵》出版，第二年 10 月《王者无敌》出版，时隔 17 年。这一方面因为托尔金是完美主义者，总是对自己的作品不满意。另一方面也因为《指环王》的复杂程度远远超过了《霍比特人》，可以说开创了一种新的童话形式。为了《指环王》，托尔金缔造了一个完整的中土世界，为它创造了自身的历史、地理、种族、文化，乃至语言。

1957 年，《魔戒》获得国际幻想文学奖。到 60 年代，《指环王》的读者急剧增加，这部托尔金倾半生之力完成的长篇巨作得到了回报。无论就销量还是受读者欢迎程度来说，它都是 20 世纪最成功的小说之一。在 20、21 世纪之交，《指环王》在不止一次阅读调查中被选为英国人最喜爱的作品。1972 年托尔金因为杰出的文学成就受封为大英帝国勋爵。托尔金去世之后，他的小儿子克里斯托夫，也是一位牛津英语系学者，编辑出版了许多他没有最终完成的作品，其中包括《精灵宝钻》、《未完成的故事》，以及收录了绝大多数中土故事的《中土世界史》。

回顾 20 世纪幻想文学的发展史，很多人认为，正是因为托尔金的中土系列小说在半个多世纪以来受到的热烈欢迎，成千上万的奇幻故事才得以问世。令托尔金始料未及的是，他的创作成为他怀疑的现代流行文化的一部分。他创造的中土世界成了生活在问题重重的现代工业社会中的人们的舒缓剂。摇滚乐队、俱乐部开始使用托尔金的肖像和来自中土世界的名字，无数棋牌、电脑游戏中的参战方被设定为精灵、半兽人、人类等。他的作品甚至极大促进了专业游戏机和因特网的发展……需要指出的是，尽管半个世纪以来，自成一体的虚拟世界已经渐渐成为人们熟悉的文化，但指环王系列作品仍然深受读者的推崇，这首先是因为该系列丛书高度的原创性。极少人像托尔金一样熟悉欧洲十来种古代语言，这使他能够自由地汲取北欧史诗的资源，整合欧洲不同神话体系中的各种故事和人物形象；他从欧洲中古传说掌故中提取了许多幻想元素，比如精灵、矮人、巨龙、巫师等，它们在他的故事中得到了许多新的发展。他成功地拓展了这些具有原型意义的元素，使它们与他的笔下世界融为一体，并经得起历史和文化的考察，成长为新的经典，得以被许多后来的幻想文学作家所借用。他精深的学术功底使他对语言、文化、神话之间的彼此关联有深入、系统的思考，而这些思考结果都融于他的创作之中。作为牛津大学语言学教授，托尔金甚至使用古希腊语、威尔士语、芬兰语、盎格鲁—撒克逊语和斯堪迪那维亚语为基础，为中土世界创造了几种语言的语法和词汇。托尔金以学者的严谨态度打造中土世界，使他的笔下世界远比一般流行文学更经得起细致的学术考察。

在面对这位具有巨大影响力的作家时，本书需要解决的问题仍然围绕他的创作与天主教的关系，并尝试从这种关系出发来面对另一个托尔金的重要问题，即他的作品的价值和意义。托尔金的创作，主要是魔戒系列作品，在批评界长期以来有两种声音，一种是将他视作文学大师，甚至称他为"世纪作家"[1]，另一种则认为他顶多不过是个流行的童话作家而已，两种立场截然相反，尖锐对立，本文称之为批评界的"托尔金之争"。笔者拟从这场争论入手，探讨托尔金的童话、他本人的童话理论，以及奇幻文学的诗学问题，并从这里通往对托尔金的作品和天主教信仰之间的关系的讨论。

第一节　批评界的"托尔金之争"

我们首先回顾托尔金的作品接受过程，以及在学界延续了半个世纪的

1　*J. R. R. Tolkien: Author of the Century*, T. A. Shippey, New York: Houghton Mifflin Company, 2000.

"托尔金之争"。丹尼尔·格罗塔—克尔斯卡（Daniel Grotta-Kurska）曾在《作者（1953～1965）》（The Author（1953～1965））一文中回溯了《指环王》出版早期的接受状况，下面的相关引述主要来自他的文章。

显然，当雷纳·安文（Raynor Unwin）出版社在 1954 年出版《指环王》，它在进行一次冒险，它也许会出版了一部了不起的作品赢得文学声誉，但可能无法获得直接利润。社长虽然觉得这是一部杰作，但是认为它的接受状况不容乐观。毕竟，作为 1939 年出版的《霍比特人》的续集，它出现得太晚了，《霍比特人》引起的热情已经慢慢冷却；其次作为续集《指环王》也有些不够合格：它在风格和内容和它的前身相去甚远。而且这部关于善恶斗争、荣誉、邪恶、忍耐与英雄主义的童话，竟然比《战争与和平》还要长。公司估计可能会为它损失一千磅，这对他们不是小数目。因此他们和托尔金签订了版税分成的协议，而不是用支付稿费的方式买断版权。他们努力说服托尔金将作品分成三个部分出版，并委托三位著名的英国文人：C·S·路易斯，理查德·休斯（Richard Hughes）[2]和内奥米·米奇森（Naomi Mitchison）[3]为这部作品写评论，以便将《指环王》推向文学界，让人们不认为它仅仅是童话，而是一部表现出良好想象力和优秀的写作技巧的成熟之作。这一系列策略是成功的。C·S·路易斯在评论中写道："文中之美如剑一样具有穿透力，又或像铸铁般燃烧；这是一本让人心碎的书……美好得远超期待。"《卫报》（Guardian）上说托尔金是一位天生的讲故事，《新政治家与社会》（New Statesman & Society）也认为"这是讲得极好的故事，而且拥有各种色泽、乐章与伟大之处。"

起初，第一部《魔戒远征队》（The Fellowship of the Ring）的销量持续稳定，并不激动人心，但因为比预期要好，出版社已经很满意了。托尔金的一些学院同行，即英国和美国大学校园中的学者最初发现了这本书，并与同事分享他们的兴趣和热情。慢慢地，这种隐秘的激情蔓延开来。大西洋两岸校园中许多研究生和教职人员都表达了对这本书喜爱，他们能够识别并欣赏其中的学识。渐渐地，不只是这些人、职业人士、教师和其他许多人都开始给

---

2 理查德·休斯（Richard Hughes），1900～1976，英国作家，代表作为小说《牙买加飓风》（A High Wind in Jamaica）。

3 内奥米·米奇森（Naomi Mitchison）1897～1999，苏格兰女小说家和诗人，代表作为历史小说 The Corn King and the Spring Queen（1931）。

出版社写信，表达他们希望加快出版余下的卷册。这时出版社才意识到故事
受到了普遍的欢迎，而不仅仅在学界拥有一个狭隘的追随群体。当全书出版
的时候，英美许多重要的杂志和报纸都为它发表了评论，评论大体上是积极
正面的，比如赞扬这部作品的原创性、想象力、史诗风格，对事物的精准描
述等。有人认为它是一部极好的科幻小说，[4]有些人将它和马尔罗、阿里奥斯
托的作品相比，甚至认为托尔金比他们写得还要好。《指环王》最著名的拥护
者之一 W·A·奥登在《纽约时报》中写道："托尔金彻底超越了该文类的所
有前人，在使用冒险故事、英雄旅程和神秘事物的传统素材上，……满足了
我们的历史和社会现实感"。奥登的结论是"尽管不如弥尔顿伟大，在弥尔顿
失败之处，托尔金却成功了。"[5]

但是当时最重要的和最长的评论却毫无疑问是负面的。就像奥登在另一
篇书评中承认的一样："我很少记得为一本书这样激烈争论过。"[6]1956 年美
国资深文学批评家爱德蒙·威尔森（Edmund Wilson）写了一篇名为"哦，
那些天杀的奥克斯！"（Oo, Those Awful Orcs!）的评论。他认为《指环王》"本
质上是一部儿童文学，而且有些没控制好……作者沉迷于为了幻想演绎幻
想。""散文和诗歌都处于职业的业余爱好者的水平……我们得到的只是简单
的对立——多多少少是英国情景剧的传统术语——邪恶的力量和善的力量，
遥远的异域恶棍和英勇的本土小英雄。……托尔金博士没有叙事技巧，没有
文学形式的直觉。……在这部漫长冒险故事的结尾，我仍然对甘道父（原文
如此）[7]巫师，他是一个主要角色，没有任何概念，完全不能够将他视觉化。
大多数托尔金博士能够刻画的人物都彻头彻尾是老套的：弗罗多是善良的小
英国人。山姆·怀斯是他狗一样忠诚的仆人，他讲着下层人的令人尊敬的话，
永远对主人不离不弃。这些毫无个性的人物形象牵连到没完没了的历险当
中，里面的诗歌写作在我看来几乎是可怜的。……我感到小说想象力的缺乏
和衰弱。战争毫无动感；严酷的考验缺乏张力；美丽的女士从不引起心跳；

4　Science Fiction 在我国一般译为科幻小说，但是在英文中它的涵义比一般中文的理
　　解更广，不一定局限于和科学相关的幻想，而是可以泛指一般的幻想之作，包括
　　童话等。

5　"At the End of the Quest, Victory", W. H. Auden, *the New York Times*, January 22,
　　1956. Book review of *The Return of the King*.

6　'The Hero Is a Hobbit', W. H. Auden, October 31, 1954. Book review of *The
　　Fellowship of the Ring*.

7　小说中甘道夫巫师的英文名为 Gandalf，爱德蒙·威尔森误写为 Gandalph。

而恐惧甚至不能伤害一只苍蝇。"[8]总而言之，这篇长长的评论认为这部作品一无是处。

到1961年的时候，托尔金引起的兴趣已经慢慢地从学术界向科幻小说界蔓延。这时英国评论家菲利普·托因比（Phillip Toynbee）在《观察者》（Observer）中说："托尔金教授的霍比特幻想曲一度受到许多杰出文人十分认真的对待。甚至据说奥登认为这些书和《战争与和平》一样好；埃德温·缪尔（Edwin Muir）和许多其他人也几乎抱有同样的热情。我的感觉就是，要么这一方，要么另一方，肯定有一方是疯了。因为在我看来这些作品沉闷无聊、写得很糟，异想天开而且孩子气。对我来说，令人宽慰的结果是，他的大多数较热情的支持者们很快就背叛了他们对托尔金教授的同情。在1961年的今天，这些书已经被人们仁慈地遗忘了。"[9]

恰恰是在60年代，《指环王》的销量暴涨，而且经久不衰。但是负面的评价并未因此消失。美国著名文学批评家哈罗德·布鲁姆为托尔金编了两个批评文集（分别为《J·R·R·托尔金》和《J·R·R·托尔金的〈指环王〉》），但却在前者的编者简介中说他对《指环王》在审美上持保留态度，"我认为《指环王》注定只不过是一件过气的古董，而《霍比特人》可以作为一部儿童文学流传下去。"[10]在后者的编者简介中，他也抱怨托尔金的文风实在不好，并举《魔戒》第三部《王者无敌》中的片段为例："许多人聚集在医院的一道道门口，都想看一看阿拉贡，他们到处跟着他。等他终于吃完饭时，人们就来求他给他们的亲属或朋友治病，这些人受了伤，或倒在黑魔影下，生命危在旦夕。阿拉贡站起身来出去了，他还派人把埃尔隆德的两个儿子也叫了来，他们一起忙到深夜，全城很快传开了：'国王真的回来了。'由于他佩戴着那块绿宝石，所以他们都叫他埃尔夫斯通。他出生时就有人预言的这个名字，终于由人民为他选定了。"[11]（布鲁姆引用的英文为："At the doors of the Houses many were already gathered to see Aragorn, and they followed after him; and when at last he had supped, men came and prayed that he would heal their kinsmen or

---

8 Ed. Harold Bloom, *J. R. R. Tolkien*, Daniel Grotta-Kurska, "The Author（1953～1965）", 71.

9 Ibid., 76.

10 Ibid., 1～2.

11 托尔金，《魔戒第二部：双塔奇兵》，姚锦镕译，南京：译林出版社，2009，第155页。

their friends whose lives were in peril through hurt or wound, or who lay under the Black Shadow. And Aragorn arose and went out, and he sent for the sons of Elrond, and together they labored far into the night. And word went through the City: 'The King is come again indeed.' And they named him Elfstone, because of the green stone that he wore, and so the name which it was foretold at his birth that he should bear was chosen for him by his own people." [12] ）他说："我无法理解一位成熟、老练的读者怎么咽得下 1500 页这样的古怪玩意儿。为什么要说伤害或伤口（ hurt or wound ），它们难道不一样吗？凭什么采用这么浓郁的詹姆斯钦定本圣经的风格影响？……在 20 世纪 60 年代晚期，托尔金迎合了一种需要，尤其是在反文化的早期。在我看来，他是否是一位面向新世纪的作家是值得怀疑的。" [13]

显然，哈罗德·布鲁姆的抱怨揭示了一个他无法理解的事实，那就是，"托尔金之争"的双方并不像他暗示的，是学院派或者说精英读者群和流行文化或者说反文化者之间的对垒，而是学院派内部之争。《指环王》流行的现象可以为其中任何一方辩护，只不过在拥护的一方是佐证了《指环王》的价值，在反对的一方是再次证明了流行文化的低俗。因为不论柯南道尔的"福尔摩斯系列"，或者凡尔纳的科幻小说多么受欢迎，学界从未因它们形成对垒之势，这在某种程度上确实说明了托尔金之作的独特性，也就是说，他的作品可能触及了一些学院派内部还无法达成共识的潜在原则，从而触发了这场围绕它们的经久不息的辩论。

2007 年出版的《观看〈指环王〉：托尔金的世界观众》（ *Watching the Lord of the Rings: Tolkien's World Audiences* ）一书的最后一章介绍该书的方法论（主要针对《指环王》电影及其观众），此时这部学术专著仍在自问自答："你怎么让'奇幻'成为研究对象？"显然，将"奇幻文学"作为严肃的研究对象，在学界一定程度上还有待争取。[14]

托尔金对负面的评论非常敏感。他曾为英国没有一家天主教出版物对他进行正面评论（大多数甚至没有评论他）感到沮丧。英国最重要的天主教杂

---

12 J. R. R. Tolkien, *The Lord of the Rings*, Boston・New York: Houghton Mifflin Company, 1994, 853.

13 Ed. Harold Bloom, *J. R. R. Tolkien's The Lord of the Rings*, Introduction, 2.

14 Martin Abrker, Ernest Mathijs, *Watching the Lord of the Rings: Tolkien's World Audiences*, Peter Lang Publishing Inc., 2007, Martin Abrker, Ernest Mathijs and Alberto Trobia, "Our Methodological Challenges and Solutions".

志《*Tablet*》只是表示了温吞吞的赞许。直到后来美国和新西兰的两家天主教出版物给予了热情的评论，他才得到了安慰。1966 年他在《魔戒》第二版序中辩解道："有些读了这本故事的人或至少评论了它的人认为它无聊、荒谬、可鄙。我没有什么可抱怨的，因为我对他们的作品，以及他们明显喜欢的那种写作，也是一样的看法。"[15]托尔金这样说并非单纯出于报复，毋宁说这是他一贯秉持的立场。托尔金不喜欢现代文学，甚至认为人们过高评价了莎士比亚。他酷爱欧洲中古文学，尤其是冰岛和芬兰的史诗，他最著名的学术论文之一《贝奥武甫：怪兽与批评家》（*Beowulf: The Monsters and the Critics*, 1936）旗帜鲜明地表达了他喜爱它们的原因。

在这篇著名的研究论文中托尔金指出，当时贝奥武夫的研究在一种扩展的"文学"的名义下，主要被研究者当作一份历史文献；批评家们往往并不认为它真的有文学价值。即使如威廉·克尔（William Paton Ker）这样认为这部作品具有崇高的风格、真实的价值和伟大的美，也反对其中关于格兰代尔（Grandel，半人半兽怪物）和喷火龙的部分。托尔金留意到，人们认为人类故事优于神话。但他提出，神话有特殊的价值，而且这种价值在于其整体性，具有某种抗解析性。他认为，如果接受《贝奥武甫》中怪物的部分的价值，并不会导致否认书中英雄的价值。在他看来，这首古诗的主题是人生活在陌生的世界中，面对不可避免的短暂人生的悲剧。在这一点上，它更接近北欧神话（北欧神话中的神明也会死去）而不是希腊罗马神话。托尔金借助主题解释了这部作品的结构和文本的历史构成。[16]

托尔金的批评彻底扭转了当时《贝奥武甫》研究的局面。迄今为止，不论对他的观点是否赞同，批评家一致认为他的文章对《贝奥武夫》研究具有革命性的影响。他的《贝奥武甫》研究中的一些阐释也可以应用到他自己的创作中。比如龙的寓言性质，在《霍比特人》中，主人公比尔博最后也需要面对一条狡猾、邪恶而又贪婪无比的龙。

托尔金的创作和他的《贝奥武甫》研究一样，挑战了批评界。笔者不能完全确定，在写作的过程中，他是有意地，还是无意识地在进行这种挑战。但是在学者 T·A·希比看来，这是一种蓄意"挑衅"。他指出，作为牛津大学的语言学教授，托尔金对语言和文学进行了深入细致的思考，并形成了自

15 J. R. R. Tolkien, *The Lord of the Rings*, London: George Allen & Unwin, *Foreword to the Second Edition*, 1966.

16 J. R. R. Tolkien, *The Monsters and the Critics*. London: George Allen & Unwin, 1983.

己的独立见解。希比认为，托尔金对目前的语言和文学的区分十分不满，并且在文中梳理了英国的英语系学科史，他指出这种不满是合理的，从而为托尔金的立场辩护。[17]

显然，像希比观察到的，之所以会出现托尔金之争，是因为当下流行的文学批评体系在容纳托尔金的时候出现了障碍。托尔金在《贝奥武甫：怪物与批评家》中指责的那些批评家，或许会在阅读他的论文之后重新思考《贝奥武甫》，但是离开中古文学研究的背景，当《指环王》作为当代文学面对批评界一些秉持现代精神的批评家时，它们获得的宽容度显然不及前者。

文学自古以来就存在，欣赏语言的优美（包括其音乐性），聆听或者阅读动听的故事是人类生活天然的组成部分。为这样一种几乎天然的存在物辩护，并以此谋生就是现代文学学科的使命。在完成这种使命的过程中，这门学科必须讲述文学伟大的价值所在，并且成为文学的专家，即为人们讲述和甄别文学的价值。文学研究者的尴尬之处在于，学者和作家，一般来说具备的是两种不同的才能，文学研究者绝大多数人并非创作者，他们具有指导人们的阅读并向人们解释这种文本的责任，而文学的现实维度是文学研究者将文学作为一门具有存在合理性的学科，为之进行辩护的重要途径。

在文学研究作为独立的学科成立之后，另一个可能导致的问题是，专业化导致了学院化和精英化。越晦涩的作品越需要解释，这就导致一些养活了众多文学学者的许多作品是一般读者不依赖他们的解释就无法阅读的作品。而且在20世纪，文学的创作者在文本自觉意识发展的潮流中，也常常使阅读成为一件辛苦的、脱离大众的事。导致出现了切斯特顿所说的怪现象：这是世界历史上第一次一些东西因为不流行而被赞扬，过去的艺术家从来不会因为他们不成功，就认为自己是伟大的艺术家。侦探、言情、童话、励志、恐怖等文学类别往往流行却难登学术殿堂。而另一个可能出现的倾向就是，学者喜爱能够阐释出更多现实意义的文学作品，以及在艺术表述上更有创新性的作品。如果二者能够融合在一起，一件作品以一种创新的形式表达一种新的时代思潮，或者一种从未被描述过的现实状况，则一定是批评家的最爱。而在这些作品中，讲述故事的艺术并不是最重要的，受到重视的是它在时代思潮中的地位，这毫无疑问是一种受到"文化进化论"影响的研究倾向。到了20世纪，文学评论界各种文论流行，受到心理学、人类学、社会学、政治

17 Shippey, T. A., 'Lit. and Lang.' In *J. R. R. Tolkien*, ed. Harold Bloom, 119~140.

运动等影响，文学批评也在一定程度上脱离文学文本自身，进行独立的文学批评创作，这使文学批评益发脱离普通人的阅读。对这种精英、学院化的批评，托尔金的作品构成的挑战是，他的创作不仅极其严肃、系统，经得起最严格的考据，具有一丝不苟的学院派精神，同时却采用了一种学院派难以严肃对待的文类：童话。学院派时下流行的批评手段在这种文类面前碰壁了。我们可以看见不少文学批评也尝试用相似的方式去面对托尔金的童话。比较常见的有批评《指环王》中存在对女性的性别歧视；赞扬《指环王》具有生态立场；或者批评其中的政治和阶层是落后的中世纪式的，等等。这些批评将《指环王》作为一种现实主义，或者说尝试反映和表达现实的作品，而不是以幻想为主要艺术特征的作品，显然没有击中这部作品的重点，甚至有点令人啼笑皆非。

　　1939 年托尔金应苏格兰圣安德鲁斯大学的邀请，做了一个"安德鲁·朗"专题学术讲座，题目是《论童话故事》（"On Fairy-Stories"）。这篇讲稿的加长版于 1947 年发表在 C·S·路易斯编辑的，纪念淡墨会成员之一查尔斯·威廉的文集（*Essays presented to Charles Williams*[18]）中，后来又收入托尔金自己的文集《树与叶》。在这篇文章中，托尔金详细地阐述了自己对童话故事的理解。作为一位高度自觉的学者和作家，我们能够在托尔金的作品中看见他将自己的理论付诸实践的努力，不可小觑他的非系统文论背后清晰的目标和诉求。由于这篇文章对理解托尔金的作品至关重要，本书摘录翻译了文章中的主要内容，置于本书文末作为附录。[19] 下面第二节便从这篇文章出发，展开童话诗学的讨论。

第二节　童话诗学纲要

　　存在一种严肃的童话诗学吗？

　　巴赫金在《陀斯妥耶夫斯基诗学问题》中指出，许多研究陀思妥耶夫斯基作品的文学评论者坠入了陀氏笔下人物的故事之中，和故事中的人物展开辩论，这在文学批评中是一种错误的方法。因为这种评论忽视了作品本身的艺术性，即其复调结构。在笔者看来，这种错误也在《指环王》的批评中一

---

18 Ed. C. S. Lewis, *Essays presented to Charles Williams*, Oxford University Press, 1947.
19 译文部分来自网络，译者不详，根据原文有许多修改、增删。

再重现。一个很重要的原因导致批评者去犯这样的错误，从表面上看是他们忽视了文学作品的形式，但深层次的原因是他们找不到能够处理、阐释这种童话独特的文本形式的理论资源，从而在批评的时候，陷入最传统的陷阱，即坠入作品缔造的世界之中，将其中的世界当成是真实的世界，批评里面的人物的言行举止是否是道德的、政治体制是否是民主的，然后以此评判该作品是否是好作品。这在本质上和依据现实世界中不可能有魔法，然后指责文本中的魔法是虚假的一样，缺乏文学研究的专业手段。除非这些批评在探讨文本中的生态、性别歧视、落后的政治社会体系时，也同时处理它们和作品中的叙事方法、人物形象的设定等等之间有机的联系。毕竟文本世界有别于现实世界，使一部作品成为杰作的并不是因为它其中的某些片段言论或行为符合今天看似"正确"的价值观。如果这样解读，《彼得·潘》中彼得·潘杀死胡克船长的情节岂非是在向孩子们宣扬暴力？而符合"正确性"的文学不论其在艺术上粗糙与否，岂不都成了好作品？

令一些批评家放弃童话的另一个原因是，童话似乎非常简单、程式化，从中难以提炼深刻的不为人所知的主题。毕竟，除了陈词滥调的"寓教于乐"之外，还可以用什么来为童话辩护呢？对一些批评家来说，难以容忍的是，托尔金倾心竭力的严肃创作不仅彻头彻尾是童话的内容，即整个故事都是虚幻而非现实的，而且其中关注的核心是老一套的非黑即白的善恶斗争。[20]现有的批评可以容纳一定程度的幻想，比如《百年孤独》、《大师与玛格丽特》，甚至《动物农庄》。但是对这些作品的"魔幻现实主义"或者"寓言体"的定性表明真正受人重视的仍然是它们的现实指向。较少有学者很认真讨论其中的幻想成分成功与否，虽然人们公认这些成分大大增加甚至是决定了这些文学作品的可读性。

对一种幻想文学可以有不同于现实倾向文学的评价方法吗？笔者认为是可能的。而托尔金的《论童话故事》及其创作就为童话诗学的建设提供了思想资源。

---

20 休·基南（Hugh T. Keenan）指出，《指环王》中的善恶之争最主要是通过生与死的斗争来完成的。在《指环王》的世界中，善等于生命的延续，而死等于生命的终结。一系列生机勃勃的意象都被用来表达善的世界，而那些荒凉、贫瘠的意象则用来表达恶的世界。Ed. Harold Bloom, *J. R. R. Tolkien's The Lord of the Rings*, Philadelphia: Chelsea House Publishers, 2000, Hugh T. Keenan, "The Appeal of *The Lord of the Rings*: A Struggle for Life", 4.

　　《论童话故事》分三个部分：第一个部分探讨童话，将童话定义为对奇境的描述；第二个部分说明幻想的作用："幻想昭示着真实"，以及"真正的创造性的幻想成立的前提是确信在这个世界中一切应当如此；是对事实的认识，而不是被事实所奴役。"第三个部分以上述两个部分为基础，提出童话的三种功能：恢复（recovery）、逃避（escape）和慰藉（consolation）。

　　在《论童话故事》的开头，托尔金提到童话的定义问题。和一般的认识相反，他不认为一部作品之所以是童话，是因为其中出现了魔法、会说话的动物或者神仙鬼怪，他说："对童话故事的定义……不应依赖于对于精灵或仙女的定义或历史描述，而是依赖于*仙境*（*Faërie*）的本质：危机四伏的国度本身，以及这个国度的独特氛围。……童话故事就是利用或者围绕仙境的故事，无论它本身的意图是什么——讽刺、探险、道德、奇幻。……有一个附加条件，即使故事中有讽刺，魔法却不能被取笑。它应当被严肃对待，既不能嘲笑，也不能加以解释而使其消解。"[21]也就是说，童话之所以为童话，重要的不是存在某种超自然现象，而是使这些超自然现象能够成立的文本世界的假设，即超自然现象背后隐含着未经祛魅的世界。

　　笔者以为，托尔金的这一定义点出了童话的本质，同时也揭示了童话诗学的开端，那就是童话比任何其他文学形式都更指向文本的虚拟性。文本世界由文字而非实物构成，因此它是虚构的，这原本是所有文学，乃至所有故事的共同特征。这也是所有世代老少咸知的常识。故事，当它被讲述的时候，不等于真相或者历史，所以如果一个人被故事感动至落泪，他只会对讲故事人表示感谢，而不是痛恨对方给自己带来了痛苦。这是讲故事人和听众之间的默契。从符号学的角度来说，文字是符号，它只能构成符号世界，即使这个世界指向现实世界，尝试成为现实世界的镜像（姑且不考虑歪曲与否），读者必须承认故事与现实之间的鸿沟在本质上是不可跨越的。切斯特顿在《回到正统》中讨论了"仙域的伦理"。切斯特顿指出：仙域成立的一个重要原因是，没有人会混淆它与现实世界。举例说，青蛙王子的故事的本质是强调信守承诺。即使承诺的对象是一只难看的青蛙，一旦对方完成了任务，最美丽的公主也必须按照承诺和它同床共枕，而最疼爱公主的国王则必须监督承诺的执行才是公义的。如果不以虚拟性为前提，这个故事是可怕、恶心、反自然的。托尔金的《指环王》的意义在于，它是一部在文学的虚拟性方面的划时代之作。

21　J. R. R. Tolkien, *Tree and Leaf*, London: HarperCollins*Publishers*, 2001, 10～11.

　　我们需要留意，并非所有具有奇幻元素的文本都是童话。童话是一种相当现代的以文本的虚拟性为特征的次文类。神话（myth）在其产生和流行的时期，并不被认为是"非现实"的。《格林童话》是现代最早流行的童话故事，其中许多故事不是原创，比如它们的一些故事原型来自《五卷书》。格林兄弟采集自民间的《格林童话》的原初形态含有不少色情、暴力的成分，出版之初问津者寥寥。后来风靡各国的《格林童话》是在英国出版并删去了许多"儿童不宜"部分的版本。该版《格林童话》于19世纪初登陆英国，很快成为家庭炉火边的热门读物，并引起了创作者的进一步效法。由于童话深受儿童、父母的欢迎，一些较保守的基督教人士和教育工作者曾经攻击这种文学形式过于荒诞不经，不利于儿童的道德教育。但同时也有类似柯尔律治这样浪漫主义背景的文学家为之辩护，认为它扩展了想象力，为全人的教育和更完整的世界观提供了可能。随着童话的流行，越来越多作家参与了童话创作，在英国维多利亚时代达到了鼎盛时期，许多重要的童话家都在这时进行创作，比如《公主与妖魔》的作者乔治·麦克唐纳（George Macdonald）、《爱丽丝梦游仙境》的作者路易斯·卡罗尔、《水孩子》的作者查尔斯·金斯利等。甚至同时代的奥斯卡·王尔德也留下了脍炙人口的童话故事。可以说，童话是一种伴随现代社会对儿童的发现——这是一场儿童观念、家庭理念乃至教育的革命——而诞生的文学形式。它在现代社会中有极强的适应性，两百年来影响越来越大，如今已经深刻影响了当代人（在中国主要是四十岁以下的人）的思维和认知模式。

　　从童话的诞生时间和历程来看，童话无疑是现代社会的产物，如上文所说，童话的前提是能够清晰区分"现实"与"非现实"，这与现代社会祛魅后的认知模式、文化状况是相适应的。查尔斯·泰勒在《一个世俗的时代》（A Secular Age）中指出，现代人的自我认知与前现代人的一个重要差异是，前者以自己的皮肤为界，承认一个不可渗透的自我（imporous self），即不承认非物质之外介质的存在及其对自己的影响。童话以将巫术、精怪等划分至虚拟世界这一作者和读者的共识为前提，因此，像切斯特顿说的一样，童话的基础是对现实和虚拟的清晰区分。而童话的虚拟世界穿行于现代社会祛魅化的现实认知之中，给予了读者安全的非现实想象空间，并补足现实空间为想象预留空间不足的问题。而同时，任何虚拟都以某种现实为前提，不论虚拟和现实之间的关系是模仿、戏仿、扭曲还是颠覆。童话在虚拟之中以各种方式改写现实，因而童话的重点之一便是把弄其"虚拟性"，这导致童话带有极强的游戏性。在这个意义上，在形式上最纯粹的童话之一是路易斯·卡罗尔的《爱丽丝漫游仙境》。这部童话前所未有地实践了"煞有介事的胡言乱语"，卡罗尔以一位数学家的精准将逻辑不通的言辞和行为玩弄到极致。大段大段的文字都指向一套套自成"体系"的说辞。爱丽丝原本被成人认为"缺乏逻辑"的儿童心理特征在一个"以毫无逻辑为逻辑"的仙境中，显得如此具有自成一体的逻辑。正是在虚拟世界中绝不可能的"逻辑"自认为极有说服力，造成了这一文本高度的戏谑性或游戏性。

在第一章讨论切斯特顿的时候，笔者介绍、引用了艾莉森·米尔班克在《作为神学家的切斯特顿和托尔金》中的观点：即维多利亚晚期丧失了对语言的宗教基础的浪漫主义概念的确信。米尔班克认为，这种断裂的结果是双重的，首先，文学语言作为一种媒介或物质称为其自身的终点；其次，它成为一种死终点，艺术或诗歌变成对一个失落的在场的纪念碑。[22]她由此认为，切斯特顿的创作的核心目标是建立物体的神奇或超验的现实主义，而托尔金则是建立它们的独立性。[23]

切斯特顿相信童话能够唤回常识，但是为什么需要精灵和仙境来唤回我们对现实的感受呢？托尔金为什么需要缔造具有自身独立性的完整的次世界呢？如果我们确认童话在形式上的基本特征是玩弄文本的虚拟性，那么，童话在内容上的特征就是，通过扭曲、戏仿各种为人们熟知的现实，使人们在游戏的过程中识别这些现实，唤醒它们。人们熟知的现实也就是常识。托尔金显然意识到了他笔下的中土世界与基督教毫不相干。他的理由是，《指环王》的故事发生在第三纪的末尾，第四纪才是人类的纪元。当指环王的故事发生的时候，耶稣还未诞生，上帝的启示尚未言说。而笔者认为，在托尔金的理由背后有一个更深层次的神学原因，那就是对于基督教而言，耶稣基督的诞生是一个神圣事件，它不会重复发生，也不在自然的逻辑之内，是上帝出于自主对人类进程的干涉。托尔金的故事中如果不涉及神圣的启示，就应当丝毫不涉及基督教，因为基督不会在自然条件下出现，而托尔金避免讲述基督教，正是他守住了信徒的本分，不越界讲述自己无权讲述的故事，因而将他的故事设定在普遍启示的范围之中。换句话说，他承认了自然和神圣事件的

---

22 Alison Milbank, *Chesterton and Tolkien as Theologians: The Fantasy of the Real*, 31.
23 Ibid., 39.

割裂。这也是为什么，在他的笔下，神圣护理（providence）[24]如草蛇灰线，只是在故事中隐隐出现。

　　而就托尔金的读者接受场域而言，童话唤回常识的功能指向了第一世界中常识的危机。现代以来，第一世界的语言与事物的指涉关系断裂得无法讲述事物完整的价值和意义，无法确认人与事物之间的联系，所以只能透过童话这种以虚拟性为前提的文本形式来聆听需要讲述的常识。切斯特顿敏锐地观察到了这一点，他在《这个世界出了什么问题》中写道："（我们）从确认人类传统的真理、并以权威的毫不动摇的声音传递它的责任中退缩。那是一种永恒的教育，它如此确定有些东西是真实的，以致你敢将它告诉一个孩子。现代人从这个无所畏惧的指责面前四方落跑；唯一的借口是（当然），他们的现代哲学是如此不完整的假设，以致他们无法说服自己去说服一个新生的婴孩……"[25]

　　托尔金也明确地观察到了童话的这一功能，他在《论童话故事》中写道："仙境的魔法本身并不是目的，其价值在于它的作用：其中包括满足某些原始的人类愿望。这些愿望之一是探索时间和空间的深度，另一个是（就像将要看到的那样）和其他活的东西交流。"[26]在一个仙境中，不论魔法还是精灵，都标志着人的语言和行动可以与自然界建立直接的感应关系，不是外在的机械的关系（即科技的角度），而是内在的深刻连接。这种人与万事万物之间的非机械连接，也使人与自身的各个部分建立了非机械连接，因为它假设在机械连接以外，还存在人、事、物、他人、宇宙之间的神秘的内在联系。当理性主义发展到把物体对象描述为"物自体"时，主客体之间的必然连接关系被存疑。按照常识学派的观点，这种连接是不应当被否认的公理，而是行事为人的前提。而在怀疑主义盛行的现代社会中，该"公理"在学理上被不知可知论推翻。因此，在这个意义上，童话的文本世界与第一世界是同构的，它的自成体系的世界建立在一个虚构的假设之上，但是根基的"不稳固"却不妨碍它向前发展，至少在托尔金这里是这样，他坚守童话文本的虚拟性，否认它尝试干预现实。也因此，托尔金坚称他自己的作品并不针对时局，更不是所谓"寓言"。他在一篇发表的论文中，将自己的语言创作活动描述成一种"隐秘

---

24 神圣护理：providence，有时为 divine providence，在神学上指上帝对世界的干预，
　　若大写则是是上帝的名称之一。

25 G. K. Chesterton, *What's Wrong with the World*, Cosimo Classics, 2007, 154.

26 J. R. R. Tolkien, *Tree and Leaf*, 32.

嗜好"；并说，虽然《指环王》大部分创作于二战期间并着力描绘了一场战争，但是《指环王》的创作并非旨在针对纳粹或核武器的使用，在希特勒和索隆之间，在魔戒的力量和广岛爆炸的原子弹之间并没有真正的可比性。

从童话的虚拟特征中，可以延伸出童话阅读的理论。按照托尔金的说话，童话在阅读时会产生"引人入胜的奇异性"。也就是说，一部童话最高的境界便是使读者在阅读中迷失。在这方面，它和现代主义文学形成鲜明对比，因为童话拒绝读者在文本中进行自我反思。读者在阅读童话时，等于签订了一个角色扮演的约定，他决定在短暂的时间中搁置柴米油盐的当下关切，通过童话的核心角色的角度对仙境进行替代性体验。在本书的引论部分，曾经稍微讨论了喜剧与人生的主动扮演性之间的关系。在这个意义上，童话延续了喜剧的精神，以游戏的虚拟性消解严肃的现实，关注人生的虚拟性和游戏性。因此阅读童话是一种主动的角色扮演，可以通过文本感受到人生的"游戏"。当然，童话在形式上和喜剧的差别很大，除了舞台表演和文字展示的差异之外，两者的主人公和视角的差别是巨大的，而这一点与童话的现代性背景相关。一般童话的场景和故事展开的原则是以儿童视角，或者动物视角，而动物视角事实上是对儿童视角的模仿；主人公也相应为儿童或动物。

托尔金的《指环王》延续了许多维多利亚时期的经典童话元素，同时也对这个现代的童话传统进行了拓展。这种发展主要改变在三个彼此相连的方面：1、"半成人"主人公和视角；2、建立完整的第二世界；3、通过引入史诗的文本叙事手法，建构崇高的美学，拓展了童话的美学。

托尔金的《精灵宝钻》和《胡林的儿女们》使用的是类史诗的全知视角。但是《霍比特人》和《指环王》使用的是"霍比特人"视角。"霍比特人"被称为"哈夫林"（halfing），该角色在一定程度上延续了儿童视角，也融合了一定成人特征，是托尔金创造的独特混合视角。比如主角在外形上如同人类的儿童，但在年龄上是霍比特人中的成人，同时具有儿童和成人的部分特征；霍比特人在中土世界中相对是较无知的民族，他们的生活质朴单纯，热爱美食，眷恋乡土，他们在性格、认识、思维特征等方面具有部分人类儿童的特征。长期受到浪漫主义影响的儿童文学在发展中建立了天真儿童的模式化形象，在这个文学传统中，儿童视角的特点是内心世界相对成人较单纯，思维特征较为具象，尚不能理解过于复杂的象征，比如权力结构，因而也较依附于直观的感受。这是童话相对于喜剧的变化，喜剧仍然属于成人世界。用模仿儿童的视角看待世界，在现实中结果可能是多种多样的，也许残酷恐怖，或许温柔甜美。但是在童话中，世界只有一个定向的模式，那就是满足愿望的奇妙仙境，这同时意味着它们是快乐结局（ happy ending ）和奇幻的（ fantastic ）的。仙境的创造依赖于儿童视角或者类儿童视角，因为这一叙事视角假设了观看者对世界的无知，从而为其遭遇未知世界提供了心理空间。《指环王》中多次依赖类儿童视角的"霍比特人"视角来表现神奇的仙境。

"皮平醒来了，抬头望去，看见左手是一片雾海，如同暗淡的阴影从东面升起；在他的右边，从西方绵延而来的耸天群峰突然戛然而止，好像是在造地之初，河水冲破壁垒，切割出巨大河谷，使之成来后来成为兵家必争之地。就在埃雷尼姆来斯白山截断处，他望见敏多洛因山黑黝黝的巨大身影，暗紫色的深谷，还有在初阳下渐渐泛白的山体，这正是刚多尔夫告诉过他的景致。这座壁垒森严的城市建在此山突出部，它那七道古老的石墙坚固得像是由巨人直接从岩石上凿出来，而非铸造而成。

皮平惊讶地凝视着，只见朦胧的灰墙渐渐变白，在朝霞中披上一层淡淡的红光，太阳蓦然跃上阴暗的东天，射出万缕金光，照在城上。皮平叫出声来，原来屹立于最高一环墙上的埃克西利翁塔如出鞘巨剑直刺青天，闪烁着珍珠般的莹光，塔尖似乎由水晶组成，美不胜收……"

　　　　"皮平眼望着这巨大的石城，益加惊讶。他做梦也没想到它是
　　如此的雄伟壮观。"[27]
又如下面这一段：

　　　　"梅利不清楚山上到底有多少骑兵。沉重的夜色中他无法猜出
　　他们的人数，但他觉得反正是一支庞大的军队，有成千上万条壮汉。
　　他正在左顾右盼时，国王的人马向上走去，到了谷底东面黑暗的峭
　　壁下面；山路突然开始往上，梅利惊讶地抬头望了望，像这样的山
　　路他以前还从未见过，这是人类远古时用双手创造的杰作。蜿蜒而
　　上的山路犹如一条长蛇盘绕陡如梯子的斜坡，忽而向前，忽而往
　　后，……山路一个个转弯处，都立着不少被雕成人形的巨石，这些
　　人像高大魁梧、四肢笨拙，两腿交叉蹲坐，粗短的胳膊，交叉叠在
　　胖胖的肚子上。……这些石人已经都没有力量，也不再使人可怕了。

---

27 托尔金，《魔戒第三部：王者无敌》，汤定九译，南京：译林出版社，2009，第7～9页。

不过，当这些石人忧郁地在黑暗中朦胧显现时，梅利还是惊讶地几乎怀着一种怜惜的感情细细打量。"[28]

霍比特人皮平和梅利居住在中土世界的边缘，都是第一次涉足家乡以外的地区。即使像弗罗多和比尔博这样霍比特人中的学者和冒险家，也很不容易才克服霍比特人的惰性，踏上冒险之旅。可以想象，如果这两段场景不是采用没见过世面但又心地单纯的霍比特人的视角，而是由见多识广的巫师甘道夫或者饱经风霜的游侠阿拉贡的视角出发描写，效果将是完全不同的。

人们公认童话对孩子有寓教于乐的功能。之所以能够这样，和它的儿童主人公视角有分不开的关系。童话的主人公是心地单纯、开朗乐观、容易满足的小人物。在现实中，这种人或许像儿童一样，在成人世界中处于弱势。但是，童话却不断地强调，只有这种人才能看见奇境。因为儿童拥有天真单纯的好奇心，奇境才可能向他们展现。在欣赏奇境的时候，读者自然地采纳了接近儿童的心理特征，对世界拥有好奇心，并趋向天真和单纯。

托尔金为童话做的成人化努力包括让他笔下的次世界是自足的。中古世界拥有自己的历史，从创世直到末了。严格地说，这是史诗和《圣经》的叙事幅度，远远超越了现实主义文学的可能性。用后现代主义术语来说，托尔金将童话建设成为"宏大叙事"（great narrative），而不只是满足于描绘奇境的小小片段，像以往大多数童话一样。中土世界有自己的地图，各民族拥有自己的发展史，而且托尔金以一位研究者一丝不苟的精神使各种细节彼此之间保持一致，甚至预留了许多"历史的空白"。最后这一点显然也模仿了史诗和《圣经》的叙事方式。比如《指环王》对霍比特人历史的描述，以一种民族志的考察方式写成，最后并没有给出确定的答案，即说清楚和中土三大族类（人、矮人、精灵）都不同的霍比特人的起源究竟是什么。

《指环王》的文风继承了北欧史诗，变化之处在于将诗歌的形式转化为散文。前面哈罗德·布鲁姆指出了《指环王》的文风还近似英语钦定本圣经。这两种前现代的文风的共同特点是质朴直白，都没有预设读者复杂的内心世界，而且这两种文风也都具有浓重的历史意味，在讲述我们今天意义上的"传说"或"神话"的时候将它们视为事实。这些努力使《指环王》突破了《霍比特人》的传统童话形态，赋予了童话崇高的美学风格。这种风格除了需要宏大的历史叙事的烘托之外，还需要主人公朴素、单一、完整的内心。作为

---

28 同上，第60页。

一种和宗教、伦理紧密相连的美学风格，《指环王》的崇高风格也透露出《指环王》背后的信仰诉求。

第三节　喜悦而悲伤的"宏大叙事"

托尔金是一位敬虔的天主教徒。在世纪之初的英国，皈依天主教还不是一件那么容易的事情，孀居的梅布尔因为改宗天主教，父亲与她断绝关系，使她的贫困雪上加霜。1910 年，由于托尔金是虔诚的天主教信徒，当伊迪丝想和他结婚的时候，按照天主教会的规定，她应当皈依天主教，这样才符合教会对教徒的要求。为此伊迪斯不得不面对痛苦的选择，一旦她改宗天主教，必定会被她寄居的亲戚家庭赶出家门。托尔金认真履行各项天主教徒的职责，其中包括每天早上去教堂做弥撒。受到家庭的熏陶影响，他的长子约翰成为了神父。1963 年他在给二儿子迈克尔·托尔金（Michael Tolkien）的一封探讨信仰的长信中说："从最开始我便爱上了圣餐——也因上帝保佑，终身不敢或忘。"[29]

正如托尔金本人在一封通信中所言，《指环王》当然在本质上是一部宗教的、天主教的作品；起初是无意识的，在修订中则是有意识的。"[30] 约在 1951 年末，由于美国出版商弥尔顿·瓦尔德曼（Milton Waldman）不愿将《指环王》与《精灵宝钻》同时出版，等待多时的托尔金写了一封长信给瓦尔德曼，阐明他创作这整个神话世界的缘起："我要为英文写一则神话，一则遥远的传奇，以精灵的眼睛来看天地初开以降的一切事……更重要的是，我要在这则神话中清楚明确地包含基督教的信仰。我相信所有的传奇与神话，如同所有的艺术，绝大部分是源自于'真理'（truth），却以隐约的方式反映出道德与宗教上的真理（或错误）。这些故事是全新的……"[31]

在《指环王》中，托尔金明确指出魔戒远征队的日期是十二月二十五日（即纪念耶稣降生的圣诞节），魔戒被投入火山销毁的那一天则是三月二十五日（英国旧历复活节，纪念基督复活的日子）。这种刻意的时间设定，使得魔戒远征的故事具有《圣经》中救赎主题的维度。在内容上，《指环王》也有许多对基督教信仰（尤其是在道德层面上）的指涉。

---

29 Ed. Carpenter Humphrey, *The Letters of J. R. R. Tolkien*, Boston: George Allen & Unwin, 1981, 340, Letter No. 250.
30 Ibid., 172, Letter No. 142.
31 Ibid., 143 ~ 161, Letter No. 131.

2003 年，美国学者拉尔夫·伍德（Ralph Wood）出版了《托尔金的福音书：中土王国的视界》（*The Gospel According to Tolkien: Visions of the Kingdom in Middle-earth*），[32]该书从基督教灵修的角度阐释中土世界里"创造的伟大交响乐"，"邪恶的灾祸"和"德性的生活"。该书不仅发掘了托尔金作品的道德和信仰维度，而且说明托尔金的作品继承了基督教文学的一些传统。比如，托尔金在基督教的价值观中进一步改写了史诗的传统主题——对荣誉的追逐、对武力的崇尚，以及史诗中的英雄主人公。中世纪的骑士文学是在基督教世界观下对前基督教英雄历险故事的继承、改写和发展。在各种骑士传奇中，武力虽然是一位伟大骑士的重要指标，但是纯净的品行被认为是更重要的，也是更困难的。比如叙事长诗《高文爵士和绿衣骑士》中高文爵士接受了贵妇的腰带，正是他缺乏完美的勇气的表征，因为完美的勇气需以完美的正义为基础；而圣杯系列故事中最终找到圣杯的并非武功第一的朗斯洛——他因为和王后的私情德行有亏，无缘圣杯。中世纪的骑士被认为需要有八种品格："谦卑（Humility）、诚实（Honesty）、怜悯（Compassion）、英勇（Valor）、公正（Justice）、牺牲（Sacrifice）、荣誉（Honor）、灵性（Spirituality）"，其中的谦卑、怜悯、牺牲、灵性，都明显是受到基督教伦理影响的品格。但同时，中世纪多样化的骑士传说仍然有许多非基督教的部分，部分是因为人物的历史原型来自异教文化。而在托尔金的笔下，英雄主人公得到了进一步基督教思想的净化。这集中体现在他的霍比特人形象中。虽然代表武力的阿拉贡和代表智力的巫师在《指环王》中起到了不可替代的作用，但是四个霍比特人却无疑在小说中举足轻重。他们彼此具有深厚的情感、能够建立彼此忠诚信任的团队，他们热爱乡土和食物，仿佛是最无能的族类，但却是最能够抵挡魔戒诱

32 Ralph C. Wood, *The Gospel According to Tolkien: Visions of the Kingdom in Middle-earth*, Westminster John Knox Press, 2003. 类似视角的研究还有 Sarah Arthur, *Walking With Frodo: A Devotional Journey Through the Lord of the Rings*, Thirsty, 2003; Peter Kreeft, *The Philosophy of Tolkien: The Worldview Behind The Lord of the Rings*, Ignatius Press, 2005; Ed. Trevor Hart and Ivan Khovacs, *Tree of Tales: Tolkien, Literature, and Theology*, Baylor University Press, 2007; Joseph Pearce, *Bilbo's Journey: Discovering the Hidden Meaning in The Hobbit*, Saint Benedict Press, 2012; Ed. Paul E. Kerry and Sandra Miesel, *Light Beyond All Shadow: Religious Experience in Tolkien's Work*, Fairleigh Dickinson University, 2011; Ed. Paul E. Kerry, *The Ring and the Cross: Christianity and the Lord of the Rings*, Fairleigh Dickinson University Press, 2011; *The Spiritual World of the Hobbit*, James Stuart Bell and Sam O'Neal, Bethany House Publishers, 2013; Craig Bernthal, *Tolkien's Sacramental Vision: Discerning the Holy in Middle Earth*, Second Spring Books, 2014.

惑的一群人，因为他们谦逊、诚实、怜悯，并因此不畏牺牲。尤为符合基督教信仰的是，在托尔金的笔下，即使霍比特人也不能完全抵挡邪恶的诱惑。在最后的关头，弗拉多竟然被魔戒所诱惑，拒绝毁灭魔戒。此时，比尔博和弗拉多几度出于怜悯、饶他不死的古鲁姆抢走了弗拉多的魔戒，和魔戒一起跌落火山口，救了弗拉多的性命，也使中土世界免于落入索隆的手中。也就是说，虽然在中土世界从未有一个种族具有清晰的宗教信仰，但是这个世界在冥冥之中仍然受到某种道德律令的庇佑，它与人们心灵中的善意相呼应，最终保守这个世界免于毁灭。

因此，文中当弗拉多最初得知古鲁姆向索隆泄露了消息，可能导致霍比特人居住的霞尔遭到灭顶之灾，和甘多尔夫有下面这样一些对话：

"毕尔博当时为什么不趁机将那混账恶棍一剑捅死？"

"可惜吗？也许。这是怜悯，是毕尔博手下留情，他动了恻隐之心，不肯随意杀人。毕尔博善有善报，弗拉多。……"

"罪该万死，我倒也想这么说。许多活着的人本该死去，又有一些死去的人本该活着。你能决定他们的生死吗？别急着把人打入地狱。即便最杰出的大师也无法预测一切。至于古鲁姆在咽气前会不会改邪归正，我实在不抱多大希望，但还是有一丝可能的。他的性命与魔戒息息相关。我心里明白，在一切了结之前，不管好歹，他有戏要唱。到那时候，毕尔博的怜悯之心也许会左右许多人的命运——起码是你的命运。"[33]

"在这件事的背后，还有其他力量在起作用，这种力量超越了魔戒制作者的设想。我可以只能说，是毕尔博，而不是它的创造者，命中注定要发现这枚戒指。据此类推，你也是命中注定要得到它的。这可能是一个令人鼓舞的想法。"[34]

中土世界被设定为一个非基督教的世界，甚至也见不到众生灵向独一神伊露瓦尔祈祷，接受他的启示或者谈论他。但而这种所谓"在起作用"的力量指向了一种活跃生动的善的主宰性，而且这种善的力量的功用的发挥，需要生灵个体凭借自己的意志，依照善的规则，实施善的举动。这些善的举动虽然

---

33 托尔金，《魔戒：第一部魔戒再现》，丁棣译，南京：译林出版社，2009，第72~3页。

34 同上，第68页，根据原文对译文稍有修改。

看似在短期内可能带来麻烦，却最终被检验认定是正确的举动。因为这种超越索隆意愿的力量的存在，小小的霍比特人弗拉多背负运送魔戒的重任，就变得有成功的可能性。托尔金在书信中写道："就像最早的故事通过精灵的眼睛讲述，这个最后的古老故事（即《指环王》），从神话、传说下降到地上，主要从霍比特的视角讲：因此它事实上是人类中心的。但是从霍比特而非人的视角来讲，是因为这个最后的故事想要最清晰地展示一个重复的主题：意志的无法预料、无从预计的行为在'世界政治'中的地位，在智者和伟人（有善有恶）的重要性中被遗忘的、渺小的、不伟大的善行。一种整体的伦理（指环主要象征纯粹权力的意志，试图通过物理的力量和机械将它自身客观化，由此不可避免地撒谎）是明显的伦理，即没有崇高和高贵，简单和粗俗不过是彻底的低劣，反之亦然，缺少简单和普通，高贵和英雄则是毫无意义的。"[35]在《指环王》中，托尔金具有明显基督教信仰背景的信念——个体的伦理和宇宙的法则彼此吻合——得到了清晰的展示。

又如中土世界的创世故事，虽然在某种程度上参考了北欧的神话，但事实上托尔金进行了许多改编删减，使之更符合基督教的创世说。在北欧神话中，第一个物质形态的东西是霜冻巨人伊米尔（Ymir），据说它是由不知名处（有可能是从银河上）坠落的有毒滴液构成的。伊米尔身上的汗变成小瘤，发展成其他巨人。在冰岛史诗《老艾达》（The Older Edda）中，一头奶牛舔舐咸冰块，露出了一个人形的布里（Buri），他的儿子博尔（Bor）生下了北欧万神殿中的重要的奥丁、威利和维。奥丁、威利和维杀死了伊米尔，用他的身体铸造了中州，他的血构成了河流湖泊和海洋，他的肉身制造了大地，他的骨头制成了山脉。男人和女人是由奥丁兄弟三人在海边发现的两棵树制成的，这三位神也创造日月星辰。出于明显的原因，这种创造的描述并不吸引托尔金，就像《创世记》一样，托尔金缔造的世界中只有一位至高神，即独一的埃努（Eru the One）。托尔金决心使他的故事与北欧神话、圣经叙事都明显有别。

托尔金从北欧神话中砍去了其中的多神论部分，比如说十二主神，奥丁、威利和维等以及他们的妻子们。《精灵宝钻》中的埃努—伊路维塔（Eru Ilúvatar）创造了次等神维拉（Valar）。在"埃努的大乐章"中埃努—伊路维塔带领众维拉一起创造了世界。只有精灵和人类是埃努自己独立创造的。这种创造显然

---

35 J. R. R. Tolkien, *The Letters of J. R. R. Tolkien*, 160, Letter No. 131.

在性质上更类似《创世记》以及基督教的传说故事，即创造是以至高神为首的，从无中生有的创造。而且，在《创世记》第一章中，上帝是用语言来创造的。在《精灵宝钻》中则是以埃努为主旋律的大合唱。同样是使用声音，无中生有的创造。将宇宙秩序比拟为交响乐在中世纪并不陌生。中世纪人的宇宙观融合了基督教创造论和毕达哥拉斯的天文数字说，认为日月星辰都在同心圆的轨道上运行，而且一直在发出音乐。因为上帝的创造是如此和谐的缘故，整个宇宙都被认为在发出和谐的乐音。而天使在上帝面前发出赞歌更是《圣经》传统坚实的组成部分。[36]

虽然埃努—伊路维塔的名字来自北欧神话，埃努和维拉、中土、人类彼此之间的关系，却符合基督教中上帝和天使、世界、人类的关系。北欧神话中有一种叫做卢恩（Runes）的咒文，只要将它刻在木、石、金属甚或任何材料上，就能得到无穷的威力。奥丁取得了卢恩文字的奥秘，由北欧神话中的命运三女神（Norns）把这种文字记载的命运刻在黄金宝盾上。但如前所述，在托尔金的故事中，人物的自由意志起到了非常关键的作用，毫无命运决定论的痕迹。

和伊甸园的故事原型一样，社会的衰败和各种族类的贪婪是托尔金作品一贯的主题。《精灵宝钻》一再重复着人类的堕落故事，善恶对立贯穿故事的始终。维拉中最强大的梅尔克（Melkor）想唱自己的歌，蓄意违背埃努的意愿，聚众叛变，使整个中土的宇宙失去了和谐。这是《失乐园》中撒旦因自高而背叛上帝，诱惑人类故事的翻版。魔戒诱惑众族类膨胀犯罪的强大神秘力量也是邪恶侵蚀人类灵魂的翻版。[37]索隆是一个基督教魔鬼形象的现代转化。兰

---

36 比如《旧约·以赛亚书》6：1～3："当乌西雅王崩的那年，我见主坐在高高的宝座上。他的衣裳垂下，遮满圣殿。其上有撒拉弗侍立，各有六个翅膀：用两个翅膀遮脸，两个翅膀遮脚，两个翅膀飞翔。彼此呼喊说：'圣哉! 圣哉! 圣哉! 万军之耶和华，他的荣光充满全地!'"又如《新约·路加福音》2：13～14："忽然，有一大队天兵同那天使赞美神说：'在至高之处荣耀归与神! 在地上平安归与他所喜悦的人（有古卷作"喜悦归与人"）!'"

37 罗斯·津巴多（Rose A. Zimbardo）在《〈指环王〉的中世纪——文艺复兴视界》（The Medieval - Renaissance Vision of The Lord of the Rings）中指出："索隆在书中从未人格化，而只是作为一只眼睛出现。这只眼睛是虚假的自省仪式的象征（英文中 eye（眼睛）与 I（自我）同音）。索隆是从整个受造界转离，仅仅将自我的沉思作为唯一现实的力量，一种隐含在自由意志中的可能性。真实的自我，正确的身份认同，只能在团队中寻找到。"Ed. Isaacs and Zimbardo, *Tolkien: New Critical Prspecives*, Lexington: University Press of Kentucky, 1981, 63～71.

德尔·赫尔墨斯（Randel Helms）写道，基督教传统中魔鬼的存在解决了我们生命经验中无法解释的邪恶的问题："神话……逐渐消亡，使我们对现实的想象性领悟中留下了一个巨大的空洞，我们缺少想象的产物去妥善处理我们的真实感受，那就是我们的经验中存在极端的或者不可解释的邪恶。" [38]

在《指环王》最后一部《王者无敌》的附录 A 中，托尔金简述了索隆的历史。显然，他发现索隆的神话是他对极端的恶的探寻的一个令人满意的核心。索隆原本是高贵的造物，在中土具有至高的权力。最初的努美诺尔人（Numenoreans）像亚当一样，只有一个唯一的禁令，就是不可以涉足西方的不死之地，这个命令被称作维拉的禁令。在第二纪，索隆欺骗努美诺尔国王和他的大多数臣民，告诉他们占有不死之地的人将拥有永生，这个禁令只是为了防止他们超越维拉。在他的迷惑之下，被欺骗的努美诺尔人犯下了中土世界的原罪，他们的王国崩溃了，索隆也失去了肉身。当他逃回中土的时候，只是一个黑风中出生的仇恨的幽灵。与《圣经》的传统相比，中土的创造和堕落的故事只是更为复杂，在发展逻辑和主题上极为相似。

1938～9 年托尔金写作了《尼哥的树叶》（*Leaf by Niggle*，最初发表于 1945 年，后来收入《树与叶》等集子中）。这部短篇作品被称为"托尔金的炼狱之作"。他的家人一致认为这部短篇作品是一个相当真实的托尔金自画像。《尼哥的树叶》讲述，在一个不太注重艺术的社会中，艺术家尼哥希望画一棵极美丽的树，树后则是一大片森林。他越来越专注于这幅画，以致荒废了其他创作。他的工作有时被其他社会琐事打扰，比如帮助残疾的邻居教区（Parish）和他患病的妻子。教区是一个园丁，尽管经常麻烦尼哥，却从不关心，更不理解他。当尼哥终于被迫踏上了每个人都必须奔赴的去而不返的"旅行"时，沮丧地发现自己只成功描绘了树上的一片叶子，他不仅没能完成作品，也没有做好出发的准备。

尼哥在"旅行"中被安置在一家类似医院的机构里。在其中做着服侍他人的卑微工作，常常遭到不友好的对待，独居于陋室，只有粗茶淡饭。但是他渐渐习惯了这份工作，心性也变得更温柔谦和。一天，他听见两个声音商量他的功过，为他辩护的较温柔声音提到："他天生是个画家。在次等的意义上，尼哥的一片叶子还是有些自身魅力的。他为画叶子付出了巨大努力，

---

38 Ed. Harold Bloom, *J. R. R. Tolkien's The Lord of the Rings*, Randel Helms, "Frodo Anti-Faust: *The Lord of the Rings* as Contemporary Mythology", 44.

仅仅为这件事自身本身，而从没想过凭着它变得伟大。他没有自以为是的记录，即便对自己也是如此，这令他对律法忽略显得情有可原。"[39]于是他们决定让他去下一站。他来到一处自然景致中，惊讶地发现这竟然就是他尝试实现却从未能完成的画中景象。他在这里和邻居园丁重逢，二人同心协力将树和森林培植地更加美丽。直到一天，尼哥继续旅行，奔赴终点——他的画中设计的远山。他们共同经营的森林被后世驻足的旅行者称为"尼哥的教区"。

这篇故事一般来说从托尔金的宗教观念出发进行阐述：去而不返的旅行即死亡，服苦役之处为炼狱，之后为通往天堂之路，两个声音是圣父和圣子。邻居的名字取为"教区"显然也有深意，尼哥和"教区"的关系可以看做托尔金对自己的创作、沉迷于创作的自己和他人的关系在信仰层面上的思考。托尔金在书信中说，"通过我的'炼狱'故事《尼哥的叶子》，我尝试用寓言的方式表现（次创造）如何在某个层面上可以被创造（Creation）所吸收。[40]

人的创造能力，突出表现在"天生的"艺术家身上，能够在一个较低层次上反映天主的创造，这是托尔金对自己的创作和信仰之间的关系的解释。就像他在《论童话故事》的最后坦率的告白："可能每一位创造了一个次世界、书写奇幻的作家——每一个次创造者，都希望能在某种程度上成为一个真正的创造者，或希望他描绘的是现实：他希望他的次世界的某些特质（如果不是所有细节）来源于现实或是能回归现实。……成功的奇幻中的'喜悦'可被看作不经意窥见了潜在的现实或真相。这不仅是对世界上的悲伤的'慰藉'，而且还是一种满足，是对那个大问题的回答：'这是真的吗？'我对这个问题的答案是：'如果你将你的小世界构建得很好，那就是真的。在那个世界里是真的。'……而在'善灾'中我们在稍纵即逝之中预见到，答案可能更伟大——它或许是真实世界中的福音的微光或遥响。……

我要斗胆说，它在这个方向上靠近了基督教故事。我长期以来觉得（一种喜悦的感觉），天主救赎了堕落的有制造能力的造物——人，通过使他们与他们自身这个奇怪的特质方面保持一致。"[41]

利奥塔（Jean-Francois Lyotard）在他的名著《后现代状况》（*The Postmodern Condition: A Report on Knowledge*）一书中说：简化到最极端，我

39　J. R. R. Tolkien, *Tree and Leaf*, London: HarperCollins*Publishers*, 2001, 106.

40　Ed. Humphrey Carpenter, *The Letters of J. R. R. Tolkien*, 195, Letter No. 153.

41　J. R. R. Tolkien, *Tree and Leaves*, 71～72.

将后现代定义为对宏大叙事存疑。他认为前现代和部落故事、现代主义都讲述这样的宏大叙事。在利奥塔的语境中，"宏大叙事"隐含着贬义，意味着这种叙事是无效的人为建构，应当予以摒弃。但是，托尔金确实试图通过他的童话，以一直前所未有的方式建构一个类似被后现代主义称之为"宏大叙事"的东西，而且在后现代社会中受到了相当普遍的欢迎。能使托尔金的故事在后现代社会中流行的一大原因自然是，童话的形式保证了其宏大叙事的虚拟性，因此并没有和后现代社会的基本共识，即泰勒所说的"不可渗透的自我"发生冲突。另一方面，托尔金的童话版"宏大叙事"使我们也更多地认识了"宏大叙事"并非像后现代主义者所描绘的那样，只是一个过分简化的虚构抚慰，而是可能在某些层面上触及复杂的人生经验，比如《指环王》的崇高之美中同时包涵着悲怆和喜悦的格调。

在《指环王》的文本世界中，人生的不完满是常态，正如阿拉贡所说"我给你们讲讲蒂努薇尔的故事吧……这是个美丽而悲伤的故事，所有有关中洲的故事都是这样的。"[42]托尔金在给幼子克里斯托弗·托尔金（Christopher Tolkien）的信中写道："……在这片极其不幸的土地上当然有过一个伊甸园，我们都向往它，常常瞥见它：我们的本性在其最美好、最少罪恶、最温柔、最人性的时候，仍然沉浸在流放的感觉中。"[43]《指环王》的故事也是在这样的基本认识和情愫中展开的：

当弗拉多一行历尽艰辛来到精灵面前的时候，精灵安慰他们说："甚至连美丽的洛丝萝林也不想见识一下吗？"哈尔迪尔说，"这个世界确实充满危险，有许多黑暗的地方。但毕竟还是有许多美好的事物，虽然在任何地方，爱总是与悲伤交织在一起，但毕竟还是爱的力量会更大些。"[44]

当弗拉多一行人来到洛丝萝林的时候，弗拉多看见"似乎穿过了一扇俯瞰业已消失了的世界的高高窗户，华光投在这他无法用语言描述的世界上。他所见的一切都是那么优雅雅致，似乎是顷刻之间天工造化，就在他被揭开眼罩的功夫，它们才孕育并诞生，然而它们又看似如此的古老，经历无数沧桑。他熟悉这些颜色，金黄、雪白、湛蓝、翠绿，但又似乎是第一次感到它们竟是如此的鲜艳而浓郁，真应该拥有更美妙的新字眼。尽管时值冬天，周

---

42 托尔金，《魔戒第一部：魔戒再现》，第 234 页。
43 Ed. Humphrey Carpenter, *The Letters of J. R. R. Tolkien*, 110, Letter No. 96.
44 托尔金，《魔戒第一部：魔戒再现》，第 425 页。

遭的一切却不会让人黯然追念逝去的春天和夏日。天地间万物都是那样纯洁，那样健康，在洛丝萝林的大地上没有丑陋，没有污秽。""他感到自己身置一个永恒的世界里，它既不会消失，也不会改变，更不会被遗忘。弗拉多知道，当他这个霞尔的游子重新回到外边的世界后，他的心将会留在仙境般的洛丝萝林，在繁花似锦的草地上徜徉。"[45]

小矮人吉穆利深深为洛丝萝林以及盖拉德丽尔夫人之美所折服，在离开泪飞如雨的时候，说："我最后看了一眼世上最美的地方，从今以后，在我的眼里，除了她的礼物，其他的一切都谈不上美好。""告诉我，莱戈拉斯，我为什么要参加这次行动？我都不知道危险主要来自何方，埃尔隆德的话真是千真万确，他说我们不可能预见路上遇到什么。黑暗中的折磨是我害怕的危险，但它并没有使我止步不前。但要是我知道，光明与快乐带来的威胁，我就不会来了。现在带给我的最大的心灵创伤，莫过于这次离别。即使今夜我要撞见黑魁首也没有这么危险，唉，不幸的洛格因之子吉穆利！"[46]

1941年托尔金在给迈克尔·托尔金的一封信中写道："我从我生活的黑暗中——众多的失意——取出一样伟大的放在你面前：被祝圣的圣餐……你会在其中发现传奇、荣耀、荣誉、忠诚以及你在地上一切所爱的真实道路。"[47]就像梅克尔、索隆是撒旦的翻版，《指环王》中的精灵则有着基督教中天使的某些特质。他们几乎是不死的，而且几乎能够永恒保持善的品质。同样，洛丝萝林则如同伊甸园的翻版，（如果不能说是天堂，至少也是对天堂——永恒的美——的一瞥）。对洛丝萝林如此的颂赞显然和托尔金对圣餐的观念和体验相连。当利奥塔描述现代主义的特质的时候，他很可能没有囊括现代主义文学，因为现代主义文学恰恰抵抗了各种"宏大叙事"，而代之以无法救赎的现实和个体。而后现代主义文学更将破碎、分裂的自我表现地淋漓尽致，尝试让读者对人类不抱任何幻想。在这样解魅的叙事群中，童话似乎在进行某种复魅的工作。托尔金将自己的信仰及其体验表现在了他的文学之中。

在《指环王》中，尽管魔戒被销毁了，但是中土仍在不可遏制地走向衰败，连洛丝萝林的光辉也将渐渐消亡。在故事结尾，精灵、甘道夫、甚至弗拉多都告别了中土，只剩下最平凡普通的山姆每日耕耘在他的花园和乡土中。

---

45 同上，第427～428页。

46 同上，第462页。

47 Ed. Humphrey Carpenter, *The Letters of J. R. R. Tolkien*, 53, Letter No. 42.

当英雄随着史诗事件结束的时候，小人物每天的劳作成为对英雄遗志的继承，因为这是英雄历险的最终意义，构建幸福的日常生活。

从现实主义的角度来看，童话故事的人物往往是拒绝深度的扁平人物，《指环王》也不例外。这是因为童话的关注点是常识构成的乌有之乡。对于坚持文学学科的独立性的现代文学批评性而言，这样的关注有重新使用道德绑架文学之嫌。毕竟近代的文学学科通过浪漫主义等实践，相当不容易地将文学从道德绑架中解放出来。但是事实上所有讲求"政治正确性"的批评关注的同样是道德问题，比如生态，性别，民主政治。除非将主题研究排除在文学研究之外，否则无法否认道德主题研究的合法性。如果承认文学文本建构的道德有高下之别，那么我们就可以进一步评价托尔金的童话的意义了。托尔金的作品显然扩充了童话的道德承载范围。他的童话继承了乔治·麦克唐纳童话中历险、英雄、哀伤的氛围和对彼岸的指向互相交织的特色，并以一种前所未有的宏大气势建构了远较一般童话复杂的道德世界。

社会学家彼得·柏格（Peter Berger）在《神圣的华盖：一种宗教社会理论的元素》(The Sacred Canopy: Elements of a Sociological Theory of Religion，1967）中曾经提出：由于宗教的"成真结构"（plausibility structure，或译"看似有理结构"），即宗教在某文化中被视为"理所当然"、"不证自明"，在现代失去了有效性，可信度大为削弱，柏格据此预言世界将走向世俗化，但是在1999 年，他编辑出版了《世界的"去世俗化"：复兴的宗教与世界政治》(The De-secularization of the World: Resurgent Religion and World Politics），推翻了自己从前的结论，因为他发现，衰微的是那些积极希望与现代化妥协的主流教会。而主张"抗衡文化"（Counterculture）的福音教会和伊斯兰教反而蒸蒸日上。

托尔金的童话在后现代语境的多元化语境中的发声。这些作品回应了后现代社会中基督教的真实处境。在今天基督教已经不再成为英国文化的前设的语境中，托尔金没有使用威权的或激烈辩论的方式，而是在一个大众非常容易接受的框架中重新讲述了基督教的宇宙观和伦理价值观。作为一种假设或者说可能性的天主教宏大叙事，其立足点在于对人生的领悟，欢乐与悲伤的共存，对理想之乡的企盼，以及人心共有的常识性伦理。就这些古老的共同命题而言，天主教的叙事仍然表现出了很强的优势。他的作品的持久流行从一个侧面说明了，这种宇宙观和价值观并不像许多人认为的那样，在当代缺乏接受市场。

第二章　缪丽尔·斯帕克的小说主导权

　　出生于苏格兰的女作家缪丽尔·斯帕克（Muriel Spark，1918~2006）也是一位学界与通俗文化界双赢的小说家。在一部研究她的学术专著《缪丽尔·斯帕克》（*Muriel Spark*，1988）中，作者多萝西亚·沃克在序言中写道："从她的第一部小说《安慰者们》（*Comforters*，1957）出版，到她最近的小说《唯一的问题》（*The Only Problem*，1984），由她的作品生发的学术财富显示了对她的创作巨大的兴趣。"[1]同时，她的小说受普通读者的欢迎的程度丝毫不亚于学界对她的创作的关注。缪丽尔·斯帕克总共创作了22部长篇小说，其中不少都与可以称之为"天主教亚文化"的社会现象有或多或少的联系。我们在下面将把这些作品放置在一起，综合地思考天主教和她的创作之间的关系，即天主教思想或教会如何影响了她的作品的人物形象、主题、风格乃至世界观，而她多部风格鲜明的小说又为这个传统做出了什么独特贡献。

　　缪丽尔·斯帕克闺名缪丽尔·萨拉·坎伯格（Muriel Sarah Camberg），出生于爱丁堡一个中产阶级家庭，父亲是工程师，苏格兰犹太人，母亲来自英格兰白人长老会家庭。缪丽尔在自传《简历》（*Curriculum Vitae*，1992）中提到，她小时候就感受到了来自伦敦的母亲在语言等方面与一般爱丁堡人的差异。不同信仰与实践的差异也给她留下了深刻印象。比如她在这本自传中提到，父亲的长兄是正统犹太人，他每次来访的时候，母亲就要把培根、火腿之类的食物全部藏起来。缪丽尔就读于当地最优秀的女子学校之一，中学毕业之后，除了修习一门"商业用函与精准写作"课程之外，没有上过大学。

1　Dorothea Walker, *Muriel Spark*, Boston: Twayne Publishers, 1988, preface, 1.

短暂工作之后，1937年她奔赴英国在非洲的殖民地罗德里亚（今津巴布韦），嫁给一名相识不久的殖民地官员，次年她的儿子出生，而此时她已经发现丈夫患有严重的躁狂抑郁症，并伴有暴力倾向，因此她设法离婚。1944年她回到英国，开始在伦敦独自谋生。二战末期，她为英国情报部门工作，此后转向文学创作与文学批评，曾经担任《诗歌评论》(Poetry Review)等杂志的编辑，使用夫姓发表作品。1951年她出版了文学传记《光之子：重估玛丽·雪莱》(Child of Light: A reassessment of Mary Shelley)，书中指出玛丽·雪莱的《最后的人》(The Last Man)是第一部科幻小说，该传记广受好评。

尽管在苏格兰长老会背景的女子学校中接受了12年教育，缪丽尔·斯帕克认为自己从小几乎没有什么信仰。1953年她受洗加入英国国家，但部分受到著名英国天主教神学家亨利·纽曼的影响，第二年她又受洗改宗罗马天主教。在这个过程中她爆发了一生中唯一一次精神崩溃，经历了六个月治疗，在治疗期间受到了当时还不认识的小说家格雷厄姆·格林的资助。痊愈之后，她将这段生病的经历写入了她的第一本小说《安慰者们》之中。小说的女主人公和她一样，刚刚皈依天主教，并经历了一场精神疾病。这部小说尽管在风格上并不成熟，但是一些具有斯帕克特征的元素已经出现，如别具一格的叙事节奏，描写普通人日常生活中的"意外"事件，非正统的乃至负面的天主教徒形象，若隐若现的信仰观念等。伊夫林·沃公开称赞了这部作品，在发表于《观察者》的一片长篇评论中，沃表示期待作者将来有更好的表现。沃的预言实现了，尽管39岁才发表第一部小说，但是斯帕克在接下来40年间总共出版了22部小说。

斯帕克的作品销量不错且颇受学界关注，得到了许多文学奖项，如《曼德尔鲍姆门》(The Mandelbaum Gate，1965)获当年詹姆斯·泰特·布莱克纪念奖(James Tait Black Memorial Prize)，她分别在1992年和1997年获T·S·艾略特奖(US Ingersoll Foundation T. S. Eliot Award)与大卫·柯亨奖(David Cohen Prize)，《公众形象》(The Public Image，1968)与《蓄意逗留》(Loitering with Intent，1981))分别获布克奖提名等等。1993年，因为在文学上的贡献，缪丽尔获得大英帝国爵级司令勋章(Dame Commander of the Order of the British Empire)，加封爵士，可谓功成名就。

第一节　"天主教的"？

对斯帕克的文学研究，笔者以为主要围绕三个彼此关联的方面构成，第一，如何定位斯帕克的文学史地位；第二，她的"天主教作家"身份；第三，探索斯帕克风格在文学上的贡献。三者重合的焦点是斯帕克的文学谱系归属问题。

大卫·赫尔曼（David Herman）主编的《21世纪视野中的缪丽尔·斯帕克》（*Muriel Spark: Twenty-First-Century Perspectives*）[2]于2010年出版，编者在《简介》中引用了大卫·洛奇对20世纪下半叶英国文学史的区分，反现代主义与后现代主义。前者包括伊夫林·沃、金斯利·阿密斯（Kingsley Amis）等作家，他们尝试接续现代主义所反对的传统，认为一种"经过修正的考虑到人类知识与具体环境变化的"现实主义依然是"可行的与有价值的"；而后现代主义作家，如塞缪尔·贝克特与约翰·巴特（John Barth），"延续了现代主义者对传统现实主义的批评，现代主义的所有正式实验及其复杂性都坚持向读者承诺意义（如果不是*单一的*意义），但是（后现代主义尝试）超越现代主义、与之回旋或探现代主义的底。"[3]赫尔曼认为，斯帕克选择了这两个路线之外的第三条道路，她的小说同时拥抱了现代主义者对技巧的执着，和现实主义的广阔历史、政治图景。[4]斯帕克小说卓尔不群的风格，是导致这种特殊的定位出现最直接的原因。

斯帕克和她的小说似乎总是尝试跨界。她是在伦敦生活的苏格兰人，追求独立事业的单身母亲，出身于犹太教与长老会家庭的天主教徒。她像畅销书作家一样多产、受读者欢迎，她的小说却像精英文学史偏爱的作品一样，描绘了广阔的人群和问题，从1961年艾希曼审判期间的耶路撒冷，罗马演艺圈，法国外省城堡中的美国学者，苏格兰女子学校，意大利恐怖分子，到英国养老院、巫术协会、女子寄宿中心、男单身汉们……她的小说叙事流畅但不符合现实主义的线性叙事，拥有极强的自反意识却通俗易懂。[5]她在民族、

2　Ed. David Herman, *Muriel Spark: Twenty-First-Century Perspectives*, Baltimore: The John Hopkins University Press, 2010.

3　David Lodge. "Modernism, Antimodernism, Postmodernism." *Working with Structuralism*, London: Routledge, 1981, 3 ~ 16.

4　Ed. David Herman, *Muriel Spark: Twenty-First-Century Perspectives*, Introduction.

5　缪丽尔的自反意识，可参考她1970年在美国艺术与文学学院中发表的演讲，题为"废除种族隔离的艺术""The Desegregation of Art," May 26, 1970. In *Proceedings*

性别身份以及文学史的各种传统之间穿行，界限对于她似乎就像她的小说《曼德尔鲍姆门》的结尾，对女主人公冒着生命危险穿越的以色列与约旦在耶路撒冷城的关卡"曼德尔鲍姆门"的描述一样，并没有实质性的意义。在小说中，男主人公哈瑞（Harry），此时已是前英国驻以色列官员，"漫游了耶路撒冷城的城墙与圣殿，经过具有历史意义的众大门——锡安门、粪厂门、雅法门、新门，它们已经被封住，阻止以色列人进入。还有老城中通往另一处中世纪迷宫般的街道的圣司提反门——主耶稣在棕枝主日荣进圣城时经过的大马士革门，以及希律门。最后……他来到曼德尔鲍姆门，它几乎称不上什么大门，只是耶路撒冷与耶路撒冷之间的一段街道，两边各有一个小窝棚，之所以起这个名字不过因为那一头的一座房子以前曾经属于一位曼德尔鲍姆先生。"[6]

另一位学者帕特里夏·沃（Patricia Waugh）在《缪丽尔·斯帕克与现代性的形而上学：艺术、世俗化与精神病》（*Muriel Spark and the Metaphysics of Modernity: Art, Secularization, and Psychosis*）一文中指出，目前许多新一代批评家都承认斯帕克的价值，希望将她纳入自己的系统中；但斯帕克总是出人意料，很难塞进任何简便的类型学和学术分类，似乎在嘲笑批评界的每次控制的努力。沃特别提到了2002年由马丁·麦奎兰（Martin Mcquillan）主编的书《理论化缪丽尔·斯帕克·性别、种族、解构》（*Theorising Muriel Spark: Gender, Race, Deconstruction*）。沃认为，麦奎兰不正确地批评了老一辈的斯帕克的支持者，比如弗兰克·柯默德和大卫·洛奇等人，而他这样做，只是因为麦奎兰想把斯帕克和后现代联系起来。

---

of the American Academy of Arts and Letters, 2nd series, No. 21, New York: Spiral Press, 1971, 21~27. 她在发言中表示，她从早年起即从一个艺术家的视角看待生活，关注现实如何转化为其他东西，她关心什么样的转换方法可以使艺术更加成为日常生活一个完整的部分，即使艺术对日常领域保持着必要批判立场。她详细地探讨了，具有社会意识的艺术传统，尤其基于"描绘苦难，不论在社会生活还是家庭生活中的"文学，"已经不再能够达到它自身的目标，或者说明我们的生活了"，感伤与情绪的艺术、文学，不论本身多美，对现实的描绘多么惊人……"诱使我们构成参与了生活与社会的假象，但事实上它是一种隔离行为。我倡导用讽刺与荒谬的艺术取代它。我认为这是未来唯一有生命力的艺术形式。"以及，艺术应当无情地嘲笑任何一种形式的暴力，展现"一种不那么冲动的慷慨，对社会中的不公义少一些愤慨的表现，以及对错误的事更刻意的狡狯和更嘲弄的破坏"。

6　Muriel Spark, *The Mandelbaum Gate*, New York: Welcome Rain Publishers, 2001, 330.

从某种意义上来，马丁·麦奎兰的这篇序言代表了一种时下流行的对待斯帕克的立场。因此，我们下文将比较详细地转述他的评论，并加以点评。麦奎兰在《理论化缪丽尔·斯帕克：性别、种族、解构》的介绍中开宗明义说道："缪丽尔·斯帕克是二十世纪最重要的小说家之一。但是批评界的（反宗教的）正统说法宣称她'是个天主教作家'。"[7]究竟什么是"是"、"天主教"以及"作家"，麦奎兰质疑了这些看似理所当然的用词。他随后引用了马尔科姆·布拉德伯里（Malcolm Bradbury）在《Muriel Spark's Fingernails》一文中常常被人们引用的话，"斯帕克夫人'可以与一些我们的天主教作家（他们对英语小说的贡献超过了他们共享英语小说中的审美思考的比例）比较'。为何刻意指出缪丽尔已婚的身份？为何暗示英伦新教霸权？"我们"又是谁？麦奎兰追问道。麦奎兰认为"天主教"一词遮蔽了斯帕克小说的真实价值，因为它不恰当地简化了问题。[8]斯帕克是苏格兰人，母亲出生英格兰长老会，父亲是犹太人。布拉德伯里只着意斯帕克作品中神学或者道德的内容，将文本分析转化为教义批评。麦奎兰举了布拉德伯里文中对《驾驶席》一文的一段文字为例：

> 与生人的偶然关系、性共谋的暗示、附带的政治学主张、革命承诺与经济或物质诱惑的实在界的真实与否：这些东西构成了故事的主要内容，然而，（小说）通过在道德、哲学与神学上巧妙利用她（即女主人公丽丝（Lise））的品行，用她打了折扣的偶然事件使众多其他选项替代了这些主要内容的位置。[9]

马丁·麦奎兰认为，如此一来，这本小说中任何有趣的东西都被挤出了布拉德伯里的阅读之外，而事实上，教会正统从未出现在斯帕克的小说中，因为斯帕克笔下"各种各样的异类的皈依者的人物形象（hybrid-convert characters）"总是在颠覆教会的正统。这段引用的布拉德伯里的文字显然不能说明斯帕克的

7　Ed. Martin Mcquillan, *Theorising Muriel Spark: Gender, Race, Deconstruction*, New York: Palgrave, 2002.

8　麦奎兰在此处进一步举例，在英语小说中，天主教背景的重要作家超过了新教背景作家，如乔伊斯、贝克特、福特、康拉德、麦卡锡（McCarthy）、奥康纳、海明威、菲茨杰拉德等。事实上，"英语小说中的审美思考"大部分都由归功于非英语的、欧洲的或者南美的（天主教）影响，而非内部发展…… Ibid., 2.

9　转引自 Ed. Martin Mcquillan, *Theorising Muriel Spark: Gender, Race, Deconstruction*, "Introduction: 'I Don't Know Anything about Freud': Muriel Spark Meets Contemporary Criticism", 2 ~ 3.

信仰与她的小说具有内在关联。但是，笔者和沃的看法一样，认为麦奎兰主编的这部论文集，执意从解构的角度解读斯帕克的小说，过分执着于文化研究的文本解读方法，就如同中世纪的寓意释经法，总能找到批评者需要的内容，却也同样失落了斯帕克作品中有趣的部分。

笔者以为，斯帕克首先值得我们中国学者关注的是，她是一位"有趣"的作家。文本的可读性是文学重要的特质之一。只是在20世纪现代主义乃至一些后现代主义者的文学实验中，尤其是在英语文学中，这个部分有时变得不那么重要了。这些作品不厌其烦地自我剖析，主体在剖析中逐渐瓦解，导致阅读在某种程度上转化为文本分析，成为专业学者与小说家的圈内人游戏，耗神的智力角逐。斯帕克的大多数作品都写得引人入胜，读到一半的时候往往能让读者大吃一惊，到了下一部小说，读者还可以期待和享受相似的经历，因为这位作家并不重复自己。如果有十几部小说可以达到这样的效果，这位作家便十分值得我们细细探究。她如何能够做到这一点？为什么她总是能够让我们意外，同时又让我们觉得依然在情理之中？尝试理解这种叙事方法（包含形式与内容）及其背后的理念将是我们理解斯帕克的身份，以及她与天主教的关系的关键。

帕特里夏·沃认为，斯帕克之所以总是出人意料，很难塞进任何简便的类型学和学术分类，是因为"事实上，她的教学法的部分意图正是表现，在最好地抵抗还原与控制方面，小说的阅读和写作如何能提供重要的教导。"[10]她的这篇论文探索了斯帕克小说的形而上学意义，认为斯帕克处理了我们的社会角色与表现，以及我们个体身份认同的条件：我们对自我与存在的基本感觉与经验的本体论基础，以及自我与存在的经验的历史模式。[11]她的这篇文章试图在现代社会的思潮或者是思想史中定位斯帕克的文学成就。

沃写道："她神秘地揭示了一种道路的意义，在这条道路中我们当代的物质形而上学不仅导致了在世界中的无根状态，而且支持了存在与自我存在感的倾空。她的原小说探索了艺术与幻觉、创作与精神病之间的关系，也向更深的问题，即我们制作世界的行为的存在与本体论根源开放。因为对于这位最讲求经济的作家而言，形而上学很重要，物质也是形而上的"，沃由此称她具有在本体论上令人不安的形而上才智，是它们磨锐了她的社会想象。以及，

---

10 Ed. David Herman, *Muriel Spark: Twenty-First-Century*, Patricia Waugh, "Muriel Spark and the Metaphysics of Modernity: Art, Secularization, and Psychosis", 63.

11 Ibid., 63～4.

对于斯帕克来说，"艺术是一项重要的工具，用来矫正既定偏见或者不允许一个人的成见被移除或得到修正（即使有与之相抵触的证据）的倾向。她的小说，是她的'未识之云'[12]的保护者，对于在我们应该如何运用一种批判的同时又是开放的智力（这种智力抵制过早封闭的慰藉）来阅读*世界*和书本具有教育意义。*智力*（斯帕克的关键词）中包含着这样一种认可，既不必消灭'天主教徒'斯帕克来解放后现代与后现代多样性，以及，如果对她的天主教信仰的智力来源缺乏理解，她的现代性的形而上学批判中的关键方面将为一团不同的无知之云所笼罩。"[13]

帕特里夏·沃在这篇文章中提出了一个笔者认为非常重要的立场："如果我们将斯帕克不那么当作一个天主教作家（因为她自己也发现这个定义有问题），而是一位记录与诘问*世俗化*的历史过程的作家，我们就可以更容易看见，在她的形而上学与社会、历史归属之间并不存在严酷、排外的选择。吸引斯帕克的托马斯主义传统可以回溯到现代性的二元论，心灵与肉体、原因与结果的分离之前的宗教改革、前世俗化时刻。"[14]在这篇文章中，作者清晰地提出，斯帕克的信仰为她在理性与情感，身体与心灵的关系中提供了一个可选视角，而这些议题正位于西方二元论与西方世俗化历史的中心。比如帕特里夏·沃认为，《东河边的温室》(*The Hothouse of East River*，1973)的文本的自反性提醒人们对世界的关注落入了现成和惯性思维，通过搅乱这些模式，斯帕克更新了我们对世界的看法，如此我们可以重新感受到它们的物性(thinginess)，因为"在她的小说中，衣服*总是*不太适合人的身体。"[15]

虽然有一些评论者将斯帕克作为天主教徒来探讨她的天主教小说的问题，但是就笔者所见，似乎没有学者单独探讨斯帕克的天主教信仰。给笔者的印象是，不少评论者在谈到斯帕克是天主教徒时，似乎不加区分地认为，一个人是天主教徒，就意味着一个像正方形一样框架明确的定义，似乎世上只有一种天主教徒，而他们给人的印象是程式化、刻板的。但事实上天主教徒有极其丰富的多样性，无论在古代还是在现代。斯帕克出于什么个人的原

---

12 未识之云：*The Cloud of Unknowing*，14 世纪出自一位英国天主教匿名僧侣的灵修学经典，未识之云是对上帝所在领域的比喻。

13 Ed. David Herman, *Muriel Spark: Twenty-First-Century*, Patricia Waugh, "Muriel Spark and the Metaphysics of Modernity: Art, Secularization, and Psychosis", 64.

14 Ibid., 64 ~ 5.

15 Ibid., 65.

因选择这种信仰，这种独特的原因带来了她什么样独特的信仰方式（或者状态），而这种独特性又与她的写作之间有什么关系？有待我们的考察。

当然，我们必须承认缪丽尔·斯帕克笔下如果真有天主教元素，那也一定是非传统的"天主教文学"，如果我们以中世纪文学为标准。但是也必须承认，如果使用这个标准，20世纪95%以上被冠以天主教小说家或者基督教小说家的作家都不符合。除非我们认为这个世纪根本没有所谓天主教文学（除去基督教界内部流行的一些作品，即不考虑任何所谓"文学性"的问题），不然，我们就必须改变对天主教文学的定义。如果将对"天主教文学"的理解从为天主教的正确性直接辩护的文学改为受到天主教塑成性影响的文学，或许争议会小不少。至少当一些天主教作家描写了以天主教徒为主人公的佳作时，我们必须承认这种影响的存在。但是，如果这些天主教徒是非正统的罪人形象，而不是所谓"正统"的圣徒传，就像绝大多数20世纪这类作品所表现的一样，该如何评价这种影响？

这种评价将涉及一系列具体的文学批评的问题：首先，我们是否承认作家自己认可的宗教信仰对他或她作品的影响？其次，这种世界观的影响是否不仅涉及作品的主题、人物形象，也涉及作品的叙事艺术和文学风格，换句话说，"天主教"作为可以从之出发的"规范"究竟带领缪丽尔走到了哪里，如果她明显没有停留在这个规范的表层？再次，一种宗教信仰，或者说信徒的身份与此人的其他身份的关系是什么，比如性别、民族、阶层，以及作为一名作者的身份？

一篇文学批评不是一个真言命题，而是一次描述，而且是带有明确倾向性的描述。在阐释的过程中，批评者对文学的看法及其世界观都不可避免地渗透到对作品的诠释之中。一种说法的合理性全看它是否更好地诠释了作家或作品。而关于谁来评判哪种诠释"更好"，则又依阅读评论者的世界观和兴趣不同。不过，如果还对学术的普世价值有一份信仰，这也意味着信任一种公共的正误善恶判断的有效性，评论者也可以将自己对世界、社会、人生的认识融入文学批评之中，并期待给这个世界献上自己最好的认识并不是徒劳的。

回到缪丽尔·斯帕克这里，如果我们能够从天主教的角度更好地理解这位被称作"很好读，却很难讲"[16]的作家的作品，论证的就不只是天主教对斯

---

16 原文来自1980年代《泰晤士文学副刊》对《唯一的问题》的评论，转引自 Dorothea Walker, *Muriel Spark*, preface, 2.

帕克的影响，同时论证的还有作者的世界观对文学创作的具体影响。

1992 年"英国文学批评文集系列"出版了《缪丽尔·斯帕克批评文集》（*Critical Essays on Muriel Spark*），由约瑟夫·海因斯（Joseph Hynes）主编，是目前为止比较重要的对斯帕克研究的合集。全书由三个部分构成，第一部份是斯帕克的相关自述：《我的改宗》（My Conversion）、《生于爱丁堡》（Edinburgh-born）、《废除隔离的艺术》（The Desegregation of Art）等；第二部分则是对斯帕克负面评价的论文；第三部分列出了以柯默德为代表的批评家对斯帕克的正面评价等。最后这个部分在全书中占了最主要的篇幅，显然代表了编者的立场。

下面大篇幅选译了三篇斯帕克的自述文章，它们可以为我们理解斯帕克的作品与天主教的关系提供极好的切入点。

一、《生于爱丁堡》[17]

在这篇文章中，缪丽尔·斯帕克首先整理了自己与故乡爱丁堡之间的关系。她提到，自己"作为一个结构性的流亡者，本质上是从爱丁堡流亡的。……正是爱丁堡在我里面孕育了流亡的条件；从那时起我一直在做的不就是流亡再流亡么？它已经不再是命运，而成为一个呼召。"[18]

"然而，这也是我第一次被理解的地方。坐落在绿草地中的詹姆斯·吉莱斯皮女子学校，对我的文学生涯表现出一种有力的信任。我是这座学校的思考者和梦想家，坐拥恰到好处的额外补贴和我视为理所当然的许可，从那时起，我从没能习惯世界对艺术、艺术过程以及艺术家的特殊需求漠不关心的态度。

我用'然而'这个词开始上一段。我意识到，无论在学校内外，我的整个教育似乎从那时起就围绕这个词打转。我的老师很喜欢用它，社会的所有阶层都用'然而'做桥梁来组织句子。我直觉地将这个词——作为一种思想模式的核心——特别与爱丁堡联系起来。我能看见身着裘皮在麦克维蒂喝茶的老妇人倔强的嘴唇以最后的辩解的口吻清楚地说出这个词。我能看见伴随这个词做出的头与下颚的姿势，眼睛里的发出光芒。声音听起来像'若而'，

17　该文发表于 1962 年 *New Statesman* 64（10 August 1962）: 180. 此处译自 Ed. Joseph Hynes, *Critical Essays on Muriel Spark*, New York: G. K. Hall, 1992, 21 ~ 3.

18　Ibid., 21.

着重语气诚挚之极。我相信，导致这个词的这种思考习惯对我有相当的影响……我发现自己的许多文学作品都建立在'然而'的想法之上。正是基于这个然而原则，我成为了天主教徒。

无法衡量一个人早期环境中的独特特征对他会产生多少影响，无论这种影响是好是坏。我认为，爱丁堡风气中的清教徒式张力是无法逃离的，但它不一定是一件坏事。在英国南部，清教徒的美德倾向于被视作怪癖，比如勤奋，或者厌恶欠债。性方面的有礼的节制往往被误读为压抑。在另一方面，灵性的喜悦也不会轻易在清教滋养的灵魂持续性地流淌。我就曾经不得不为自己的灵性喜悦发起一场心理斗争。

大多数爱丁堡人，至少我这一代，都带着一种优越感被抚养长大。人们使我们明确无误地相信，我们不是小地方的人。"[19]……

"在我的时代，围绕它（即'然而'）存在的社会一般认为政府和白厅官僚有些荒谬。……虽然没有确定的导师，但是我通过此地无孔不入的氛围，吸收了一种调皮的和遥远的无政府主义。我从来不用忍受一种对政治和政治家的信念破碎的痛苦，因为我从来也没有过那种信仰。"[20]

二、《我的皈依》[21]

"我出生于一个非常特别的环境，很难定位。我一部分是犹太人，因此我的环境中有一种犹太色彩，但是没有正式的教导。我去长老会学校，但是直到1952年，我都根本没有任何明确的信仰。我对圣经极感兴趣，但从来没去过长老会教堂，大概除了一次特别仪式之外。我不是在去教堂的环境中抚养长大的，虽然我的父母有宗教信仰，并且相信存在一位全能者。我想，孩童时期我就有与艺术、诗歌捆缚在一起的强烈的宗教情感，虽然基督只是一个浪漫、动人的形象。但是从开始上学到1952年之间，我几乎毫不关心这件事。

我开始读纽曼——他产生了极大影响——但是我遇见的虔诚的人越多，我越延迟跟随他的教导。有很长一段时间，我因为个别的天主教徒，那些活着的人，推迟改宗。我指的是，我过去常想，亲爱的上帝，如果我成为一个天主教徒，我会变得像他们一样吗？我觉得纽曼是非常特别的人，因为他是

---

19 Ibid., 22.

20 Ibid., 23.

21 该文发表于 Twentieth Century 170 （Autumn 1961），58～63。此处译自 Ed. Joseph Hynes, *Critical Essays on Muriel Spark*, 24～8.

一个伟人，无论是不是个天主教徒，他也是伟人，他是雄辩的文体大师，我非常喜欢他。你不得不尊敬他说的每样东西，因为他有这么好的头脑，他在改宗的过程中经历了很多困难，许多个人的困难。

我自己的改宗更多是一个直觉的而非智识的经验。我认为这是我童年的造神气氛导致的——虽然当时没有确定的停靠点。纽曼帮助我发现了一个确定的停靠处，我先尝试了英国国教，当了九个月国教徒。我不喜欢一些天主教徒，我看到了好多这类人，他们让我拖延了很久。也有一些很好的人，但我讨厌他们灌输的方式。但是现在我想我会更情愿和天主教徒生活在一起，因为我不用一直警惕他们。我们之间有许多基本的共同点，存在一种基本的信任关系。"[22]

……"我认为我的写作和我的归依之间有联系，但是对此我不想太教条。当然，所有我最好的作品，都是从那时候开始出现的。"[23]……

"我十分确定，改宗给了我一种作为讽刺作家可以工作的基础。天主教信仰是一个可以从此出发的规范。它不是变动的。我没有将这样一种天主教信仰推荐给每一个人，但是对我而言，它提供了规范。无论如何，天主教会正是对我所相信的正式宣告。可以用它横量其他事物。但是我写作的时候从没想起自己是一个天主教徒，因为很难将自己想成其他样子。一切都是直觉的。这明显影响了我书写的人物形象和我在书中看待生活的方式。我成为一个天主教徒的第一个反应是，头脑里充斥着各种想法，挤在一起，毫无秩序。这是我精神崩溃的一部分。极度离奇、多样的主题和想法，充斥着我的头脑。我从来没有过这样的精神活动，给我带来了很大的痛苦。但是当我恢复一些以后，我就能够拿起其中一个来。它们变得可以掌控，现在我感到它们是一个取之不尽的基金。我以前从来没有过这样的经验。仿佛得到了一种新的天赋。

确实，之前我写的东西都不能和我改宗之后写的相比，即使用常识判断也是如此，虽然我最近写的还是有很多缺陷。只是我已经可以写了，我可以把它们写下来，而之前我很长一段时间都处于堵塞的状态中。我可以控制自己的想法，表现出来并且制作人物形象的时候，恰好是我开始恢复与改宗的时候。你提到委身信仰的作家的问题，但是我并不是那种委身的方式。也许我是这种人，处于锁链之中，但却不自知。不知道的人们说像在苏联一样，

---

22 Ibid., 24～5.

23 Ibid., 25.

仿佛我们从神父和教皇那儿获得指令告诉我们该怎么写作似的。真是胡说！在那些神父掌控审查制度的国度里可能会有些不同，但是在英国这儿我们是被祝福的，如果你出了名，每个人都是你的朋友。

偶尔你会收到一封天主教徒的信说你应该为性描写到羞愧，但是一个循道宗[24]信徒也可能出于同样的心理写同样的信给你。无论哪种天主教徒批评我，我都毫不在意。即使梵蒂冈的报纸批评我，又怎么样呢？它也不会对我的写作产生影响，我只会将它当作一个小玩笑，但是矛盾的是，如果我不是一个天主教徒，坎特伯雷主教在讲道中反对我写的一本书，我可能会沮丧之极，而现在我不会太在意。

因为我对天主教采取这种态度，即它确实有助于个体性，是有助于发现个体的私人观点的基督教样态。我发现，作为天主教徒我更能用自己的声音说话，我可以用我的作品来证明这一点。现在没有人会否认我作为作家有自己讲故事的声音，但在改宗之前我做不到，因为我从来不确定自己是谁，各种想法充斥，但是我无法整理它们，我总是在用其他人的声音说话和写作。但是，这种情况已经不再。这就是成为一个基督徒的效果。人们口里的天主教仿佛是个合作社，一种灵性的合作社，你加入其中能得到许多分红，但是天主教信仰实在有极其广大的领域。……

"我喜欢把手头写的东西很快弄完。它先在我的头脑中运作，然后具体写作时间不超过 8 个礼拜。对于小说，你得懂得对话。它们分属各个角色。但是叙事的部分——第一或者第三人称——也同样属于一个角色。我必须决定叙事者的角色。它不是我，而是一个角色。在一些我不太喜欢的当代小说中，叙事者总是作者，虽然采用了第一或者第三人称。这会导致独白。每个话题都需要一个不同类型的评论者，一种不同的智识态度，为了达到这个目标，你必须维持从一个不是自己的视角写作。我实在不得不忍受这个视角，这就是我为什么要把它很快完成，以维护其延续性。如果我停下来，一旦我重新开始，它就会变得不同，出问题，我会丢失持续性。比如，《死的警告》这本书的叙事者就是一个年长的智者，明白故事中其他老人的真实感受。

我喜欢技巧。任何有好的风格、好的技巧的人都值得阅读，看看他能够将你说服到什么地步。有人可能有全世界最了不起的教训，但是如果你不能

---

24 循道宗：Methodism，又称卫斯理宗（Wesleyans），是基督教新教主要宗派之一，发源于英国。

说服他人，带来快乐和愉悦，那么就一无是处。直到成为一个天主教徒，我才有了自己的风格，因为你只是没有了挂虑，你需要对这一点的保障。在某种意义上，这是风格的整个秘密。就是不要太关心，关心一点点就可以了。我是神圣护理的坚定信仰者。我相信从某一点来看，世界上的事情在神圣护理中展开。如果发生了什么严重的事情，抑制我的作品，以致它触动到达我想触动的公众，我认为在某种意义上这是神圣护理。我可能一时意识不到原因是什么。但是以后的发展会补偿。这并非宿命论，而是观看，直到你看见全幅图景展开。"[25]

"对我而言，小说是寓言。你必须打定主意它不是真的。某种真理会从中浮现，但它不是事实。教会让我感兴趣的事情之一是它接受事实。我们不喜欢事实。我们想用机器掌控它们。让我困惑的是，某些电视或者电台节目中说这是'某某人的想法'，这是绝对的腐败。我总是觉得想法是自由通货，我只对依照自己想法做的事情负责。

我认为艺术家是一个小型的公仆。如果他开始想象自己是一位公共大师，他就有麻烦了，你的信念会在这里检验自己。某些知识分子——他们觉得自己不是普通人——的傲慢可能让你沮丧，另一方面则有来自无知的压迫。

我喜欢麦克斯·毕尔邦（Max Beerbohm）[26]，因为他对这些毫不关心，而在这之下他又确实拥有真实的风格，一种真正的谦卑。他不怎么担心不值得担心的事。过去我总是担心，直到我获得了一种秩序感，一种比例感。至少我希望我现在已经得到它了。如果你想得到它，你需要成为作家或者基督徒。"[27]

三、《废除种族隔离的艺术》[28]

在这篇文章中，斯帕克首先将文学作为一种至关重要的艺术，"在所有艺术中，文学最深入人们的生活世界，因为语言是最常见的通货。从清晨到夜晚，

25　此处译自 *Critical Essays on Muriel Spark*, ed. Joseph Hynes, 27～8.

26　麦克斯·毕尔邦（Max Beerbohm），1872－1956，英国作家，讽刺画家。

27　Ed. Joseph Hynes, *Critical Essays on Muriel Spark*, 28.

28　由于这篇文章对理解斯帕克非常重要，所以在此尽可能多得将它翻译出来（不违法版权的情况下）。原文为斯帕克在美国艺术与文学学院的发言，文稿发表于 *Proceedings of the American Academy of Arts and Letters*, Second Series, No. 21, 21～27. 此处译自 Ed. Joseph Hynes, *Critical essays on Muriel Spark*, 33～7.

我们本能地不单单依赖绘画或者演奏音乐彼此交流。我们彼此交谈、书写。"[29]

"我认为，文学的艺术是一种思想的个人表达，它会对人们的心灵产生影响，甚至通过第二手、第三手、第四手的方式。文学渗透、滋养我们的心灵。文学不是特供某些世故的少数人享乐和开心的特殊科系。如果真是这样，那么无效的文学必须被放弃。

接下来斯帕克说道，我们对文学的好坏都有判断标准，但她提出，"现在我们必须不得不放弃一些好的艺术的表现形式。当好东西开始不再适用，就必须放弃。在它们变坏，对我们产生坏影响之前，放弃它们。"接下来便是这篇演讲的核心，"斯帕克说道，"在这个世纪，我们拥有一个非常了不起的作为社会良心的艺术传统。尤其在戏剧和小说艺术中，我们无处不见对受害者反抗压迫者的表现，我们拥有一种表现受害者的文学和艺术的文化——甚至可以说文明，无论在社会生活还是在家庭生活层面。我们有表现受害者——压迫者的情结，比如，戏剧化地描绘我们世界中公然的种族歧视，或者暴露家庭生活对个人的暴政。作为艺术，它们可以被完成得很糟，也可以被表现得很好。但我的建议是，它现在已经不再能达到它的目的，或者启发我们的生活了，能够也应该培育一种更有效的技术。下面我会详细明确说明我自己的看法。"

"当一位现代观众被一部我上面说的戏剧或者小说感动，激发同情与愤慨之时，将会发生什么呢？我不确定，但是我猜想，许多观众或者读者会感到他们的道德责任被这种诱导他们去感受的情感满足了。在观看这样一出戏剧之后，一个人上床睡觉时可能会少一点内疚感。他经历了对受害者的怜悯。咸咸的泪水淌过他的面颊。他饱餐一顿，罪得赦免，睡得很好，早上起来，精神恢复，更决心成为一个受害者。而且总有人发现受害者的英雄角色如此吸引人，以致无法告别这个角色。"……

"我相信你们都记得那句愚蠢的老话，'笔比剑更强大'。或许在人们常常用武器的时候，这句话不差，但是在我们的时代，最小的问题就是剑。"

"但是创造性艺术的力量和影响不应当被小看。我只是说，感伤和情绪的文学艺术无论本身多么美好，对现实性的描绘多么惊人，都必须放弃。它将我们诱拐进一种对生活与社会的感受，但事实上，这是种族隔离的行为。我倡议以讽刺和荒谬取而代之。除此之外我没有在未来看见其他具有生命力的艺术形式。

---

29 Ed. Joseph Hynes, *Critical essays on Muriel Spark*, 33.

荒谬是我们现在唯一拥有的荣誉武器。

我们都在电视上见过二战时期三十年代的资料，在里面希特勒和他踢着正步前进的队伍在解放（他们所谓的）某些城市等等。我们也见到墨索里尼昂首阔步的做作姿态。对我们而言，这些看上去像是从幽默歌剧里出来的。如果那个时代那些国家的大多数民众目睹这些场景的时候，止不住捧腹大笑，这些暴君就不会有机会。我认为，我们应该接受训练，学会将任何形式的暴力视作可以被无情嘲笑的东西。

如果某人嘲笑我，我不会喜欢。但是至少我可以开始理解嘲笑者的心理状态，如果我可以用一种方式回敬嘲笑，他就可以理解我的心理状态，我们之间就有了相互理解的空间。但是如果他将一把刀刺进我的肋骨，我就不太可能再去了解任何事物了。

我希望，在各种形式的文学艺术中，从最复杂的、成就最高的，到学生们在街头扛的标语，少一些冲动的慷慨，对社会不公正的愤慨表达，而对错误的事情多一些刻意的诙谐，辛辣的嘲笑。在这些影响我们心灵的工作中，我想看见更少情绪和更多智识。

粗鲁的漫骂可以一时激怒我们，但或许只能以暴力的方式终结。诉诸我们的愤慨和怜悯之情的庄严，也许只能在演出、展览或者祷告会、阅读的时候成功。随后心情过去，烟消云散，所谓爱不过是徒劳。但是，荒谬的艺术，如果它正中靶心——要是不中靶心，它根本就不是艺术——可以刺穿骨髓。它可以留下一个有益的伤疤。它令人不安，能够使目标瘫痪。

这听起来好像我将宣传作为艺术的目的？或许它听起来是这样，或许我部分也是这样想的。在某种意义上，一切艺术都是宣传，因为它宣传某种观点，并期待引起回应。但这不是我全部的意思。

人们经常问我关于艺术的目标是什么。我对这个问题考虑了很久，我一生大多数时间都在思考这个问题，但迄今为止我获得的一个普遍性的结论是，艺术的目标是提供愉悦。不论艺术的形式是悲剧、喜剧、戏剧的、抒情的、讽刺的、好斗的，它总是包含着愉悦的因素，愉悦使人的精神比例得以复原，在心灵中打开窗户。通过文学艺术，我们的才智得到磨砺，我们的智力得以精炼。我们能够学习认识自己，以及如何使用这种愉悦评估生活，它（愉悦）是厌倦和痛苦的对立面与敌人。"

……"因为我们适逢这样一个历史阶段，无处不遭受荒谬的压迫，因此就我们所处的世界而言，荒谬是一种每个人在某种程度上都可以分享的艺术。

受害者祭坛是悲情，而非悲剧的起点。悲情的艺术仅仅是可怜的；它已经来到消耗殆尽的点上，在这里，不是主题而是艺术形式本身，向天呼求着复仇。抗议的艺术通过可怜的描绘谴责暴力和苦难，这种艺术正在变成一个膜拜的祭坛，与我们的生活行为脱节。我们高贵的愿望，我们的同情，我们高尚的感情，不应该只在参观画廊、拜访剧院或者读一本书得到启发，不如让我们时代的修辞学说服我们沉思面前现实的荒谬性，并教会我们去嘲笑它。我们现在应该更了解自己了，不再沉溺于我们是本质上有上进心、热诚而钟情的造物的幻想，我们确实拥有这些品质，但同时也有很强的侵略性。

因此当我谈到一种废除种族隔离的艺术，我指的是，通过它将我们的心灵从崇高情感的舒适囚牢里释放出来，心灵囚禁于这个囚牢中，从未获得真正的满足。

为了促成诚实与自我认知的精神环境，一种有助于对抗我们时代的荒谬压迫的荒诞感和普遍性的生动活泼，以及最重要的，在这个过程中取悦我们，已经成为了艺术和文学的特殊使命。"

关于斯帕克小说的"天主教性"是有争议的。柯默德是最早不遗余力地推荐、褒扬斯帕克的重要文学评论家，他不仅高度评价斯帕克的作品，而且认为它们与天主教有不可分割的联系，他对斯帕克的评价常常为学者们转述："不懈地致力于永恒真理的天主教小说家。"（an unremittingly Catholic novelist committed to immutable truths）。[30]另一位是美国新教背景作家约翰·厄普代克。此外，大卫·洛奇对斯帕克与天主教的关系也有类似的判断。在这里，我们很容易发现，批评者本身是否具有宗教视野会导致他们对斯帕克的小说与天主教的关系得出不一样的结论。因为大卫·洛奇与斯帕克一样热衷于呈现"天主教亚文化"现象，厄普代克则描写美国"新教亚文化"。而弗兰克·柯默德对约翰·多恩、弥尔顿、T·S·艾略特等人的一系列研究，以及他关于叙事的结局、开端等文学理论的探讨，也说明在他的批评视域中宗教是在场的。那持对立立场的批评家是否也一样呢，本身缺乏宗教视野会导致文学评论家忽视斯帕克作品的宗教特征？

---

30 Sir Frank Kermode, *Continuities*, Routledge, 2015, 202.

马丁·麦奎兰在他的序言中提及当代欧洲作家共享了"大公教会的"（catholic）的遗产，但显然弗兰克·柯默德所说的"天主教小说家"不是这个意义上的，而是麦奎兰捎带提到的一句话："斯帕克的小说文本，从它们所源自的同期历史中创造他们自己形式的知识，这种知识在'神学上'或者'哲学上'是否有用，还有待确定。"[31]

我们认为，麦奎兰在他的序言中怀疑斯帕克的作品"天主教身份"的角度并不合理。因为他似乎认为，承认了斯帕克作品受到天主教影响，就等于必须从天主教正统神学或者哲学的角度读取她的作品。但这本身暴露了马丁缺乏神学的常识。"正统"从来就不是僵死的，而是后人跟随前人行走的一条前后相续的道路，是每个个体站在前人的探索的基础上，面对自己时代的问题的探求，因此有生命力的神学与信仰必然是对各个时代问题的回应，而与这一主题不可分割的表达形式，也会具有其历史的独特性。

麦奎兰在这篇论文中提及，英语研究中令人惊奇的一个现象是，虽然"文学理论"导致英语文学中的大多数经典和学科建构时期的专业化努力被推翻重来，同时期的当代写作仍多多少少保持着其他领域所排斥的人文主义批评。[32]他尝试表达对这种状况的不解和反对。笔者却以为，这句话再度说明麦奎兰的观察并不像他的理论框架那样脱离文本现实。这种当代写作持守的"人文主义批评"其实是文学在近现代承担的最重要的使命之一。就如拒绝承认一位废奴主义者涉及奴隶制的作品中的废奴立场是粗暴的，拒绝一位认信的天主教徒涉及天主教的文本中的天主教立场也是单粗暴的。麦奎兰的解构立场使他无法容纳斯帕克的信仰视域，但愿我们中国学者能够跨越这重只需常识和良知就能跨越的障碍。

我们前面提及的帕特里夏·沃的文章在分析斯帕克时评价了当代的形而上恐惧症。她指出，各种反形而上学主导了人们的思想：比如实证主义，以及最近一种自然主义类型的回归——其本质是唯物主义的形而上学，是对 17 世纪机械论哲学的扩展更新版。斯帕克复杂的讽刺叙事风格批评的正是这种机械论哲学和形而上唯物主义世界观。帕特里夏·沃正确地指出，斯帕克的形而上学不是通过自传和访谈表达，而是像许多作家一样，以诗意的方式在

---

31 Ed. Martin Mcquillan, *Theorising Muriel Spark: Gender, Race, Deconstruction*, Introduction, 6.

32 Ibid., 6～7.

她的作品中呈现，因此解读它是一种挑战，常常是困难的。[33]沃接下来对斯帕克的笔下世界以及这个世界与她的叙事方法的结合的分析极其精妙："缪丽尔·斯帕克缔造了一个建立在机械的或极端唯物主义原则的归谬法之上的虚拟世界，这个宇宙的根基是社会生物学的和霍布斯的认识论，在其中，人被简约为对纯粹任意解释开放的复杂机器。"她"尝试恢复并站在这个途径之外"，"采用具有现代性特征的方法，尤其通过与世界的机械脱离，来疏远或脱离这种与世界彻底的脱节。这种方法允许暴露一种通常认为理所当然的形而上基础，而它的结果还未被大多数人留意或看见。通过这种方式建构的世界的经验使读者感到古怪、不安：它既熟悉又被置换了；几乎是现实主义的，却又不尽然；似乎是后现代的，但又不是。某些核心消失了……"[34]

　　直到这里帕特里夏·沃对当代西方文学批评中的形而上学恐惧的分析，笔者都深以为然，但是她接下来采取的路径，却是我不能够苟同的。当她在文中将斯帕克对人物的表现与当时流行的一些精神病患者（愈后）写作的自传相比时，她事实上偏离了形而上学的轨道。诚然个体混乱的形而上学与精神病患者的世界有某种相似之处，比如《驾驶席》中女主人公与周边世界的明显隔膜与偏执狂，但是这种联系并非作者在本文标题所示，是形而上层面的。先不说斯帕克众所周知的宣告"我对弗洛伊德一无所知"，虽然斯帕克本人曾经有过短期精神疾病的历史，但是她的写作策略向来防止读者与主人公认同。第一人称精神病史自传体恰好强烈追求这种认同。她的描写方式是将病症作为病症（或者说不将它自然化），并用清晰、简洁的方式表现一种与日常生活几乎始终共存的异常。更重要的是，病理学报告的基本方式是实证的，而实证与形而上学是两套难以兼容的路径，二者探讨问题的思路与目标不在同一个可分享的层面上。那么沃在此的比附是否从一个侧面透露出当代西方文学批评的形而上恐怖症？

　　斯帕克的作品诚然表现了许多"正常人"近乎病态的表现，从而模糊了"正常"与"病态"的界限。她的小说的魅力很大程度上来自这种"僭越"。笔者更愿意从天主教传统来看待这个问题，对照 G·K·切斯特顿在《回到正统》中的一番话："基督徒承认宇宙是多种多样，甚至是包罗万象，正如神智正常的人晓得自己是复杂的一样。心智健全的人知道自己带着少许野兽的性

---

33 Ibid.

34 Ibid., 66.

情、少许魔鬼的邪恶、少许圣人的情操、少许凡人的俗气。不仅如此，健全的人知道自己带着少许疯子的气味。相反地，唯物论者的世界颇为简单、牢固，正如疯子颇为确定自己是健全的一样。唯物论者肯定历史只是简单的因果锁链，正如前文所述那个有趣的人肯定自己只不过是简单的一只鸡。唯物论者和疯子从不感到疑惑。"[35]正在这样的背景下，我们可以理解《驾驶席》中丽丝试图掌控自己的整个世界的偏执与疯狂。丽丝的触目惊心不在于斯帕克从丽丝的视角描写她眼中的世界，相反，斯帕克的笔端一如既往蓄意避开读者寻求与丽丝感受认同的可能性，她着重透过外在言行描写丽丝超强的意志，她想做什么，而非她感受到了什么。丽丝诉诸纯意志的举动，不能引起读者共情，但她完全诉诸个人意志的行为，映射了偏执的疯狂。就此，沃正确地观察到，丽丝穿过玻璃看见废弃的咖啡屋，空空的桌椅立在黑白相间的大理石方块地板上，觉得正在看着基里科[36]画中"奇怪的博物馆"一样，这是文中唯一辛酸与人性情感流露的地方，恰好反映出丽丝现实感的丧失与未感觉到的"孤独的悲伤"。[37]

　　在论文中每当沃试图将具体的心理疾病与文本分析联系在一起的时候，除了简单的相似性的比附之外，总是显不出两者直接的关系，包括接下来将流行的"艺术家的神话"——来自弗洛伊德的创作理论，与斯帕克对这个神话的所谓攻击相连。斯帕克自然不会赞同带有浪漫色彩的作家主体的创造论，毋宁说，从第一部作品开始，她就多次蓄意反对这种理论。但她的反对却未必直接针对所谓艺术家——上帝的创作论，毋宁说这种反对是她一直坚持的反浪漫立场导致的副产品。而她对基督宗教的神圣护理概念的笃信不疑，也导致她有另一种形似而神不似的作家（上帝）——主人公（人类）创作论的文本实践。

　　斯帕克在皈依天主教之后，才从诗歌、文学评论乃至短篇小说转向长篇小说创作，写出了自己的第一部小说，此后凭借着二十几部具有持续的个性特征的小说确立了自己在文坛上的位置。从她本人的自述来看，显然她认可天主教对自己创作的影响。依据上面这三篇自述和斯帕克的小说作品，下面我们的分析将围绕几个探讨斯帕克的作品与天主教的关系的论题展开。

---

35 切斯特顿，《回到正统》，第 19 页。

36 基里科（Giorgiode Chirico），1888～1978，意大利画家，生于希腊。

37 Ed. Martin Mcquillan, *Theorising Muriel Spark: Gender, Race, Deconstruction*, 68.

　　首先，让我们关注她的"生于爱丁堡"。爱丁堡是苏格兰首府，在斯帕克成长的年代，当地宗教信仰主流是绵延数百年的长老会。长老会属于新教改革宗，苏格兰是这种影响深远的宗派的主要发源地。这个宗派的特点是，强调神的主权、圣经的权威、恩典的必要性，以及在基督里的信心，以严格与系统性著称。斯帕克说，"爱丁堡风气中的清教徒式的张力是无法逃离的"，尽管在她年幼的时候，长老会信仰在苏格兰已是强弩之末，而且多元的家庭宗教文化使她当时没有明确的信仰，但是斯帕克承认，"我自己的改宗更多是一个直觉而非智识经验。我认为这是我童年的造神气氛导致的——虽然没有确定停靠处。纽曼帮助我发现了一个确定的停靠处"。她认为自己受到了童年相对浓郁的宗教环境决定性的影响。她之所以从来没有对任何一种世俗政权或政治产生过幻灭感，是因为在强烈的改革宗背景下，世上一切都被认为暂时的，对任何暂时性的事物产生信仰本身就是荒谬的。这篇文章中反复提到的"然而"之说，其中包含着一种本质上清教徒式的思考习惯，信徒皆祭司是新教的改教原则之一，它意味着每个人都有能力独立面对上帝的信仰传统。就像她说的，这种"然而"原则帮助她成为了天主教徒。我们在这本书中屡次提到，在英国社会中天主教相对于主流文化处于边缘，但又是一个具有丰厚传统的辅流文化，成为天主教徒其实是一个卓尔不群的选择，需要更多坚持个体的独立性。受到童年环境的影响，她认为自己的信仰是出自直觉。她同时也依据清教式的独立原则认为，天主教事实上是对个人的肯定，而不像一般人所认为的，成了天主教徒就不能够有自己的个人的想法，而只能依附于一个"灵性合作社"，以获得"灵性"分红，无法获得独立性。对她来说，天主教信仰恰好相反，帮助她获得了的主体性和独立性。对于职业女作家，单身母亲，父亲是犹太人却在长老会学校受教育，出生苏格兰人却在英国生活的斯帕克来说，天主教为她提供了一个很好的精神皈依之所，使她能够在这个她的各种身份都有些格格不入的世界中找到一个观测点，与自己的种种身份既保持一定距离，又确认了肯定性的联系。

　　下面我们来看她的自述中一个与天主教相关的问题：事实。在《我的改宗》中，斯帕克聊了几句看似题外的话，即关于"性"、"节育"的问题。这个问题在二十世纪下半叶是一个非常重要的天主教议题，在大卫·洛奇的小说中探讨更加集中。在斯帕克皈依天主教的时候，她对天主教已经有相当了解（已经编辑出版了纽曼作品选），在这几篇文章中，她提到了一些在她看来特别和天主教相连的见解，并将它们与她的写作关联起来。其一是她认为天主教对待事实的态度令她感到满意，而这一点她在小说中也曾一再表现出来。

"对我而言，小说是寓言。你必须打定主意它不是真的。某种真理会从中浮现，但它并非事实。教会让我感兴趣的事情之一是它对事实的接受。我们不喜欢事实。我们想用机器掌控它们。……我总是觉得想法是自由通货，我只对依照自己想法所做的事情负责。"

她的小说《克鲁的女修道院长：一则现代道德故事》（*The Abbess of Crewe: A Modern Morality Tale*，1974）比较集中地处理了事实的问题。这部小说是一部黑暗喜剧，以虚构的克鲁的女修道院长选举事件为背景。现任女修道院长亚历山德拉（Alexandra）阴谋操控选举，让男修院的修士偷走竞选对象的物品，赢得了女修道院长的位置。她将窃听器布满全修院，坐在监控室里偷听各处的谈话；落选修女离开修道院后尝试揭发她的恶劣行径，于是她又想出各种方法堂而皇之地隐瞒真相，包括强迫众修女签下自愿认罪书，屡次买通借机敲诈的男修士，以保证自己的统治地位。亚历山德拉出身名门，热爱美好浪漫的诗歌，即使在策划阴谋的时候她的言行举止也高雅、大方，但事实上她的行为却触犯了许多道德底线。亚历山德拉高贵的自我想象形成了严重的自欺，以致她无论做什么事情都自以为是正义的。

在开篇不久，女修道院长对两位心腹高级修女讲解她对事实的理解："……现代经常进入历史的语境中，但是就我而言，历史是没有用的。在这儿，克鲁的修道院中，我们已经抛弃了历史。亲爱的姐妹们，我们进入了神话的领域。我的修女们热爱它。谁不想成为神话的一部分呢，无论付出多么不舒适的代价？由于历史的发展，全世界的修院系统都在暴动中。而我们在神话的模糊性之中，已经臻至满意，我们拥有和平。"[38]

在接受调查期间，她对众修女说道："歪曲正是我们现在需要的，姐妹们。我们正在离开历史的领域，即将进入神话的领域，神话不过是歪曲的历史，就好像历史是歪曲的神话，在人类的整个历史中它不过如此。我们怎么可能改变事情的本性呢？我亲爱的姐妹们，就我们而言，寻找事实的真相，就是寻找空难中被撕成碎片的尸体丢失的肢体、指头和指甲。"[39]

以及

---

38 Muriel Spark, *The Abbess of Crewe: A Modern Morality Tale*, Viking Adult, 1974, 16.
39 Ibid., 87.

> "……姐妹们，想想你们最好的剧本。
>
> '剧本是什么？'威妮弗蕾德（Winifrede）问。
>
> '它们是基于事实的艺术形式'，女修院长说，'一个好的剧本
> 是歪曲，一个坏的剧本是粗制滥造。它们不需要可行性，只需要催
> 眠效果，就像一切好的艺术。'"[40]

在小说结尾的时候，亚历山德拉即将到梵蒂冈去接受进一步调查。长期在异域从事宣教工作的修女格特鲁德（Gertrude）告诫她："你可能赢得出版界和电视的公共神话，但是你在罗马那儿没有实现神话的途径。在罗马他们面对事实。"……

> "格特鲁德，你知道我正在成为一件艺术品，它的结果是提供
> 愉悦。"

而格特鲁德说："把英语诗歌从录音磁带里删去。它们对你在罗马不利。这是克里墨、詹姆斯钦定本和公祷书[41]的语言，罗马能接受任何东西，除了英语诗歌。"[42]

　　这部小说是对浪漫主义辛辣的讽刺，并且明白无误地表达了斯帕克认为天主教（以梵蒂冈为代表）对事实的看法是什么，即重要的不是想什么，而是做什么。一位信徒面对各种现代学说，感到自身的天主教信仰非常脆弱，不知该如何坚持，就写信给美国天主教女作家弗兰纳瑞·奥康纳询问如何保持信仰，奥康纳回答道："布里奇斯给杰拉德·曼利·霍普金斯写信，问他自己该如何相信。他肯定期待霍普金斯给他一个长长的哲学回复。霍普金斯回信说，'救济'。霍普金斯想告诉布里奇斯，人在仁慈的实践中经历上帝（仁慈指的是对人性中的神圣形象的爱），不要过分纠缠于智性上的难题，以致无法用这种实践的方式找到上帝。"[43]信仰的力量来自于实践。就像我们常说的，实践是检验真理的唯一标准。斯帕克认为，负责任的小说的态度应当是去关心那些值得关心的事情。斯帕克写作的背景是二战之后，此前意识流小说对

---

40 Ibid., 89.

41 克里墨、詹姆斯钦定本和公祷书：克里墨（Cranmer）是英国国教第一任坎特伯雷大主教；詹姆斯钦定本是影响深远的英国国教圣经版本；公祷书是英国国教最重要的祈祷书。

42 Muriel Spark, *The Abbess of Crewe: A Modern Morality Tale*, 104～5.

43 Ed. Sally Fitzgerald, *The Habit of Being: Letters of Flannery O'Connor*, New York: Farrar, Straus, and Giroux, 1979, 476～80.

人的心理描写早已达到了极致，在现代主义对个人内在感受登峰造极的描写的同时，人的主体性也慢慢消解。随着二战开始，这个文学高峰已经过去，在改变了的英国人文环境中，对何为现实看法也开始改变。

那么什么是斯帕克眼中的事实呢？有批评者认为《克鲁的女修道院长》这部小说影射了水门事件。也有人认为，这部小说似乎与斯帕克的天主教信徒身份不相符，因为她明目张胆地讽刺了一间修道院。但是我们始终需要知道，斯帕克对天主教信仰的接纳是没有保留，同时，负面的女修院长形象出现并不是偶然的，这甚至是她笔下天主教信徒形象的主要特征。斯帕克深信她在《废除隔离的艺术》中说的，"我们现在应该更了解自己，不再沉溺于我们在本质上是具有上进心、热情而钟情的生物的幻想，我们确实拥有这些品质，但是我们也有很强的侵略性。"她不认为人的罪性能够因为加入任何群体，包括天主教群体而有所改变。反而在这个群体里面，由于对道德的强调，甚至更可能出现道貌岸然者。这就是我们认为斯帕克小说与天主教相关的主题之二：恶的日常性。

在某种意义上，斯帕克确实走在大卫·赫尔曼所说的"第三条道路"上，她的作品既反对英国现实主义小说的悲情传统（由于狄更斯的影响格外强大）——时至她写作的时候已经渐趋媚俗，她对人的基本观察有别于狄更斯式的现实主义，因为后者建立在对人性的基本肯定和同情之上；同时她也反对现代主义过分耽于自我的心理表述，后者的形式实验使小说失去了可读性，丢失了最基本的愉悦功能。她认为，现代社会的特征是全面的空前的荒谬。对抗这种荒谬就是文学艺术的职责所在。

就像她在《克鲁的女修道院长》的卷首题词中引用的叶芝的诗《1919》的片段：

> "让我们来嘲笑伟人，
> 他们心中有如许负担，
> 努力劳作到很晚，
> 想在身后留下什么纪念碑，
> 却不考虑那荡平一切的风。
> ……
> 然后嘲笑那些嘲笑者，
> 他们可能不愿抬手

> 帮助善、智慧或伟大，
>
> 并把那恶劣的风暴关在门外，因为
>
> 我们拿嘲笑做买卖。"

正是因为恶的日常性被斯帕克视为现实，她才重视讽刺的技巧。讽刺必须有值得讽刺的对象存在，所以讽刺的艺术总是与道德意识并存。

第三个相关主题，我们确定为小说的主导权或者自由意志的问题，它涉及斯帕克作品的原小说性。斯帕克的小说继承了一些后现代实验小说的技巧，主要是通过小说的内容或形式反思小说创作本身，引导读者在阅读中追问小说叙事的真实性、本质等问题。但她的小说的自反性和一般的实验小说相比，更加通俗、容易理解。小说作者对她笔下的主人公，显然具有某种主导权，因为小说中的人物是由她来"创造"的。斯帕克的第一部作品中的女主人公就经历了一个逐渐发现自己是一部小说中的人物的过程。对于这一发现，女主人公曾经试图反抗，最后则顺服。这是斯帕克刚刚皈依天主教的时候写的作品，从某种意义上也折射出她对自己作为个体和上帝之间的关系的心路历程。现实世界中的人是上帝的造物，而小说世界中的人是作者的虚拟"造物"，对前一种关系的认定必然影响小说创作者的心态。上帝的主导权似乎必然意味着人失去主导权，即所谓人的自由意志被存疑。但是斯帕克却从天主教这里获得了资源，声称"我是神圣护理的坚定信仰者"，她从与众不同的角度探讨自由意志，或者说人的主导权的可能性问题。是否不同的宗教观念带领她找到了不同的现实观念，不同的现实观念背后预示着对人的不同看法，从而也使她认为其他对人的看法只是幻象（即人具有自主性）、极力嘲讽，还是反过来的，她已经认识到人具有自主性是一种幻象，从而能够接受天主教的神圣护理观念，这之间的循环关系很难说清，但是存在内在勾连却是肯定的。

下面我们探讨恶的日常性与主导权问题

第二节　恶的日常性

斯帕克的小说之所以有趣，原因之一在于它们总是出人意料。出人意料指的是情节发展超乎读者的阅读期待。一般来说，这意味着小说在描写人物和涉及情节发展的时候没有安排很多伏笔。与之相对应的有趣现象是，从《布罗迪小姐的盛年》（ *The Prime of Miss Jean Brodie* ，1961，以下简称《布罗迪》）

开始，她的小说就发展出一种很有个人特色的叙事技巧，人称预闪（flash-forwards）。提起预闪，中国读者最有印象的例子大概是《百年孤独》的开头："多年以后，面对行刑队，奥里雷亚诺·布恩迪亚上校将会回想起父亲带他去见识冰块的那个遥远的下午。"[44]但《布罗迪》出版于 1961 年，而《百年孤独》出版于 1967 年，所以斯帕克小说的预闪具有独创性，并非模仿，而且它们从来不出现在小说的开头，是在故事展开的时候仿佛不经意的插入。

大卫·洛奇在论及斯帕克时候对"预闪"进行了定义："在叙事中对未来发生的事情的提前一瞥，在古典修辞学中被称作'预辩法'"，它暗示存在一位知道整个故事的叙事者。[45]他评价道："时间转换是现代小说中常见的效果，但是通常它被"自然化"为记忆的活动，是角色的意识流的表现，或者是一位角色兼叙事者的追忆或回想。"但是"缪丽尔·斯帕克将频繁的时间转换与第三人称权威叙事结合在一起，这是一种典型的后现代技巧，它令人注意文本的人为建构性，防止我们在虚构故事的时间统一或核心角色的心理深度中'迷失自我'"。[46]

显然：预闪和伏笔很不一样，伏笔帮助读者导向作者影射的"必然性"结局，在这个过程中，如果读者接受了伏笔，就接受了作者对人物、情节、社会发展规律的看法。但是预闪将结局明明白白地讲清楚了，小说情节的发展过程却仍能出乎意料。换句话说，她使读者的兴趣从关注结局，转移到了关注过程，这样做有什么特殊目的，或者能够达到怎样的特别的效果？这是斯帕克的小说最有趣的地方之一，也是理解斯帕克小说的特点的关键之处。她如何做到这一点，天主教对我们帮助理解她的叙事技巧有没有帮助？为了向本文的读者提供一个参考的视角，我们下面将首先来看一个似乎毫不关系的观念：平庸的恶。

平庸的恶（the Banality of Evil）这个概念为阿伦特在《耶路撒冷的艾希曼：对平庸的恶的报道》（1963 年）中草创。阿伦特对艾希曼事件产生了强烈兴趣，自愿作为艾希曼审判的记者出席，在开庭期间她苦恼地发现难以对被告者进行简洁的概括。审判断断续续进行，她也越来越感到失望，因为"'无论怎么

---

44 加西亚·马尔克斯，《百年孤独》，范晔译，南海出版公司，2011，第 1 页。

45 David Lodge, *The Art of Fiction: Illustrated from Classic and Modern Texts*, Penguin Books, 1994, 75.

46 Ibid., 77.

说，这个人的所有方面都是一块平板那样，难以形容的低级没价值。'"[47]她在后记中写道："艾希曼既不阴险奸刁，也不凶横，而且也不像理查德三世那样决心'摆出一种恶人的相道来'，恐怕，除了对自己的晋升非常热心外，没有其他任何的动机。这种热心的程度本身也绝不是犯罪。……他并不愚蠢，却完全没有思想——这绝不等同于愚蠢，却又使他成为那个时代最大犯罪者之一。这就是平庸"。[48]他身上没有众人也包括阿伦特自己期待看见的所谓"恶魔一般的要素"。

阿伦特打了个比方来说明这种"平庸的恶"："一个面临死亡的人，而在绞刑架下面，只考虑至今常有的葬礼上听到的悼词，而别的什么也不考虑，而且他的心被'高贵语言的悼词'夺走，连自己面临死的现实也完全忘了。……这种脱离现实与无思想性恐怕能发挥潜伏在人类中所有的恶的本能，表现出其巨大的能量，这一事实正是我们在耶路撒冷学到的教训。但是，这只是一个教训，还没有能够阐释这种稀有的现象的学说，与其有关的理论。"[49]接着，阿伦特说道："讨论无思想性和恶之间那种奇妙的相关的话，一着手就会感到，这是个复杂的课题。"[50]显然，不能够仅仅把平庸的恶原因归咎于极权主义统治，"极权主义统治的本质，而且恐怕所有的官僚制度的性质是把人变成官吏，变成行政体制中间的一只单纯齿轮，这种变化叫做非人类化。"[51]

在文章中，阿伦特认为，最后让艾希曼彻底丧失良知是他参加了一次纳粹高层的茶话会。在这个会议中，他目睹优雅的德国高层官员泰然自若地处理犹太人的大屠杀，缺乏基本判断力的艾希曼从此以后就在这件事上放下了良心的挂虑。因为既然连文化和官阶如此之高的官员都可以接受，那么它肯定就不是错误的。在这里，阿伦特考虑到了极权主义使一个人丧失良知需要多长时间这个问题。因此，可以说，艾希曼的罪行是由两方面因素造成的，一个是艾希曼自己内在的原因，即他的平庸的恶，另一个是极权主义的问题，两者叠加导致艾希曼成为犹太人大屠杀中的一个重要角色。

47 汉娜·阿伦特等，《〈耶路撒冷的艾希曼〉：伦理的现代困境》，孙传钊编，吉林人民出版社，2011，第66页，《耶路撒冷的艾希曼：1961～1965》，伊丽莎白·杨布路厄。

48 同上，第51页，《耶路撒冷的艾希曼：1961～1965》，伊丽莎白·杨布路厄。

49 同上，第51～2页。着重号为笔者添加。

50 同上，第52页。

51 同上，第53页。

对艾希曼的审判持续了八个月，时长前所未有，对他的报道也非常多，但是阿伦特的文章今天仍然广受关注。因为她命名了一种新型的恶，引起了广泛的共鸣，不仅符合绝大多数人对艾希曼的印象，而且提出了一个新的伦理概念。

为什么阿伦特能够命名这种恶，其他报道者却不能？这涉及阿伦特的个人特性。阿伦特受过当时欧美几乎最好的教育，是当之无愧的文化精英。她的出身与所处阶层与艾希曼有着巨大的差距。她特别强调独立思考，如她自己所说："'在我至今的人生中，一次也没有爱过某一集团或某一民族，德国人、法国人、美国人，工人阶级等等这类集团，我只爱自己和朋友。'"[52]她有时甚至会为了观点与挚友决裂。因此当她在艾希曼身上看到没有深度的生命、缺乏基本反思以及独立判断的能力，对她来说是不可忍受的。但"平庸的恶"并非是阿伦特高高在上对艾希曼的审判或者自傲的表现，而是她从自己一贯的立场出发得出了不像她这样执着于独立立场的人难以达到的结论。

小市民传统在德国源远流长——或许在所有近现代西方国家中都一样，我们还记得海涅在《哈尔茨山游记》中不遗余力的批驳，《荒原狼》中主人公为什么想极力避开人群，再加上祁克果竭力反对的所谓基督教徒，王尔德在戏剧中对维多利亚时期上流社会挑衅般的讥讽……在某种意义上，平庸的恶是世俗化社会中主流群体的问题。在阿伦特的报道中，她提到法庭审判一个没有先例的事件的难度，因为没有先例就没有准则。现代社会的人们如果考虑给这种问题下判断，会产生何种困惑呢，阿伦特表达到，事实上，暴露出来的既不是虚无主义，也不是犬儒主义，而是"人们的看法完全是异常混乱的"，即人们失却了具有一致性的根本准则。

这也是麦金泰尔在《追寻美德》一书的开头描述的现代生活的伦理症候群：人们只剩下各种道德体系的碎片。平庸的恶不关心永恒的问题，不论他们是否履行宗教仪式；他们难以与他人彻底认同或区别开来，因此也不会与他人发生真实的相交或者联系，甚至不会有个人化的冲突——这一点在艾希曼的身上尤为明显。他生活的本质是保全自己的安全、幸福与成就感，没有除此以外任何超越个体的诉求。从这样的标准来判断，我们必须承认，平庸的恶数量巨大，它往往并不违背该人所处社会的一般道德规范，它很难被发现，因为它几乎活在每个人的身上……

---

52 同上，编者导言，第 7 页。

阿伦特将平庸的恶作为一个伦理概念提出，宽泛地说，它属于哲学范畴。斯帕克不是哲学家，她的表达方式和阿伦特不同。在她的笔下从来没有抽象的无人称的平庸的恶，却有许多人行恶是因为平庸的缘故。这些平庸的恶者所行的恶常常为她的作品带来出人意料的情节发展。斯帕克笔下有不少这样的人，如《肯辛顿的遥远呼声》（*A Far Cry From Kensington*, 1988）中来自东欧的女裁缝。故事的主要线索是这个地下小裁缝收到了恐吓信。房客们都不明白谁会试图恐吓或者敲诈这个不起眼的好裁缝，她只想安安稳稳地过自己的日子。但是这种看似正当的追求却造成了很大的灾祸。因为恐吓信涉及她的收入来源——她没有报税，她几乎被吓坏了。于是恐吓者乘虚而入，不仅成为她这个天主教徒的情人，还成功地唆使她在相信咒诅有效的情况下对女主人公施行巫术，最终女裁缝无法承受这一切带来的压力而自杀身亡。小说的情节不是顺时展开的。而是小说将近尾声，女裁缝投河自尽后，女主人公开始整理她的遗物，此时女裁缝狭隘或者说平庸生活下的罪才一点一点向读者揭示出来。女裁缝在任何意义上都不是罪大恶极者。如果没有唆使和恐吓，她也绝不会主动去做这些恶事。但是自我保全的愿望在她的身上超过了其他一切精神力量——不论天主教信仰中的诫命，还是她的良心。事实上，因为她的悲惨结局，读者包括女主人公，都对她抱着一种同情的态度。她的自杀，以及自杀之后对她的真相的揭露，就是这部小说中埋下的最出人意料的"伏笔"。没有人会估计到这个"无辜"、可怜、怯懦的天主教信徒、地下小裁缝会成为恐吓者的同谋。不止一次，斯帕克的小说中的转折由类似的平庸恶者的行为构成，因为这种"恶"总是防不胜防。又如《蓄意逗留》（*Loitering with Intent*，1981）中偷窃了女主角芙勒·泰波特（Fleur Talbot）稿件的另一位天主教徒多蒂（Dottie）。泰波特曾经是多蒂丈夫的情人，现在她的丈夫已经转而与一位男性同居，她可怜而无望地希望丈夫回头，甚至寻求女主人公的安慰和帮助，是一个可怜又可悲的角色，女主人公也因此对她毫无防范。但正是她在一个偶然的机会出于某种嫉妒之心，偷窃了女主人公的稿件孤本，险些断送后者的作家生涯……

斯帕克评判事物的出发点和阿伦特不同，她从来也不是受过良好高等教育的知识精英，而始终是一名流行小说作者。让我们回到她所出发的天主教，平庸在天主教里面，是否会被评定为恶？答案是肯定的。在世俗化的世界中，平庸的恶无处不在，却往往是合法的。但是天主教的道德教导却是不妥协的。

它要求信徒悔改的罪涵盖了各种精神和行为层面。最著名的七宗罪：贪婪、色欲、贪食、嫉妒、懒惰、傲慢、暴怒，这些罪在一定程度上都是精神层面的，它们之所以需要忏悔，是因为它们会引发实际的罪行。

和许多流行的天主教小说家一样，比如格林和伊夫林·沃，斯帕克小说中以负面人物为主。斯帕克小说中恶的层次比较丰富，既有大奸大恶之徒，如《单身汉们》（*The Bachelors*，1960）中施行巫术、诈骗并企图谋杀的帕特里克·西顿（Patrick Seton）。也有让人恨不起来的小人物这样平庸的恶者。陷落于日常生活的执着，遗忘永恒，或者企图以各种幻象来替代永恒，是斯帕克不遗余力批评的对象。

在小说《死的警告》（*Memento Mori*, 1959）的扉页上引用了三段话，

> "我该怎么处理这种荒谬——
>
> 哦，心，烦愁的心——这幅讽刺画，
>
> 衰老的年纪捆在我身上
>
> 好像栓在一条狗尾巴上？"
>
> ——W·B·叶芝，《塔》

> "年长者看上去是多么令人尊崇与敬虔的生物！
>
> 哦，如同不朽的基路伯！"
>
> ——托马斯·特拉赫恩，《若干世纪的沉思》

> "问：什么是不能忘记的四件事？
>
> 答：不能忘记的四件事是死亡、炼狱，地狱与天堂。"
>
> ——《小教义问答》

死如同一把达摩克利斯之剑，一直悬在世人的头顶，但即使垂暮者也常常竭力回避它，这就是这部作品的主要线索。它极为罕见地描述了迟暮老人的生活，表现了形形色色的老人面对死亡的态度。不论年轻时成功或者失败，他们当中绝大多数人都已经彻底被时代和世人遗忘，其中包括曾经名噪一时的小说家。在他们身上我们看到各种对死亡的腾挪躲闪，大多数人尽可能不去思考面对，更勿论接受它。而对于死亡的态度，也导致了他们各种不同的结局。

甚至连上了年纪的人也一样，忘记了人是要死的这个关键性问题，只考虑怎么活着，这是现代社会的怪现状之一。在小说中，我们清晰地看见行将

就木的老人的欲望、争斗、恐惧与忧虑，而且它们绝大多数与死亡无关，主要是意气、面子之争。他们与死亡的接近使他们的种种忧虑、愁烦显得越发不可理喻，充满了荒诞色彩。小说中有一条贯穿始终的线索，老人们常常接到骚扰电话，提醒接电话者将会死去，于是众人想方设法找出打骚扰电话的人。而在小说的最后并没有说明是谁打骚扰电话给这些老人，似乎是死神本人打来的，或者是从上帝那儿来的信息。老人对死亡的态度影射了现代社会中人们对死亡的一般态度。这恰恰符合天主教视角出发对世俗化社会的批判。在斯帕克的笔下，甚至天主教徒也不能免俗，躲避各种在这个世界上的普遍存在的不完美。而他们在这种恶中的沉沦与参与，恰好说明了恶强大的渗透力。

这便是平庸的恶，它可以说是一种世俗化社会的现代病。如果将它与中世纪对比，可以引用Ｃ·Ｓ·路易斯一段描述中世纪与文艺复兴的话：

> "现代人会理所当然地认为，那个时代的人按地球的样子设想天空，因为他们喜欢繁华的大场面，诸如弥撒、加冕、游行、比武、颂歌等，他们把这些卓越的活动都归于那个虚构的世界。但需记住的是，他们的想法则完全相反，他们认为地球上的教会以及社会中的等级制度，是天上等级制度的隐约再现。他们纵情享受游行与庆典，这是在努力模仿宇宙的做法；在这种意义上，也就是'按本性'活着。这正是为什么众多中世纪艺术和文学作品只关注表达事物的本性。……有时候，真正一首诗或一座建筑似乎都是这种宇宙论的文字化或实质化的表达，在这一切当中，我没有看到任何有关这种原始想法的痕迹，即你可以通过表现地球上的事物而在一定程度上有助于它们在宇宙中的出现。这不是他们的想法。相反，是我们'城墙之外的异类'本身就希望能够尽可能地参与到城内的辉煌生活；就像'母亲联盟'在乡村里会堂里上演与在伦敦同样的剧目——这一尝试既合法又荒谬，但对所有相关的人来说都是不错的娱乐。"[53]

Ｃ·Ｓ·路易斯在这篇《中世纪人的想象与思想》中展示了中世纪的人在坚定的永恒观念的参照下如何看待现实生活。但是在缺乏永恒关照的世俗化社会中，清醒者往往只能悲剧性地看待自身，或者因为逃避这种悲剧性，寄希望于幻景，而不得不流于肤浅，这就导致了平庸的恶。平庸的恶往往表现在"好

---

53 Ｃ·Ｓ·路易斯，《中世纪和文艺复兴时期的文学研究》，沃尔特·胡珀搜集，胡虹译，华东师范大学出版社，2010，第87~9页。

公民"身上，他们的生命是扁平的，他们对自我的生存和伦理处境缺乏反思，说话只会人云亦云，对信奉的东西只有接受，没有批判……也因此，斯帕克在她的小说里尖锐地批评了将天主教作为一种个人安全感的来源，却对这种逃避方式缺乏自省的信仰模式。

平庸的恶透露出的正是恶的日常性。如果恶只在一般世俗认定的大奸大恶之徒身上存在，天主教的教义就不具有普遍的适用性。救赎之所以面对所有人，是因为所有人都需要被救赎，即需要从罪恶中脱离出来。斯帕克对恶的普遍性或者说恶的日常性，具有深度的洞窥。也因此，现实主义文学中的"小人物系列"，或者她所说的悲情文学中的常见主人公在她的笔下转变成恶行的候选者。这既是从标准、正统天主教角度出发的对人性的看法，在某种意义上，也是对天主教在现代社会中的合法性的辩护。

多萝西娅·沃克指出，在《死的警告》中，检察官亨利（Henry Mortimer）和作家琴·泰勒（Jean Taylor）二人对于死亡的态度是比较好的，所以他们就获得了比较好的死。拒绝死亡电话的莱蒂女士（Dame Lettie）对死亡的恐惧讽刺性地直接导致了自己被虐杀，她为了不接到这种"可怕"的骚扰电话，掐断了电话线，最后在无助中死去。亨利接到死亡电话时非常平静，礼貌地道谢，从此再也没有接到电话。天主教徒琴对莱蒂说："打匿名电话的人就是死亡自己。我不知道为什么？我不知道你能对此做什么？如果你不记得死亡，死亡会提醒你记住他，如果你无法面对这个事实。那最好就离开去度假吧。"[54]亨利虽然不是一个有信仰的人，但他过着善良有用的生活，他的死亡突然而且在快乐之中，非常适合他的身份，他在73岁踏上游艇"蜻蜓号"的时候突发心脏病死亡。善待死的人实质上善待了生，如此才能得到生与死的善待。死是日常生活中存在的"恶"，这不是道德意义上的，而在于它是"无"，对于人的存在是一种极致的否定，能够彻底抹杀的"虚无"的力量，即哲学意义上的"恶"。世俗化社会对死亡的逃避实质上逃避了人存在的深度。如果死亡是人不能拒绝的终点，那么它就是人生的组成部分，回避它就意味着无法过整全的人生。而向死而生的态度意味着追问价值，这就是为什么基督教的重点似乎应该是超越的维度，但是却非常关注信徒此世的伦理。预备好面对死亡必然意味着追问自己真正的价值何在，这种追问使人有可能在日常中超越浮华，面对真实的自我——卑微弱小的人，并趋于善的行为。

---

54 Muriel Spark, *Memento Mori*, 1959, 179.

斯帕克的另一部小说《唯一的问题》处理了苦难的问题，从某种意义上是对《圣经·旧约》中约伯故事的重写。死亡与苦难都不可避免地渗透在人的日常性之中。斯帕克似乎认为，平庸者拒绝直面这些问题，便已是恶，他们违反的不只是信仰的条例，而且直接违背了人自己。

第三节　主导权问题

在一次英国广播电台的采访中斯帕克说："我不声称自己的小说是真实的……我宣告它们是虚构的，从它们之中某种真理得以显露。我心里很清楚，我正在写的是虚构，因为我对真理感兴趣——绝对的真理……存在一种隐喻性的真理和道德的真理，以及人称类比性的（真理）……有一种绝对的真理，我相信其中一些很难相信的东西。我相信它们正因为它们是荒谬的。"[55]柯默德指出，这种"绝对的真理当然是罗马天主教会的教导。小说的谎言可以分享真理，或者给予真理一些有用的、虽然不完美的应用……斯帕克夫人关心处境的喜剧。小说家自以为是、武断、诡计多端，像恶魔一样伪造、撒谎，制造一些像世务一样的东西，荒谬的如同上帝的情节一样的情节。"[56]

谈到上帝对人世的主导权，我们容易联想到狄德罗的小说《宿命论者雅克和他的主人》中雅克经常挂在嘴边的话。"我们在这个世界上所遭遇到的一切幸和不幸的事情都是天上写好了的。"[57]狄德罗笔下的雅克在这里表达的宿命论是启蒙思想家眼中的基督教，宣扬不反抗一切的消极态度。这部小说中，狄德罗批评了这种思想对人的奴役和荒谬之处。他笔下的雅克的实践，将一种看似完全消极的"宿命论"转化成积极的随遇而安和趁时而作。不卑不亢、追求现实幸福的雅克对所谓"宿命论"哲学的躬行实践嘲笑了它的抽象性，讽刺了这种哲学在现实层面的无所适从。启蒙之后，在浪漫主义美学中，作品类比于世界，作者类比于上帝的说法流行开来。作为天主教徒，斯帕克的小说"创作论"（也可以翻译成创造论）直接影响她的作品。她在自述中说自己坚定地相信"神圣护理"，这一点在小说《单身汉们》中表现得十分明显。

---

55 引自弗兰克·柯莫德从 BBC 一个采访广播中浓缩在他的文章《小说的房子》（"The House of Fiction"），*Partisan Review* 30, no. 1（Spring 1963），在 *Continuities* 中再版。

56 Frank Kermode, *Continuities*, 208～9.

57 狄德罗，《狄德罗小说选》，吴元迈等译，北京：人民文学出版社，2001，第 139 页。

　　小说主人公罗纳德·布里奇斯（Ronald Bridges）是一位 37 岁的伦敦小博物馆副馆长，有时也兼做一些法庭笔迹验证工作。他原本想成为一名神父，但是由于患有无法治愈的癫痫病，被迫放弃了对圣职的寻求。癫痫病使他感到自己有如被魔鬼附身，被生命的严厉的审判官（即上帝）裁决为"一只不令人满意的实验老鼠，无法对正确的药物有反应"。但也因此，他的才智得到了磨砺，在某些场合他成为一个测谎仪，而他的朋友此时却往往选择魔鬼（即伪善者）的角色。[58]帕特里克·西顿是书中的大反派，他是一个降神会的灵媒，正在面对欺诈和伪造的控诉。小说最出人意外的地方是最后的法庭审判。尽管罗纳德在他的天主教信仰允许范围内，想尽各种方式证明西顿有罪，但是现场呈现的各种证据证词却都对西顿有利。直到小说倒数第三页正式审判，读者和罗纳德一起大吃一惊，帕特里克被判五年监禁。

> "关于伪造指控。"
> "有罪认定"。
> "关于欺诈侵占。"
> "有罪认定"。
> "'我不相信上帝'，爱丽丝说。"[59]

爱丽丝是帕特里克·西顿的情人，此时已有身孕。她痴心等待帕特里克离婚与她结婚，并确信他是无辜的。可事实上帕特里克并没有妻子，只是以此为借口来拖延婚期，并且他已经处心积虑地计划，一旦逃脱法庭的指控，就制造意外事故的假象，致爱丽丝于死地。所以，在审判的过程中，眼看罗纳德无力回天，熟悉斯帕克冷峻态度的读者为即将降临在爱丽丝身上的不幸倍感揪心的时候，却天网恢恢，疏而不漏。审判结果的直接受益者正是爱丽丝。她在法庭上方才得知西顿未婚的身份。在西顿锒铛入狱之后，她终于在孩子出世前一周嫁给了努力追求她的马修。这大概是斯帕克独特的对神圣护理的论证。尽管爱丽丝屡次声称不相信上帝，小说却嘲讽了她无力的声明。这部小说的高潮是法庭现场，意外来自于正面主人公的无能为力，和神圣护理的突然呈现。主人公（hero）、"好人"罗纳德竭尽所能力使事情向善的方向发展，可是他所做的一切事情都徒劳无益，这使他偏离了通常的英雄主人公形象，并且把善的实施者最终留给了神圣护理。多萝西娅·沃克曾说，罗纳德是斯

---

58 Muriel Spark, *Bachelor, The*, Penguin, 1965, 7.
59 Ibid., 184.

帕克笔下最像基督的角色，他彻底接受了无法治愈的癫痫病这个自己身体中的"魔鬼"，因为接受了自我的真相——软弱的人，他能够识别他人的真实与虚伪，从而对身边的人起到了诱发他们/她们心中善的一面的作用。就像传统的圣徒一样，他从不梦想"救赎"他人，而是谨守本分，拒绝诱惑，其中包括为了达到善的目的而采取不正当的手段。

在斯帕克的第一部小说《安慰者们》（The Comforters，标题的灵感来自《圣经·旧约》《约伯记》中约伯的安慰者们，但她后来承认这个标题并不合适这部小说）中，她的小说的一些特色已经出现。比如杰出的编织故事的能力，肥皂剧式的人物关系设计，日常生活中令人惊悚的罪恶，超自然因素，对非传统天主教徒形象的表现等。同时，这部小说明显还是比较生涩的，比如她尝试进行的一些形而上追问和探讨并不成熟，某些地方处理得有些与叙事脱节（比如和后来的《惟一的问题》相比），小说主要通过人物的对白和心理感受直接表现，没能很好地融入情节之中。而且总的来说，人物形象的塑造还比较苍白，与后来小说中的相比不那么鲜活有力，仿佛具备某种恶魔般的真实性。但在这部小说中，斯帕克集中探讨了上帝——作者——主人公三者之间的类比关系。流行的小说创作理论中有一种简单的比附，即作者是他的作品中的上帝，他的主人公是他的造物。这种创作论的重点在于鼓吹一种艺术家神话，推崇艺术家的原创性、想象力等。与之相连的是浪漫主义的美学传统，将艺术家作为近现代社会的圣徒，良心代言人，道德担当者，或者说完美人性的体现。二战以后，这种形象已经日趋衰落，只是在大众流行文化领域中仍有一定市场，具有某种宣传作用。这种类比并不适合斯帕克，在这一点上，她用这部小说为自己后来的创作画出了一个虽然不完整，却相当清晰的轮廓。斯帕克对神圣护理的看法看似有些接近宿命论，但是她却独辟蹊径，表现了不一样的可能性。我们下面来看这部小说。

小说的女主人公卡洛琳（Caroline）和斯帕克当时的生活具有明显的同构性：二人同样刚刚皈依天主教，卡洛琳正在写作一本关于小说理论的学术著作（而斯帕克在写一部小说），并且都需要从一场精神疾病中康复。

小说的叙事呈双线索展开：一条线索是劳伦斯发现他的祖母在进行钻石走私的活动，第二条线索是劳伦斯的女友卡洛琳听见离奇的打字声，重复她的思想或者她即将产生的思想和活动。劳伦斯在给卡洛琳的信中提到了祖母的犯罪行为，信落到了天主教信徒霍格太太的手中，她借机进行道德敲诈。但最终，因为发现自己的丈夫和儿子是走私犯罪的同伙，她被迫中止了敲诈行为。在一次野餐聚会中发生了意外，霍格太太溺死湖中，卡洛琳死里逃生，祖母也停止了犯罪活动，与她的一个同伙结婚了。

在小说中，超自然声音只有卡洛琳听得见，也无法被录音机录下来。但是卡洛琳反对将它视作心理幻觉，如她的朋友男爵所暗示的那样。这些声音究竟代表和象征什么，它们从哪里来？在小说的结尾没有交代得很清楚，学者彼得·肯普（Peter Kemp）认为，斯帕克不幸使用了这个有趣的、极具天赋的设计，但是最终它的重要性却不过是边缘性的。[60] 就情节的结构发展和结尾的处理来说，确实如此。但是多萝西娅·沃克却认为，这些声音与斯帕克的美学、宗教主题相关，所以不能就这样轻易打发，她认为："超自然作为天主教一直以来包涵的因素，对斯帕克来说，是必须被接受的。"[61]

一次，卡洛琳尝试反抗这些声音。声音告诉卡洛琳，她和劳伦斯将开车去拜访吉普太太，卡洛琳对劳伦斯说："故事（即声音——笔者注）说我们开车去；好吧，我们必须坐火车去。你明白的，对吧，劳伦斯？这关系到诉诸自由意志的问题。"但是后来她想到这是弥撒日，"她显然必须去教堂参加弥撒，强烈的火车出行愿望就此打消。"因为"弥撒是一项恰当的义务。"于是他们开车上路，发生了严重的车祸，两人都受了重伤。

在这里，这些声音似乎是上帝的声音，所谓的诉诸自由意志成了未遂的反抗。因为小说最后的"好"结局显然不是任何小说中人物角色努力的结果。似乎冥冥中上帝已经安排了霍格太太与罪犯的家人关系，也安排了霍格太太非人力所能抗拒的意外死亡，使她的威胁彻底消失。但是，这样的安排还是有些让人摸不着头脑，因为这样一个机械式的上帝恰好是卡洛琳激烈反对的。开车的时候卡洛琳对劳伦斯说，她觉得，通过一个小说家设计的虚构情节的影响，他们的生活正要被组织成一个方便顺手的情节。她还说："我反对让我的思想和行动受到某种未知的，或许阴险的存在的控制。我想让他受制于理性，我想站在一旁看这部小说除了这个虚构的情节之外，是否有任何真实的形式。我恰好是个基督徒。"[62]

60 Peter Kemp, *Muriel Spark*, New York: Harper & Row, 1975, 17. 转引自 Dorothea Walker, *Muriel Spark*, 10.

61 Dorothea Walker, *Muriel Spark*, 10.

62 Muriel Spark, *The Comforters*, 115, 117.

也就是说斯帕克一方面接受上帝的神圣护理教义，承认上帝在一定程度上安排了人的命运，另一方面，她强烈反对以此作为道德说教的借口。就像沃克指出的，斯帕克的天主教信条的遵守非常灵活，在小说中她对罪人几乎没有怜悯之心，她对他人的批评常常饱含愤世嫉俗。[63]正如卡洛琳拒绝相信因为听到别人听不见的声音自己就是疯子，在后来的作品中，如《死的警告》中，骚扰电话也只能归功于超自然因素。沃克认为这就是斯帕克毫不犹豫地接受灵界等超自然世界存在的证据。

同时，斯帕克与某种天主教徒或者天主教观念势不两立的态度在小说中也初露端倪。霍格太太坠入水中的时候抓住了卡洛琳，因为不会游泳，她死死地卡住卡洛琳的脖子，直到自己溺死，卡洛琳由于极好的闭气能力勉强生还。这番殊死挣扎，即卡洛琳的存活与霍格太太的死亡，或许也可以看作斯帕克自己的天主教观念的某种代言。霍格太太将天主教作为一种道德绑架的工具，试图绑架所有与她相遇的人，这是卡洛琳本能厌恶的，也是斯帕克坚决抵制的。

这部小说具有明显的原小说结构，有针对小说中的人物的自反情节，比如："当卡洛琳的腿不太分散她的注意力的时候，她……将思绪转向小说的艺术，长时间地思考，这对她将暂时缺席一段时间的叙事形式施加了一种过分的、未经计算的影响。"[64]

卡洛琳尝试使自己相信她听见的声音是真实的，她告诉朋友男爵："证据就在这本书本身，……身体的痛苦使我相信，我不完全是一个虚构的人物形象。我有独立的生活"。[65]以及最后"被写进这部小说，她的感觉是痛苦的。她仍然没有意识到自己在这个过程中的影响，现在她不耐烦地等待故事的结束，她知道，叙事将永远不可能与她连贯一致，直到她最终外在于它，同时也内在于它的那一刻。"[66]

卡洛琳在小说的结尾意识到自己是小说中的人物，她感受到了一种宿命感，但是却没有发现自己在一定程度上参与、改写自己的故事。这种主人公与作者之间的关系，是对世人和世界是上帝手中的造物的类比。小说对这个问题的探讨关系显示了斯帕克和她刚刚皈依的天主教信仰之间的张力。正统

---

63 Dorothea Walker, *Muriel Spark*, 11.

64 Muriel Spark, *The Comforters*, 155.

65 Ibid., 181~2.

66 Ibid., 206.

的天主教信仰承认上帝的神圣护理，以及上帝的旨意在一切事件之中或隐或显地存在。卡洛琳既承认自己是一个人物角色，又"不耐烦地等待故事的结束"的态度，表现出斯帕克对这种在教义上是"被安排"的同时在感受上又是自主的存在方式的困惑，也许斯帕克在此处的信仰洞见是，作为被上帝书写的故事的一部分，不可能完全外在于故事之外来看清楚自己的这种身份和所扮演的角色——就像老生常谈的基督教劝诫往往尝试做的那样，因为人终究不可能站在上帝的位置上，而必须与这个故事处于一种既内在、又外在的关系，或者说，既接受"命定式的""神圣护理"外在视角，又在脚踏实地的皈依中实践信仰，同时不抹杀真实的自我，才可能感受到"被安排"与"自主性"的合一。

除了霍格太太，小说的结尾还激烈讽刺了劳伦斯的父亲远离城市、家人，在修道院中耽于自我的静修（他并非修士）。这位"敬虔者"的家人陷于犯罪、被勒索、车祸等各种问题之中，而他本人经过修士的一番谆谆告诫，安心地继续留在修道院里。这个部分与小说情节没有任何内在联系，除了表达斯帕克对某种传统的天主教实践模式的反感、讥讽与排斥之外。

另一部处理主导权问题的小说是异常辛辣的《驾驶席》（ *The Driver's Seat* ，1970 ）。多萝西娅对这本小说的解读非常有效，值得我们重视。这部小说从一个不同寻常的角度记载了一件罪案，即一个受害者同时也是案件主谋的视角。女主人公丽丝是一名 34 岁职业单身女性，她飞往意大利度假，在飞机上特意选了一个年轻男子，坐在他身边。但是看见她之后，这个年轻人恐惧地换了位置。到达目的地以后，她四处搜寻，刻意回避其他尝试接近她的男性，直到在酒店里重新发现了那名男子。这人一直在躲避她，之前他已经看见丽丝和他的姨妈在酒店里交谈。丽丝让这人将她带到一个偏僻的地点杀死自己。这个（有前科的）男子按照她所说的做了。小说具有一种冷酷的惊悚效果。丽丝对自己的计划一丝不苟的执行，以及杀人犯出人意料地顺从了她的要求，使这部本质上是"罪案"或者"犯罪"小说的作品给读者留下不同寻常的印象。也许可以批评这部小说过于冷酷、离奇，或者再次指责它由一只毫无心肝的、蓄意寻求耸动的笔写就的。但是从另一方面，也可以说斯帕克是故意这样做的。它之所以可能引起读者的愤恨，是因为隐形叙事者刻意避开了对主人公也是"受害者"的心理认同。她事实上是这个罪案中真正的施暴者，她以自虐致死为乐，同时像搜寻猎物一样寻找她的精神施虐对象：一个可以被她彻底控制的杀人犯。尽管犯罪小说往往寻求离奇的耸动性，与"日常"生活有所偏离，但是斯帕克的笔触几乎只关注主人公内心强烈的意愿，即专注于她的意志层面，而没有写到她的心理活动或者情感，这种写法使读者远离了一个感伤的主人公受害者形象。

小说的名字《驾驶席》揭示了作者对这个故事的看法与她一贯的关于人的主权的思考相符。丽丝在四处寻找的过程中曾经邂逅一位男子，对方将她带到一个僻静处，企图侵犯她，但是她却尖叫着寻求帮助，从他身边逃离，跑向车子，抓住拉开驾驶席的门，把他锁在外面，尖叫道："你无论如何也不是我要的类型。"[67]就像多萝西娅所解读的，"丽丝就这样彻底掌控，使她无论在字面意思，还是在比喻意思上都待在了驾驶席座上。情节必须向她要的方向发展，谋杀犯必须是她自己的选择，必须听命于她。"[68]她最后找到了那个年轻人，让他跟她走。然后，她坐进"驾驶席"，等这个男人坐到她身边的位置上，便"开车出发"。[69]除此之外，小说没有在别的地方提到驾驶席。丽丝强烈的意志至少决定了她自己和另一个人一生的命运。她的意志得到了彻底贯彻，换句话说，她的绝对主权得到了实现。但是个人意志的彻底贯彻的可悲结局却成为对所谓个人意志的尖锐讽刺，争夺个人命运的绝对主导权无异于病态的偏执。

就此，沃克准确地指出，"斯帕克可以从她的虚拟世界中……去掉那些心照不宣的线索，这些线索原本用于捆绑自我及其历史世界，并以其心理深度、时空着陆点和密切、多视角的行为观察，编制现实主义小说的经纬。"[70] "在使读者脱离这种疏离的生存模式的过程中"，斯帕克"进一步呈现了一幅萧瑟的人类景象，即人作为一种惰性物质受到一种机械的意志（驾驶席）的驱使。"[71]

另一部小说《蓄意逗留》（*Loitering with Intent*，1981）也直接讨论了小说与现实，作者、上帝与小说主人公的关系问题：单身女子（一位天主教徒）芙勒·泰波特偶然进入一个自传协会从事文笔秘书工作。她逐渐发现，自传协会的主席昆廷爵士（Sir Quentin）利用参与协会者的弱点和隐私，秘密操控、

---

67 Muriel Spark, *The Driver's Seat*, Macmillan, 1970, 88.
68 Dorothea Walker, *Muriel Spark*, 89～90.
69 Muriel Spark, *The Driver's Seat*, 111.
70 Ed. David Herman, *Muriel Spark: Twenty-First-Century*, Patricia Waugh, "Muriel Spark and the Metaphysics of Modernity: Art, Secularization, and Psychosis", 71～2.
71 Ibid., 77.

设计他们的人生。在这个过程中，女主人公自己在创作一部小说，她采用了自传协会作为创作素材，小说主人公酷似昆廷爵士，但是在她的小说中，一开篇男主人公就死去了。后来这部小说在寻求出版的过程中落到昆廷爵士手中，他在某种程度上尝试模仿小说中男主人公的邪恶行径。芙勒设法将自己的稿件偷回来，而昆廷爵士竟真的走向了小说中主角的结局……

《蓄意逗留》这一标题来自小说开头一个楔子般的情节。故事主线发生的数年之后，已经成为作家的女主人公坐在一处路过公共坟墓中，想写点什么，此时一位警察走过来，怀疑她为何"蓄意逗留"此地，她随即回想起自传协会的事。"蓄意逗留"是一种犯罪分析术语，暗示某人在预谋某种罪行。自传协会的成员们在昆廷爵士的诱惑下，尝试用记录生平的方式使自己"不朽"，结果却为了达到这个目的，编造着面目全非的"故事"，使自己的把柄落入昆廷爵士的手中。昆廷爵士则沉迷于设计自己和他人的人生。小说显然具有原小说的性质，情节设置似乎在追问，究竟是人物在模仿小说，还是芙勒设计了昆廷的结局？在斯帕克的小说中，任何妄图彻底设计、掌控人生者都如自传协会的成员一样以自取其辱或自毁而告终。小说的最后一段写道："后来一天，我去看望多蒂，在小公寓里，她说我逃离了真实的生活，而不是像她那样……我们吵了一架。像往常一样，我气急败坏地走到院子里。一些小男孩在踢足球，球笔直地飞向我，我踢了它一脚，一次偶然的恩典，如果我仔细研究，拼命卖力，根本不可能踢得这么成功。球飞到空中，直接落到小男孩伸出的手中。小男孩咧嘴笑了。就这样，因为我已经进入了自己丰盛的岁月之中，于是因着天主的恩典，我从那儿继续欢乐前行。"[72]

对此，乔治·格林感到，斯帕克关心的是"宗教信仰对人的挑战，而不是安慰"，"她的上帝更鼓励自然的状态，而不是仪式性的尊严，他的至高主权似乎跟源于一种让人类处于惊喜之中的强烈愿望。"[73]同样具有天主教信仰的芙勒·泰波特大约能够表现出斯帕克心目中比较理想的面对主导权的态度。

第四节　现实与虚构

斯帕克既反对浪漫主义，也反对现实主义，因为她反对简单的作者与上

72　Muriel Spark, *Loitering with Intent*, New Directions, 2014, 217.
73　Cited in Dorothea Walker, *Muriel Spark*, 31.

帝类比论——背后蕴含着对人的创造力的无限推崇，也反对现实反映论——小说不等于现实，否则就成了真正的欺骗。她主动而强烈地拥护天主教的"现实"观，并且在她的多部小说中处理了这个问题，甚至她的一部小说的名字就叫做《现实与梦境》（*Reality And Dreams*，1996），小说的主人公是一位电影导演，职业梦境制造者。

斯帕克一直以来不遗余力地讽刺现实生活中的"虚构"，除了我们上面看到的女修道院纪事中的"神话"论之外，在《公众形象》（*The Public Image*，1968）中，她以女主人公当红女明星安娜贝尔·克里斯托弗（Annabel Christopher）为对象，尖锐嘲讽了现代社会的演艺界及其生成机制。安娜贝尔因为在电影中成功地扮演闲妻良母的角色而出名，为了维持事业的成功，她在现实生活中也竭尽所能地去扮演这个与事实不相符的公众形象，包括生了一个孩子。为了破坏这个假象，她的先生设局自杀，但她仍然不顾一切地掩盖真相。人们出于对这个偶像形象的喜爱，事实上也在不断地怂恿她"捍卫"这一形象。比如当她扮演丈夫意外身亡的悲痛欲绝的妻子的形象，她的邻居被她诱使在媒体面前主动扮演贴心而忠诚的好邻居的形象，保护她，迫使媒体无法问出尖锐的问题。

另一部小说《佩卡姆莱之歌》（*The Ballad of Peckham Rye*，1960）中的杜伽尔·道格拉斯（Dougal Douglas）仿佛一个像魔鬼般的诱惑角色，在原本安静的社区佩卡姆莱中掀起了风波。但是故事同时也显示出，这些诱惑并不是空穴来风，要为这些骚乱负责的事实上是佩卡姆莱的居民自己，罪行潜藏在居民们看似按部就班的生活之中。而道格拉斯诱惑人们犯罪的主要方式就是"兜售一种生活的药方，即鼓励人们将他们的生活转化为小说、浅薄的肥皂剧。"[74]彼得·肯普（Peter Kemp）认为，《佩卡姆·莱之歌》说的主题是"人们用不真实的话抑制真理，以及为了自己的慰藉剪辑真理的方法"。[75]各种各样的陈词滥调其实是对现实的伪装，就像沃克所说，这是一个隐含在堕落中的矛盾，即无法恰当地评定现实，常常用语言遮蔽真相。因此道格拉斯不时试图扮演某种角色的伎俩，诱使和他交往的居民进入某种虚假的叙事之中，从而有效地遮盖道德秩序。[76]

---

74 Ibid., 37.

75 Ibid..

76 Ibid..

这两部小说尖锐地表现了，在现代社会中成功的角色扮演有大利可图，具备广泛的市场。一方面人们无法直面现实，导致迷失真实自我，另一方面，电影、小说等流行文化不断为人们制造偶像。这些角色无一例外被认为是迷人的、在道德上是正确的，但事实上最重要的是，它们看上去是美好的，作为虚构的产物它们可以罔顾现实逻辑可能与否。普通人被诱惑相信这些虚构，并通过模仿这些偶像——本质上是陈词滥调的堆砌——来实现自我满足。

在斯帕克看来，人们对梦想、偶像的热爱事实上和浪漫主义的营造有相当密切的关系。在代表作《布罗迪》中，她不无惊悚地暴露，浪漫主义的本质与极权主义如出一辙。这部小说在情节设置、人物形象塑造，主题选取、叙事方式等方面组合精当，是斯帕克小说中公认的精品。

《布罗迪小姐的盛年》的故事开始于 20 世纪 30 年代爱丁堡的一个女子学校。六个十岁的小姑娘被她们的老师布罗迪小姐选中，她自称正处"盛年"，要用独特的方式教育她们，包括在家里用奢侈的茶点招待她们，教授自己的恋爱故事、旅行见闻、艺术史、古典研究和法西斯主义。这六个女孩被视作"布罗迪帮"，是学校中的精英群体。但是小说很快就用预闪的方式告诉我们，其中之一最终背叛了她们的老师，而她一直都不知道是哪一个。女孩们渐渐长大，她们与布罗迪小姐的情事纠葛在了一起。艺术老师（一位已婚天主教徒）爱慕布罗迪小姐，女孩中最美的罗斯（Rose）成了他的模特，但他画出来的人却像布罗迪小姐。布罗迪小姐安排罗斯替代她成为艺术老师的情人，但是桑蒂（Sandy）对艺术老师着迷了，破坏了布罗迪小姐的计划，成了他的情人。女孩们离开学校后各归其途，玛丽（Mary）成了打字员（她是这个群体公认的替罪羊角色，23 岁时死于火灾，在失火旅馆的走廊里来回奔跑，找不到出路），甄妮（Jenny）尝试当演员，尤妮斯（Eunice）成了一名护士，莫妮卡是科学家，而罗斯嫁了一位英俊的丈夫。罗斯与桑蒂被布罗迪小姐视作"精英中的精英"，但是罗斯在离开学校以后，立刻就"像狗抖落池水一样去掉了布罗迪小姐的影响"；[77]而桑蒂则向校方告发了布罗迪小姐的法西斯倾向，导致她被辞退，自己则成为了一名天主教修女。桑蒂从心理学的角度写作了一本研究专著，题为《平凡事物的变容》（*The Transfiguration of the*

---

77 Muriel spark, *The Prime of Miss Jean Brodie*, New York: Everyman's Library, Alfred A. Knopf, 2004, 127.

Commonplace）。已经被称为耶稣变容海伦娜修女（Sister Helena of the Transfiguration）的桑蒂接受了一个拜访，对方问她上学时受到的主要影响是什么："文学的、政治的，还是个人的，是不是加尔文主义？"她答道："是盛年时期的布罗迪小姐。"[78]而她在修女院栅栏后总是一副怅然若失的模样，似乎也在暗示布罗迪小姐对她的影响仍在延续。

斯帕克通过这部小说创造了不完美人性的现实而深刻的新形象。哈尔·黑格（Hal Hager）评论道："这两个角色的复杂性，尤其是琴·布罗迪，反映了人类生活的复杂性。她真诚地想要开拓她的少女们的生活，增强她们对自我和世界的意识，以及打开挣脱传统的思考、感受和存在方式的束缚。"[79]

虽然布罗迪小姐确实希望开拓少女们的眼界，但是她却决定用自己扭曲的现实的版本来拓宽她们的眼界，这暴露了她强烈的控制欲。事实上，布罗迪小姐是一个可悲的角色，尽管她改变了几个女孩的命运，也吸引了音乐老师和艺术老师的爱慕，但是她陷落在自己编制的虚构现实之中。不少研究者关注到布罗迪小姐对墨索里尼的崇敬，并以此为切入点研究这部小说与极权主义的关系。虽然看似遥不可及，但是这个小小的布罗迪帮被认为是一个具体而微的极权主义，其中隐藏着同样的极权主义本质。

朱迪·苏（Judy Suh）在2009年出版《20世纪英国小说中的法西斯与反法西斯》（*Fascism and Anti-Fascism in Twentieth-Century British Fiction*）中的专章"缪丽尔·斯帕克《布罗迪小姐的盛年》中法西斯的家常吸引力"分析了这部小说。她认为，苏格兰普通女教师布罗迪小姐对意大利法西斯领袖墨索里尼自愿的跟随与崇拜，揭示了法西斯的因子潜藏在日常生活中。这种跟随和崇拜一方面是对这位女教师的讽刺，因为在法西斯团体中女性受到极强的压制，她的单身职业女性的身份其实无法与法西斯的理念相容。所以她的跟随与崇拜显然具有相当的盲目和想象成分，对法西斯的理论没有深入系统的认识。但她无疑崇拜墨索里尼的影响力。朱迪认为，"她（布罗迪）将纳粹战争机器严重误解为对习俗的僭越，强调了法西斯主义依赖于多种结构条件的可能性，包括自由民主制下的日常性别与教育规范。"[80]另一位学者同样认为，

---

78 Ibid., 125.

79 "In the Footsteps of Muriel Spark" The History Zone BBC Radio Scotland 2009-08-18

80 Judy Suh, *Fascism and Anti-Fascism in Twentieth-Century British Fiction*（New York: Palgrave Macmillan, 2009），162.

　　布罗迪帮这个小群体出现的背景虽然是苏格兰自由民主制度下的一所女子中学，但小说探讨了"监督与控制的封闭系统中的权力机制内部"现代成年女性与少女们如何运作"权力机制与反叛"的问题。[81]

　　小说中布罗迪小姐的背景是，中产阶级家庭出身女性，"去世或者衰弱的商人、宗教牧师、大学教师、医生、曾拥有大仓库者或者渔场主的充满活力的女儿"，因为世界战争失去了婚姻机会从而走向职场。[82]在以父权制为主的社会中，她需要寻找自己的身份认同。朱迪认为，"事实上，斯帕克探索了'下属'的世界——女性，学生——以及滋养了她们对魅力型领袖的奉献（尽管这样做回报持续降低）的欲望与权力的合成潜流。"[83]布罗迪说："你们这些女孩是我的使命。就是明天纹章莱昂爵爷向我求婚，我也会拒绝。我献给了盛年时期的你们。"[84]布罗迪小姐鼓励少女们过一个"有意义的"生活，为伟大的理想而献身，鼓励她们离开普通的家庭生活，"反抗'成年妇女'中隐含的社会与性别符码"。[85]桑蒂和珍妮彼此说，"我不愿性交。""我也是。我要嫁给一个纯粹的人。"在她们眼中，布罗迪小姐超越了性。[86]"因为相信她的女孩儿们身上有英雄角色的标志，她为她们提供了另一种中产阶级女性模式，与流行的婚姻道路相左。"[87]"布罗迪小姐无法忍受任何一个她的女孩长大后没能主要奉献给某种使命。"[88]为此她频繁地预言她们的将来，以控制她们的发展方向。她鼓励一个憧憬布罗迪帮但未能成功成为其中一员的少女乔伊斯·艾米莉（Joyce Emily）去西班牙为佛朗哥作战："有时候我后悔鼓励乔伊斯·艾米莉去西班牙为佛朗哥打战……我让她看见了意义。但是她根本没机会打战（乔伊斯在去途中的列车上被炸死），可怜的女孩"。[89]

　　通过呼吁少女们必须为"更高的理想"献身，而不是委身于丈夫/父亲或家庭的狭窄参照，布罗迪小姐事实上鼓励了女性的自主性，使她们与家庭中

81　Patricia Duncker. "The Suggestive Spectacle: Queer Passions in Bronte's *Villette* and *The Prime of Miss Jean Brodie*." *Theorising Muriel Spark: Gender, Race, Deconstruction*. Ed. Martin Mcquillan. New York: Palgrave, 2002, 70.

82　Muriel spark, *The Prime of Miss Jean Brodie*, 43~4.

83　Judy Suh, *Fascism and Anti-Fascism in Twentieth-Century British Fiction*, 166.

84　Muriel spark, *The Prime of Miss Jean Brodie*, 22.

85　Judy Suh, *Fascism and Anti-Fascism in Twentieth-Century British Fiction*, 167.

86　Muriel spark, *The Prime of Miss Jean Brodie*, 15.

87　Judy Suh, *Fascism and Anti-Fascism in Twentieth-Century British Fiction*, 168.

88　Muriel spark, *The Prime of Miss Jean Brodie*, 65.

89　Ibid., 133.

的传统地位分离，尽管在这里，是安置于一个更具掌控性的权威之下。朱迪随后分析了布罗迪的类法西斯行为背后的性别、社会成因：拥抱历史上的附属地位与自我牺牲的热情依赖于女性受虐倾向的恶化。[90]

西奥多·阿多诺（Theodor W. Adorno）曾经描述道，法西斯满足了男性主体的投射自我优越幻觉的愿望，因此"将领袖作为他的理想，他爱自己……但去除了损害他自身经验的自我的沮丧与不满带来的压力"。[91]这也是布罗迪小姐试图和女孩子们建立的关系模式。但悖谬的是布罗迪小姐的想象是很老式的，她仍然是一个维多利亚时代晚期的浪漫主义者。"显然布罗迪小姐更与希特勒和墨索里尼认同，而不是培养对他们的一种利比多式的着迷。洛奇观察到，布罗迪小姐与法西斯独裁者的联系：'自己渴望成为一位魅力型领袖，她自然钦佩成功的独裁者们，希特勒、墨索里尼和佛朗哥。法西斯运动的组合——奉献、精英主义、大胆作风和狂热的雄辩特色——迎合了她。'"[92]因此，她告诉学生，像凯撒一样，她常常是阴谋的目标："如果权威想除掉她，她就会被暗杀。"[93]自我牺牲的幻想——由于在现实中得不到满足，表现为篡改现实的浪漫主义情怀。

尽管这只是六个人的群体，但是和极权主义一样建立在谎言、偶像崇拜、以道德之名的排外主义之上，并同样走向坍塌，留下一片心灵的废墟。布罗迪小姐鼓励她的学生向她看齐，企图在她们身上克隆和复制自己。桑蒂出卖了老师，是因为她觉察到她们已经被老师出卖。极权主义的根源在于人类无差别的罪性之中，虽然凭借浪漫主义（一种粉饰人类的理想主义），它们或许可以得到更好的滋生。

布罗迪小姐之谜："桑蒂想，这女人是个无意识的女同性恋。许多心理书中的理论可以将布罗迪小姐分类，但是却不能将她的形象从独臂的泰迪·劳埃德的帆布画上抹去。"[94]所以布罗迪小姐这个形象是非常有魅力的，她的魅力是所有浪漫主义主人公尝试建构个人神话的悲剧英雄式魅力。而这么有魅力的形象的灭亡，既带来一种悲剧感，仿佛令人叹息，同时却又是必然的，这正是这部小说锋芒所指之处。

---

90 Judy Suh, *Fascism and Anti-Fascism in Twentieth-Century British Fiction*, 176～7.

91 Theodor W. Adorno. "Freudian Theory and the Pattern of Fascist Propaganda." *The Essential Frankfurt School Reader*. Eds. Andrew Arato and Eike Gebhardt. New York: Urizen, 1978, 118～37.

92 Judy Suh, *Fascism and Anti-Fascism in Twentieth-Century British Fiction*, 178

93 Muriel spark, *The Prime of Miss Jean Brodie*, 6.

94 Ibid., 120.

在小说中，桑蒂准确地观察到："布罗迪帮是布罗迪小姐的法西斯党，即使肉眼看上去并非如此，它向前进，但是为了她的需要紧紧相连，并以另一种方式前进。"[95]在布罗迪小姐宣布她的口号"首先考虑善、真与美"之后，立即向她们要求"跟随我"。[96]

德国国家社会主义背后是对种族优越的宣扬（选民心态），是一种类宗教宣传。背后有对人的完善性的盲目崇拜。正如希特勒是一位具有极强克里斯马斯魅力的领袖，社会主义理念的成功正在于它承诺人类的集体美好未来。人们只会为理想而献身。布罗迪小姐向布罗迪帮要求服从，设计她们的生活轨道和未来。法西斯蕴藏在"正常的"日常生活之中。对权力（影响他人以便影响甚至重新规划世界）的渴望——领导权的问题，从哲学角度解释，宏观的权力即个体对整体的控制力，微观的权力即个体对自身的控制力。

早在 1970 年批评家大卫·洛奇就留意到的《布罗迪》中的预闪，并提醒读者留心"一切事物之中隐藏的可能性，以及人类生活假设的最终不可预测性与无法预言性"。[97]桑蒂是小说叙事最贴近的视角，她因"小得几乎看不见的眼睛"而出名，但是事实上，如洛奇所说，她是斯帕克帮中最具有反思能力的女孩。桑蒂起初非常赞赏布罗迪小姐对经验不负责任的审美化，但是她很快就意识到，这种对现实的幻觉式转换的不负责任和危险魅力。她听见布罗迪小姐说，罗丝将作为她的替身成为劳埃德现实的情妇，因为她已经献身给她的女孩们了。小说的主要叙事者桑蒂观察到，她的老师极度膨胀的自我主义既危险又令人兴奋。她自认为是天意（providence，又译神圣护理），桑蒂想，她认为自己是加尔文的上帝，看见始也看见终。洛奇写道："当然小说家也看见故事的开始与结局，但缪丽尔·斯帕克暗示，有益的虚构有别于危险的妄想；或许同样，允许自由意志的天主教上帝也有别于不允许自由意志的加尔文主义者。桑蒂篡改了布罗迪小姐的预言，因为她主动成为劳埃德的情妇，随后，她告发了布罗迪小姐，使她在"盛年"被迫提前退休，不久便郁郁而终。

斯帕克的《布罗迪》探索了一种不受拘束的审美情感主义导致的危险政治结果。再次引用斯帕克的话："我们现在应该更了解自己，不再沉溺于我们在本质上是具有上进心、热情而钟情的生物的幻想，我们确实拥有这些品质，

---

95 Ibid., 31.

96 Ibid., 7.

97 David Lodge. "The Uses and Abuses of Omniscience: Method and Meaning in Muriel Spark's *The Prime of Miss Jean Brodie*." Critical Quarterly 12.3 （1970）: 239.

但是我们也有很强的侵略性。"浪漫主义的幻想对现实有很强的侵略性，在尝试描绘伟大的人的时候，浪漫主义容易忽略人本身致命的缺陷与不完美。于是"大写的人字"就成了幻象，同时也是偶像。桑蒂成为修女后起名耶稣变容海伦娜修女（Sister Helena of the Transfiguration），写作了《平凡事物的变容》（ *The Transfiguration of the Commonplace* ），"变容"（Transfiguration）显然成为她的关键词。Transfiguration 又可以译成变化、美化，在天主教中特指耶稣登山变相的事件。《新约·圣经》记载，耶稣带领彼得、雅各和约翰到高山祈祷时变了相貌，"脸面明亮如日头，衣裳洁白如光；忽然有摩西、以利亚，向他们显现，同耶稣说话"。[98]这个事件被基督教认为是耶稣最重要的神迹之一，后来发展成一个重要天主教节日即主显圣容节。登山变相之所以是一个关键点是因为，这一幕被认为是人性与上帝相遇的时刻，是在耶稣的肉身上神性的完全彰显，并且勾连了暂时与永恒。从心理学的角度研究《平凡事物的变容》，是否暗示了桑迪虽然尝试摆脱布罗迪小姐将日常事物变容的浪漫主义手法，这种"变容"的可能性却始终纠缠着桑迪，并带领她走向了天主教，即对历史上唯一变容事件的皈依。

阿兰·博尔登（Alan Bold）曾经评价："和对空洞的错觉的评价一样，斯帕克通常嘲弄信仰者，并且揭示了小说的现实主义根基是欺骗。但她仍然是一位有宗教信念和对艺术有真诚信仰的女性。她的小说说明，在错误信仰与灵性渴求之间，在犯罪阴谋与虚构手法之间，存在着差异，而这种差异构成了一个具有创造力的世界。"[99]我们以为，这个评价应用于《布罗迪小姐的盛年》是中肯的。

多萝西娅·沃克在《缪丽尔·斯帕克》一书中曾说："她的人物形象揭示了在上帝创造的世界中生活，但又非正统基督徒的问题。这些机智、幽默的人

---

98 《圣经·新约》三部福音书都记载了这件事：《马太福音》17：1～8，《马可福音》9：2～8；《路加福音》9：28～36，以下为马太福音》17：1～8记载："过了六天、耶稣带着彼得、雅各、和雅各的兄弟约翰、暗暗的上了高山。就在他们面前变了形像。脸面明亮如日头、衣裳洁白如光。忽然有摩西、以利亚、向他们显现、同耶稣说话。彼得对耶稣说、主阿、我们在这里真好。你若愿意、我就在这里搭三座棚、一座为你、一座为摩西、一座为以利亚。说话之间、忽然有一朵光明的云彩遮盖他们。且有声音从云彩里出来说、这是我的爱子、我所喜悦的。你们要听他。门徒听见、就俯伏在地、极其害怕。耶稣进前来、摸他们说、起来、不要害怕。他们举目不见一人、只见耶稣在那里。"

99 Alan Bold, *Muriel Spark*. London: Methuen, 1986.

物形象给予了读者愉快的阅读经验，但是一般（甚至学院中的）读者理解她的情节和人物行动所基于的洞见方面是有困难的。"[100] 她的评价是："斯帕克的天分是独一无二的。她视罗马天主教，她所拥抱的宗教，为一切真理的潜在基础，而且是真理的启示者。对于她，世界属于上帝，但这是一个堕落的世界。这个世界，一旦无力获得上帝为它制定的计划，就是未被救赎的。即使一些人性的成员，在她看来，成功地将自身抬升于这种不完全的救赎之上。"[101]

但不满斯帕克的创作，斥之为快餐的批评者也始终存在，如 1997 年 Michiko Kakutani 在《纽约时代》（*The New York Times*）中评论斯帕克的小说《现实与梦境》的时候，描绘了斯帕克式小说配方如下："找个自我封闭的群体（作家、女中学生、修女、富人等），其间充满乱伦般的联系与兄弟相残；在这个小世界里扔点四处乱跳的危险爆料（比如谋杀、自杀、背叛）；再加些超自然的影射，以便将这部肥皂剧的基础放置在过时的善恶图景中。然后用干脆利落、威权式的文笔与'一只轻快的毫无良心的手'端将上来。"[102]

这段文字真是从另一个角度看待斯帕克小说的极致说明，而且在笔者看来，用于批评《现实与梦境》有一定适用性。因为这部小说的故事发展不够自然，关于现实与梦境的形而上思考也未能圆融于故事之中。但如果将它应用于包括《布罗迪小姐的盛年》或《苗条姑娘们》在内的所有斯帕克作品，显然就不适合了。《现实与梦境》这部小说突出表现了斯帕克小说中的一些弱点，即所谓肥皂剧式的场景与人物设定，情节发展太过依赖巧合，或过分突兀。而在斯帕克较好一些的小说中，她并不依赖巧合（如《布罗迪》），或者能够将巧合表现为必然（如《苗条姑娘们》）。

从很早开始，伴随着给斯帕克的掌声，就不断有声音质疑她的作品的价值。这种质疑与斯帕克小说"流行"的一面相关。斯帕克的小说常常具有耸动的效果，冷酷至荒谬，比如突破了现实可能性的《勿扰》（*Do not Disturb*，1971），仆人冷静地等候主人在书房杀人和自杀，同时准备好主人去世之后的所有事宜：新闻报道、继承人，为了能够继承主人的家业，甚至在命案发生之时忙着为一个疯子举行婚礼。这种耸动以致离奇的情节，使一些评论家质疑斯帕克的文本的严肃性，指责她刻意制造触目惊心的事件，吸引读者的眼球。

---

100 Dorothea Walker, *Muriel Spark*, 1.

101 Ibid.

102 Michiko Kakutani, 'At Dinner, There's Malice on the Menu', *The New York Times*, November 30, 1990.

在这一点上，沃的辩护是笔者目前读到的最好的："通过一种高度的、批判性的自反，她的小说促进了更新这个（世界）图景的理解，它们还置换了在运作中的但无效的自反，这种自反支撑并分裂了机械化的当代存在经验。这种批判与智力反思的方法当然有事会被曲解为一种满清官话的高姿态与对她笔下人物的漠不关心。在《废除隔离的艺术》一文中，斯帕克提出了她的著名见解，即回避同情与感伤，并将荒谬与讽刺推举为唯一仍然有效的搅扰人的文学武器。但是她的双重疏离模式，通过制造一种搅扰人的意识，一种不舒服的感觉的意识，允许她的小说在读者的感受中揭示了受机械驱使的世界与人物中显而易见的缺席之物。因为如果艺术不搅扰人，什么都不会改变。"[103] 不可否认，斯帕克的小说最耸动之处其实是她笔下的人物对各种常规道德伦理的僭越和侵犯。（注意她从不涉及乱伦等禁忌性描写）这种描写虽然不完全是现实主义的，但是有噩梦般清晰的细节，将它表现得异常真实。我们发现，对笔下人物漠不关心，是一种类型化的通俗小说采取的套路，比如经典侦探小说与科幻小说，尤其是罪案小说。这类小说的重心在于解开谜底，因此并不关注人物形象的深度。但需要留意的是，所谓经典侦探小说与科幻小说的流行，其实是现代社会的产物。超级逻辑推理大师福尔摩斯形象的迷人之处正在于他严酷的理性。这样一位"理性的天才"在工业社会成熟之时出现、风靡，并且不停被模仿，恰好说明了人们对"理性"能力的崇拜，以及读者的自我形象在这个形象上的投射。斯帕克对这一套路的使用既成熟又具有突破性，显然高于一般庸俗的流行作品，具有相当明确的个人风格。斯帕克描写的犯罪故事，或者说，她既使我们感觉不适，同时又深具魅力的犯罪事件，和天主教究竟有什么关系？学者帕特里夏·沃的批评主要从哲学的角度为斯帕克进行辩护。她运用哲学打通天主教信仰与斯帕克作品的思想、艺术特征，具有相当说服力。

在论文的最后一个部分"对我来说，做天主教徒是我人性存在的一个部分"，沃这样确认斯帕克和天主教的关系："斯帕克批评了二元论形上学，情感的隔离，以及人与世界的关系的分裂的结果，即一种具有欺骗性的感伤主义，以上与一种疏离的和过分明确的超自我反思相对抗，她的这些批评来源于另一种世界观的形而上学，也就是天主教的智识框架。"[104] 就此，沃提出，

---

103 Ed. David Herman, *Muriel Spark: Twenty-First-Century*, Patricia Waugh, "Muriel Spark and the Metaphysics of Modernity: Art, Secularization, and Psychosis", 77.

104 Ibid., 79.

天主教不应该在探讨斯帕克的时候被移除，而认为天主教与后现代绝对不相容的想法，才是错误的。

麦奎兰采访斯帕克时问她：有人说，"如果你了解'小教理'，那么你就了解了缪丽尔·斯帕克的一切。"斯帕克回答道："我是个天主教徒，相信天主教，这必定会影响我的叙事，为我的叙事方法提供资源，虽然我没打算做任何形式上的天主教护教士。"[105]

斯帕克在 1953 年的一篇评论《一个不可知论者的宗教》中写道："我们有很多证据可以证明，今天基督教的创造性写作，在尝试反对物质主义方面最不遗余力，但是，它们反映了一种其自身的物质主义，即采用二元论的形式处理物质和精神。我们常常看见，物质和精神中的道德冲突，精神因其非实体性而获胜，这实际上是一种不道德的精神概念。"[106]在斯帕克的小说中，感伤主义和工具主义都被认为是一些带有偏见的工具，它们在一个人的欲望的图景中转换世界，再将所意欲的图形强加在世界上。在《苗条姑娘们》中，赛琳娜（Selina）做什么事都有明确目的，乔安娜（Joanna Childe）具有强烈的道德意识，并且耽于浪漫的幻想，在最后将生还的机会先让给其他人，死于火灾中。乔安娜的死震撼了读者，也导致原先沉迷赛琳娜的男主人公尼古拉斯（Nicholas Farringdon）看透了赛琳娜的极度自私和冷漠，从无政府主义者转变成为耶稣会士，最终在海地殉道。这种蓄意扭转读者期待的情节是为了颠覆一种形而上学的简化，其道德结果有助于扩展这种不正确的概念化，并鼓励一种认知，即要求去批评这个简化的过程，而不至于落入怀旧或者感伤主义之中。[107]

斯帕克的小说非常清晰地说明了她的立场：不应该只重视精神，耽于个人主体精神性的表达，忽视身体或者说物质和肉身的层面。事实上，她以之为非道德的行为。现实主义小说在现代世俗社会形成的过程中对社会中的个人主体性的塑造起到了巨大的作用。[108]所以在反对现代极端的个人主义——尤其表现在过于认同个体的主体精神世界，以至于忽视了这样的小说常识和道德的层面，对个人主体精神世界极度的夸张肯定，如《月亮与六便士》，以

---

105 Ed. Martin Mcquillan, *Theorising Muriel Spark: Gender, Race, Deconstruction*, 217.

106 Muriel Spark, 'The Religion of an Agnostic: A Sacramental View of the World in the Writings of Proust', *The Church of England Newspaper*, 27 November 1953.

107 Ed. David Herman, *Muriel Spark: Twenty-First-Century*, Patricia Waugh, "Muriel Spark and the Metaphysics of Modernity: Art, Secularization, and Psychosis", 90.

108 《推敲"自我"：小说在 18 世纪的英国》，黄梅，北京：三联书店，2003。

致往往将具有强大心灵的个体与社会习俗相对立——这是现代文学或隐或显的主题之一，曾经以虚构的艺术家传记小说的形式流行，而今天则继续在欧洲文艺片中担当主流。这种与社会对抗的个体的受害者形象，是斯帕克反对的文学传统。

缪丽尔·斯帕克的作品使我们联想到美国小说家弗兰纳瑞·奥康纳，后者同样是身处新教环境中的女性天主教小说家。奥康纳的作品持一种怪诞的现实主义风格。同样对读者以及主人公毫不留情地暴露和嘲讽，同样极力避免小说中的感伤主义情绪。她们的作品显示出了对对泪眼汪汪的感伤主义的坚决抵制。在她们看来，这种不切实际的感伤主义可以说是一种道德败坏，因为它用幻想代替了现实。认识我们对世界与自我的幻想，是斯帕克和奥康纳共同的呼唤。在这个意义上可以说沃是正确的，天主教传统中，阿奎那的实在论，是反对现代社会灵肉二元论的一个重要来源。

面对世俗世界对信仰立场的贬损，斯帕克的反应是毫不留情的回击。但是斯帕克虽然尝试在小说中贯彻她的信仰，如果天主教立场仅仅意味着讽刺现实，上主对人的悲悯何在？斯帕克是否过于着急地拥护天主教的正统或者正确，以至对这个传统的拥抱缺乏细致的分辨、取舍呢？我们唯独可以肯定的是，天主教的传统容下了各种各样的现代变种或怪胎，而斯帕克便是其中一个。

结　语

　　本书的主要目的是比较系统地介绍20世纪天主教小说,因为涉及的作家、作品很多,相关的研究则更多（其中仅托尔金一人,从业余爱好者的编撰到具有创新性的严谨学术研究,就有上百部英文专著）,笔者学力、时间有限,只能完成至目前这样的状况。唯希望这个庞大的课题能够受到更多关注,有更多国内学者愿意投入相关研究。

　　在完成这部专著的时候,笔者一个深切的感受是,天主教文学,或者基督教文学,已经改变了。在一个后现代社会中,我们如果还使用启蒙时期形成的"宗教"概念和浪漫主义时期形成的"文学"概念来理解今天的"基督教文学",我们将无法理解、欣赏它们,更勿论从中汲取有益的思想资源。在一定程度上20世纪英国天主教文学是挑战今天人文学科研究的文学形态。它们或庄或谐,或幻想或写实,却几乎没有一部在文学形式上属于"曲高和寡"者,极少向精英人文主义投靠。它们的假想读者始终是学识不用很高的普通人。它们的内容或惊悚、或动人,大抵依赖并尝试唤醒常识。而它们的常识是有一些基本共性的:首先,人的生活是不完满的,而人自己,需要为这种不完满负主要责任。其次,人是一种具有神秘性的存在,没有办法或者可能解开他或她全部的奥秘,一览无余。再次,尽管不完美,人却仍然是有希望的,彻底的悲观于生命本身并不相容。这样一些潜在的原则无疑和基督教信仰密切相关。

　　对20世纪英国天主教小说的研究,也在不知不觉改变我对文学的态度。在日益专业化的文学研究环境中,有时候会感到笔下失去了起初对文学的欣赏和爱。雅俗共赏是可能的吗？侦探小说人人爱，有什么伟大的意义呢？类似《尤利西斯》这样的文本实验，没有注释根本无法读懂，它真的那么重要吗？人们究竟是因为什么热爱文学？文学批评的任务又应该是什么？这些思考因为参与了20世纪英国天主教小说这"一出戏"而开始活跃，因为它们为我打开了通往另一种文学研究的可能性。

各个时代、国家、民族、语言和基督教相遇的时候都会产生不同的基督教文学或艺术，同样在20纪纪欧洲，法国的天主教文学的表现形态截然不同。英国天主教文学的成就在20世纪的基督教文学中是相当值得瞩目的。中国目前处于历史上基督徒人数最多的时期，已经有许多信徒开始寻求一种汉语的基督教信仰表达。中国是一个文学大国，虽然近两百年以来历经沧桑，但国人对汉语的信心从未失去。一种具有顽强生命力和强大表现能力的语言，与一种极具特色的普世宗教相遇，将会催生什么样璀璨的花蕾果实呢？拭目以待。

附录:《论童话故事》(节选)

"对童话故事的定义……不应依赖于对于精灵或仙女的定义或历史描述,而是依赖于*仙境*(*Faërie*)的本质:危机四伏的国度本身,以及这个国度的独特氛围。……童话故事就是利用或者围绕仙境的故事,无论它本身的意图是什么——讽刺、探险、道德、奇幻。……有一个附加条件,即使故事中有讽刺,魔法却不能被取笑。它应当被严肃对待,既不能嘲笑,也不能加以解释而使其消解。"[1]

"仙境的魔法本身并不是目的,其价值在于它的作用:其中包括满足某些原始的人类愿望。这些愿望之一是探索时间和空间的深度,另一个是(就像将要看到的那样)和其他活的东西交流。"[2]〔在托尔金看来,实现愿望的比例多少决定故事是否具有童话的味道。因此他将历险游记和梦境故事都归于童话故事之外,《格列佛游记》和路易斯·卡罗尔的"爱丽丝"故事都不是童话故事。他还认为,动物寓言的不是童话故事,比如列那狐系列,因为在其中动物的形状只是人脸的面具,是讽刺家和传道者的手段。〕[3]

"这些(童话)故事有一种神秘的或者整体的(无法解释的)效果,……它们打开了通往另一个时间的门,虽然只是一小会儿,如果我们穿过这道门,就站在了自己的时间之外,也可能站在了时间本身之外。"[4]

〔接下来是一段对奇幻(Fantasy),想象(Imagination)等词义内涵的辨析。〕

---

1 *Tree and Leaf*, J. R. R. Tolkien, London: HarperCollins*Publishers*, 2001, 10.
2 Ibid., 13.
3 方括号内为笔者的概括。
4 Ibid., 32.

"人类的心灵能够形成事实上不存在的事物在精神上的意象。构想这种意象的能力被自然地称作想象（Imagination）。但是近来，在专业的而非常规语言中，想象常常被认为是某种高过纯粹的意象构成的能力，纯粹的意象构成则被归属于幻想（Fancy）（古时奇幻一词一种没落的贬值形式）；因此，人们尝试将想象局限于'给予观念造物以现实的内在一致性的力量'（the power of giving to ideal creations the inner consistency of reality），我以为这是错误的用法。

我这样一个受训不多的人就这样一个至关重要的问题发表观点，是荒谬的，但是我斗胆认为这种文字区别在语文学上是不恰当的，在分析上则是不准确性的。制造意象的心灵能力是一件事或者一个方面；它应该被恰当地称为想象（Imagination）。对意象的察觉，对它的涵义的把握以及控制（就一种成功的表达而言是必要的），可能在生动性和力度上有别；但是这只是想象在程度上的差异，而不是类型上的不同。表达的成果传达了（或似乎传达了）'现实的内在一致性'，事实上是另一件事或者另一个方面，需要另一个名称：艺术，它是想象和最终的次创造（Sub-creation）之间的重要联系。目前我需要一个词，可以同时包含次创造艺术本身，和源于意象（对童话故事来说是本质性的）的在表述中的陌生和惊奇的特质。因此，我不揣浅陋，提议启用奇幻（Fantasy）一词：在某种意义上也就是，将它更古老和更高级的用法——作为想象的平行词，和源于'非现实'（即与第一世界[the Primary World]不相像）的概念、脱离被观察'事实'（缺乏奇想[the fantastic]）的自由的概念结合在一起。由此我意识到奇幻和奇想在语源学和语义学上彼此相连，为之感到高兴：奇想即不仅指'实际上不存在'的事物的意象，而且指事实上在我们的第一世界中根本不能发现，或者相信无法找到的事物。但我承认这一点，并非是赞成某种鄙薄的语调。第一世界中不存在的事物的意象，如果真的可能，是一个优点而非缺点。我认为，奇幻（在这个意义上），并不是一种更低而是一种更高级的，而且几乎是最纯粹、最强大（一旦完成）的形式。

当然，奇幻始于一个优势：引人入胜的奇异性。但是这种优点被用来攻击它，导致它声名狼藉。许多人都不喜欢'被引导'。他们不喜欢任何与第一世界的混淆，或者对那些他们熟悉的事物的这样小小一瞥。因此他们愚蠢地甚至是恶意的将奇幻与臆想（其中没有艺术）、与心智紊乱（其中甚至缺少控制）、与妄想以及幻觉混淆。

但是，这些错误或者是恶意——它们源于焦虑以及随之而来的厌恶，不仅仅是这种混淆的唯一原因。奇幻还有一个本质上的缺陷：它很难实现。……使用更'严肃的'素材创造这种现实则更容易。因此奇幻往往处于未充分开发状态；人们常轻浮或者半严肃地使用奇幻，或者只是用于装点：它确实还是'异想'而已。任何继承了人类语言的奇想方式的人都会说*绿太阳*。于是很多人就可以想象或者描绘它。但这还不够，虽然它可能已经比许多博得文学赞誉的'速写'或者'生活的副本'更强有力。

创造一个在其中绿太阳是可信的次世界（Secondary world），需要次信仰（Secondary Belief），它可能需要苦干和思考，还肯定需要一种特殊的技术，一种精灵的技艺。很少人去尝试着这种困难的任务。但是，当人们尝试而且在某种程度上成功的时候，我们就有了一种稀有的艺术成就：真正的叙事艺术，首要的和最有力的讲故事模式。

在人类艺术中奇幻是留给词语、真文学的最好的一项。比如在绘画中，对奇幻意象的可视的呈现，在技术上太容易了；手容易超出心灵的范围，甚至颠覆心灵。结果常常是愚蠢和病态。"[5]

〔接下来托尔金反对在戏剧中表现奇幻，认为戏剧在本质上与文学有别。〕

"艺术是顺便制造次信念（这并不是它唯一和最终的目标）的人类程序。同一类型的艺术，如果运用得更富技巧或者自如，精灵也可以使用，或者就像人们常说的；而这种更强大和特殊的精灵技艺，因为缺少一个争议性更少的词，我称之为魅惑（Enchantment）。魅惑制造了一个次世界，设计者和观众可以进入其中，他们的感受在里面可以获得满足；而最纯粹的魅惑则在愿望和目标上都是艺术的。而魔法制作或假装制作在第一世界中的某种更改。不论是谁在操作魔法，仙子还是人类，它都和其他两项截然不同；它的愿望是此世的权力，对事物和愿望的主宰。

奇幻追求精灵的技艺——魅惑，一旦成功地实现奇幻，它便是人类艺术所有形式中最接近魅惑者。在人类编造的关于精灵的故事中，总是或公开或隐秘、或单纯或复合地存在着一种实现次创造艺术的愿望（不论在外在形态上如何），它们的内在与自我中心的权力（这是纯粹的魔法的标志）的贪欲完全不同。在这种生动的愿望驱使下，精灵中较好的部分（但还是有危险存在）被创造出来；而通过他们我们领悟到人类奇幻的核心愿望和渴想——尽管精

5　Ibid., 46～9.

灵只是幻想本身的产物，却因为他们是这种产物而益发表达了这一点。这种创造的愿望只会被赝品欺骗，不论人类戏剧家或天真或笨拙的手法，还是魔法师恶意的欺瞒。在这个世界上，这种创造的愿望无法得到满足，因而是不朽的。它不会被污染，所以不制造幻觉、蛊惑或征服；它寻求的是一种共享的丰富，在制造和欢欣中寻找伙伴而不是奴隶。……"6

〔接下来托尔金引用了他自己在一封信中的诗歌片段：〕

> "'亲爱的先生，'我说，'虽然人类已经长久隔离，
> 但是还没完全失落或彻底改变。
> 他可能丢尽了脸，但还没被废黜，
> 还留着他从前权位的破衣烂衫：
> 人，次等创造者，单一的白光
> 透过他折射出五颜六色的光线，
> 并与在心灵中传递的各种生动形状相结合。
> 虽然我们在世界的所有裂缝中塞满
> 精灵和妖怪，虽然我们胆敢
> 在光明和黑暗中制造神明和他们的屋宇，
> 而且撒播龙的种子——这是我们的权利
> （使用或滥用）。这权利并未消亡：
> 我们还是按照自己被造的规律进行创造。"

奇幻是自然的人类活动。它不会破坏或贬损理智；它也不会使人们追求科学真理的愿望变得迟钝，使发现科学真理的洞察力变得模糊。相反，理智越敏锐清晰，就越能获得更好的奇幻。如果人类永远处在不想知道或者无法窥知真相（事实或证据）的状态，那么奇幻也会逐渐衰退下去，除非被治愈。如果奇幻真的发展到这个状态（这并非不可能），就会消亡，成为病态的幻觉（Morbid Delusion）。

真正的创造性奇幻成立的前提是坚信在这个世界中的一切是其所是；是对事实的认识，而不是被事实所奴役。在路易斯·卡洛尔的故事和歌谣中的胡说八道正是基于这样的逻辑。就像《青蛙王子》的故事一样，如果人们真的无法区分青蛙和人类的区别，那么这样的童话故事也不会存在了。

当然，奇幻会被极端化。它可以被做得很糟，被用于邪恶的目的。它甚

6　Ibid., 53～4.

至可以蛊惑心灵离开它所源出。但是在这个堕落的世界中什么人类的事情不是这样呢? 人们不仅构想精灵,他们还想象出了众神,崇拜他们,甚至崇拜那些被其主人自己的邪恶搞成畸形的事物。他们用其他材料制造假神:他们的民族,他们的旗帜,他们的钱;甚至他们的科学和他们的社会、经济理论都要求牺牲人类。但虽然可能被滥用,却也可能被善用。奇幻是人类独有的权利:我们按照自己的身量,自己的特征衍生制造,因为我们自己就是被创造的——不仅是被创造的,而且是造物主根据自己的形象和样式创造的。"[7]

恢复、逃避和慰藉

〔在这一段,托尔金提出,童话故事借由幻想,有使人实现恢复(recovery)、逃避(escape)和慰藉(consolation)的作用。

托尔金提出,对童话故事的分析性研究,可能变得令人沮丧。〕"对于辛辛苦苦的学生们来说很容易有这样的感受,因为他只是从故事之树(其上覆盖着岁月的森林)无尽的枝头收集了一些叶子,其中许多现在已经撕破或衰残。在这个垃圾堆上再加点东西,看上去是徒劳无益的。谁能设计一片新叶呢? 从萌芽到绽放的图案,从春天到秋季的颜色早已被很久以前的人们全部发现了。但这不是真实的。树的种子几乎可以在任何土壤里再次培植,甚至在烟雾缭绕的(如兰[8]所说)土壤之中,就像现在英国的土壤一样。春天不会因为我们见过或听说过类似之物而变得不那么美丽:类似之物,从世界的起初到末了从不会是一样的。每一片叶子,不论属于橡树、桉树还是荆棘,都是呈现独一无二的,而且一些人看来,这一年的样子就是他们第一次看见认识的样子,虽然橡树已经为无数世代的人们长出叶子。

我们不会或者也不需要对绘画失望,只因为所有的线条只能或弯或直,或者因为只有三原色。我们可以变得更古老,只要我们在欣赏和实践中成为许多艺术前辈的继承者。在继承这种财富时可能有厌烦的危险,或者寻求原创的焦虑,这些可能导致精雕细绘、精致的图案和'漂亮的'颜色成灾,或者导致对旧素材的纯粹的操纵和过分繁复,虽然聪明却毫无心肝。……在我们到达这些状态之前,我们需要恢复。我们应该再次观看绿色,再次为红、黄、蓝感到惊讶(而不是被它弄得盲目),我们应该遇见半人马和龙,然后或

---

7 Ibid., 54~6.

8 即安德鲁·兰(Andrew Lang),1844~1912,苏格兰著名作家和人类学家,编选整理了《世界经典童话全集》。

许就像古代的牧羊人一样，忽然看见了羊群、狗、马，还有狼。这种恢复的童话故事帮助我们去制造。在这个意义上，只有对它们的喜爱才可以使我们（或者令我们保持）孩子气。

恢复（包括健康的归回和复苏）是一种重新找回——找回清晰的视野。这并不是说要加入哲学家们的讨论，去‘看到事物的原貌’，而是我斗胆说‘看到事物我们本应当看到的样子’——这些事物是外在于我们自身的。我们需要‘擦亮自己的窗户’，从熟悉感、平乏感和对事物的占有感之中突围，这样世界就会变得更清晰。”[9]在现实生活中人们由于对身边事物熟视无睹，万事万物都变得模糊不清了。

“当然，童话故事并不是实现恢复或者防止失去的唯一方式。谦逊便足以。Mooreeffoc 式幻想或者说切斯特顿式幻想也有这样的效果（尤其对于谦逊之人）。Mooreeffoc 是一个奇妙的词，它出现在几乎所有大街小巷上——其实就是 Coffe-room 的反写，但只有当从玻璃门里向外看时这个词才会呈现在人们眼前，狄更斯便是在某个阴沉沉的上午这样发现了它；这个词被切斯特顿借来，用以描述当视角变换时，原本平乏的事物突然产生的怪异感。这种‘奇幻’大多数人都认为是有益的；它从不缺少素材。但我以为它的力量有限，因为恢复视觉新鲜感是它唯一的好处。Mooreeffoc 一词可能让人突然觉得，英格兰是一片彻底陌生的土地……创造性奇幻，因为试图创造一些不同的东西（使某物更新），因而能够打开你思想的宝库，让一切封锁已久的东西如受困的鸟一样纷纷破笼而出。……

其他文体中出现的‘奇想’元素即使只作为点缀或偶尔出现，同样有这样的效果，但都不如童话故事这样彻底，因为它本身就构筑在奇幻之上，奇幻是它的核心。”[10]〔奇幻来源于第一世界，但又对原本的材料进行了加工。〕

“实际上童话故事主要关注的是与奇幻无关的最简单最基本的东西，但这些东西由于处在异境之中而更明晰。一个编故事的人若能够与自然‘自在相处’，那他便能成为自然的情人而不是她的奴隶。我正是在童话故事中最初领悟到语言无穷的潜力和世间万物的奇妙，蕴含在一石一木，一草一树，铁，房屋，火焰，面包与酒之中。”[11]

---

9 Ibid., 56～8.

10 Ibid., 58～9.

11 Ibid., 59～60.

〔接下来托尔金以逃避和慰藉作结，它们是和恢复天然紧密相连的功能。虽然童话故事显然绝非逃避的唯一媒介，但它们今天是"逃避主义者"的文学的最明显和（对一些人而言）最骇人的形式，因此他们很自然地将"逃避"一词放进文学批评之中。

童话的第二个功能是逃避，这不是叛逃者的逃避，而是被禁锢者的逃避。托尔金对"逃避"一词的看法自成一体。〕"在错误地使用逃避的人们喜欢的所谓现实生活当中，逃避显然是一种非常实用，甚至可能是英雄式的规律。……如果一个人发现自己身陷囹圄，想逃离回家，为什么要嘲笑他呢？"[12]批评家混淆了因犯的逃离和叛逃者的逃跑。在托尔金眼中，在这个机械时代中，许多现代产品都无比丑陋，他说："在我看来，我不觉得布莱奇利火车站比云彩更'真实'。作为一件人工制品，我觉得它不及传奇的苍穹那般振奋人心，通往 4 号站台的桥比不上黎明神手持号角守护的通向仙宫的彩虹桥那么有趣。就我的初心而言，我无法排除这般疑问，即火车站工程师们如果在成长过程中接触了更多奇幻，是否会比他们通常所做干得更棒，有更丰富的方法。我猜想，童话故事可能比我参考的学者是更好的艺术专家。

许多他（我必须假设）和其他人（当然）称之为'严肃的'文学不过是玻璃天花板下都市泳池旁的嬉戏。童话故事可能杜撰飞翔于天，栖居于深渊的怪兽，但至少他们没有试图逃离天空或海洋。

即使我们暂时将'奇幻'放在一旁，我不觉得童话故事的读者或创作者需要为仿古的'逃避'感到不好意思：更喜欢龙、马、城堡、帆船、弓箭，还有精灵、骑士、国王和祭司。因为有理智的人完全可能思考（和童话故事或传奇完全无关）得出这样的结论，谴责（至少隐含在'逃避主义者'文学的沉默之中）类似工厂、机关枪和炸弹这样的进步事物……"[13]

"这个时代，是'以更好的方式通向更坏的结果'的时代。于是人们产生了逃避的念头，不是从生活中逃避，而是逃离我们现今的机器人时代和我们自己造成的痛苦——我们清楚地知道我们制造出的丑与恶，这也是我们时代的根本弊病之一。"[14]

〔但除了噪音、恶臭、无处不在的内燃机之外，还有更灰暗、更可怕的东西——饥饿、贫困、疼痛、悲伤、不公、死亡。童话故事也为这些古老的

---

12 Ibid., 60.

13 Ibid., 63.

14 Ibid., 65.

困扰提供了一种逃避的方式，为人们的雄心和愿望提供了满足和安慰。这既包括像鱼一样潜游、像鸟一样高飞这样简单的愿望，也包括更深层次的愿望——比如与其他生物沟通的愿望。这种愿望和人类的堕落一样古老。我们不记得自己是何时与其他动物分离开的，但这种分离感却相当清晰生动，我们似乎背负着某种奇怪的命运和内疚感。我们与动物的世界的关系断裂了，我们只能遥远地看着它们，甚至永远同它们处在激烈的战争或不安的休战中。而童话故事让人类重新建立了和动物，自然的关系。

最后，还有一种最古老、最深刻的逃避——对死亡的逃避。童话故事提供了许多逃避死亡的例子和模式。童话故事是人创造的，不是精灵创造的。故事又往往会讲述相反的道理：永生或无尽的轮回是更沉重的负担，对死亡的逃避变成了对不死的逃避。逃避可以获得真正的恢复。它意味着获得解决问题的别的可能性，别的选择，即使这种选择根本就是不可能的。〕"死亡是带给了乔治·麦克唐纳最多灵感的主题。

与逃避密切相关的还有童话故事的另一个功能——慰藉。它除了在想象中满足古老的愿望之外，更加重要的是童话故事要提供圆满的结局。我几乎要冒险宣告，所有完整的童话故事都必须拥有圆满的结局。正如悲剧是戏剧最真实的形式和最高功能一样，反过来对童话也同样成立。因为没有一个词可以表达这一悲剧的对立物，所以姑且称之为'善灾'（Eucatastrophe）。'善灾'故事是童话最真实的形式和最高功能。

童话故事的慰藉，圆满结局的喜悦，或者更正确地说善灾的喜悦（joy），突如其来的喜悦的'转向'（因为在任何童话故事中都没有真正的结局）：这种喜悦（joy），童话故事可以产生绝佳的产品之一，在本质上既非'逃避现实'，也非'逃亡'。在童话故事——或者另一世界——的设定中，它是一种突然的、神迹般的恩典，不能指望它一再发生。它并不否定灾难性后果（dyscatastrophe）、悲伤和失败的存在，而这一切正是最终释放喜悦的前提；它否定的是终极失败，并因此成为福音（evangelium），带来对喜悦（Joy）的稍纵即逝的一瞥，那超越世界的藩篱的喜悦（Joy），如悲伤般刺痛心扉。"[15]

〔托尔金在结语中写道：〕

"我选择'喜悦'作为童话故事（或传奇）的真正标志或保证，它还需要进一步的思考。可能每一位创造了一个次世界、书写奇幻的作家——每一

---

15 Ibid., 68~70.

个次创造者，都希望能在某种程度上成为一个真正的创造者，或希望他描绘的是现实：他希望他的次世界的某些特质（如果不是所有细节）来源于现实或是能回归现实。……成功的奇幻中的'喜悦'可被看作不经意窥见了潜在的现实或真相。这不仅是对世界上的悲伤的'慰藉'，而且还是一种满足，是对那个大问题的回答：'这是真的吗？'我对这个问题的答案是：'如果你将你的小世界构建得很好，那就是真的。在那个世界里是真的。'……而在'善灾'中我们在稍纵即逝之中预见到，答案可能更伟大——它或许是真实世界中的福音的微光或遥响。……

我要斗胆说，它在这个方向上靠近了基督教故事。我长期以来觉得（一种喜悦的感觉），天主救赎了堕落的有制造能力的造物——人，通过使他们与他们自身这个奇怪的特质方面保持一致。福音书中包涵着一个童话故事，或者一个囊括了所有童话故事的精髓的大型故事。福音书包涵了许多神迹——别具艺术性、优美、动人：其重要价值如'神话般'完美、自足，是所有奇迹中最伟大、可以想象出的最完整的善灾。但是这个故事已经进入了历史和第一世界，次创造的愿望和企盼已经被提升至创造（Creation）的完成。基督的降生是人类历史的善灾。复活是道成肉身的故事的善灾。这个故事始于喜悦也终于喜悦。它预先就有卓越的'现实的内在一致性'。……这种故事的艺术（Art）拥有第一艺术（即创造）的无上确信的声调。拒绝它要么通往悲伤要么走向愤怒。

不难想象，如果我们发现一个美好的童话故事在实际上是真的，它所记述的本就是历史，而又不会损失其中蕴含的神秘性和寓言性，那么我们一定会感到格外兴奋和喜悦。这种喜悦和我们通过故事的最终'转向'获得的喜悦在本质上是一样的：这样的喜悦让人体味到了根本真相。（否则它就称不上是喜悦。）它展望（或回溯，方向概念在这个意义上并不重要）那伟大的善灾（Great Eucatastrophy）。基督教的喜悦，*荣耀*，就属于这一类的，而且是极其卓越地（无限地，如果我们的能力是有限的）高超和喜悦。因为这个故事是至高无上的，它是真实的。艺术已经得到了证实。上帝是天使、人和精灵的主。传说和历史相遇并融合了。

但是在上帝的国度中，最伟大者的存在并不压抑小东西。被救赎的人仍然是人。故事和奇幻都会继续，也应当继续。福音没有废除传奇，它允许它们，尤其是'圆满解决'的存在。基督徒的身心仍要工作，会经受苦难、希望和死亡，但如今他们认识到，所有的天赋和能力都是有意义、可以被救赎的。他接受了如此丰厚的馈赠，以致他如今或许可以合理而又大胆地猜测，他真的有助于创造的丰富多样性。所有的故事都可以变成真的，并在最终得到救赎，他们或许像，也或许不像我们给予它们的样子，就像人一样，在最终得到救赎的时候，或许像，也或许不像我们认识的堕落的样子。"[16]

---

16 Ibid., 70 ~ 3.

致　谢

本书 2010 年从教育部获得立项，2015 年 8 月结项。在这五年中，这本书直接、间接得到了许多师友的帮助。2012 ~ 13 年我访问美国 Baylor 大学宗教系，受到 Daniel Williams 和 Ralph Wood 教授二人的悉心指导，受益匪浅。两位教授学术卓越却平易近人，是我的良师、益友，更是我为学为人效法的榜样，在此深深致谢他们对一位异域后辈的鼓励、关心与错爱。相信在我的一生中，无论何时回顾坐落在小城市 Waco 中的绿色 Baylor，它都将是心中快乐和温暖的来源。

感谢我的先生邵荆、女儿邵思齐和儿子邵义辉！一位妄图追求个人事业的妻子和母亲是很难合格的。而他们对我的容忍、分担和爱，使我能够追寻自己喜爱的道路，也愿他们分享我收获微薄成果的喜悦！

最后感谢北京师范大学比较所的同仁！和各位老师共事、一同研讨问题，使我始终处在一个重视真学术的教学科研环境之中，对我的研究是莫大的支持和鼓励！

2015 年 8 月于今典